나는 주식을 떠나
선물옵션으로
간다

위험하고 무모한 주식투자는 **이제 그만!**

나는 주식을 떠나
선물옵션으로
간다

한 성 주 지음

달과소

나는 주식을 떠나 선물옵션으로 간다

첫 판 1쇄 펴낸날 2011년 11월 1일

지은이 | 한성주
펴낸이 | 은보람

북디자인 | 디아젠
찍은곳 | 정민문화사

펴낸곳 | 도서출판 달과소
출판등록 | 2010년 6월 21일 제2010-000054호
주소 | 우)140-902 서울시 용산구 후암동 403-15
전화 | 02-752-1895
팩스 | 02-752-1896
전자우편 | book@dalgwaso.com
홈페이지 | www.dalgwaso.com

ISBN 978-89-91223-41-7 13320

＊책값은 뒤표지에 적혀 있습니다.
＊잘못된 책은 구입하신 곳에서 바꾸어 드립니다.

프롤로그　　책을 발간하며

　이혼한 50대 부부가 석연찮은 이유로 잇따라 숨져 경찰이 수사에 나섰다. 경찰은 보험금을 노린 딸의 범행 가능성을 염두에 두고 잠적한 딸의 행방을 찾고 있다.

　2011년 8월에 난 기사이다. 숨진 부부의 딸 장 모(32세, 여)씨가 보험금을 노리고 범행한 가능성이 높고, 장씨는 경찰 수사중에 잠적하여 행방을 추적중이라고 한다. 장씨는 주식투자 실패로 빚이 1억 5000만 원가량 되는 등 어려운 환경에 처해 보험금 수령을 노리고 이 같은 짓을 저질렀을 가능성이 높다는 것이다.

　참으로 어처구니 없고 기가 막힌 사연이다. 그런데 이러한 사례는 처음 발생한 일이 아니다. 기사검색을 해보면 부모를 살해한 사건이 그동안 여러 건이었음을 알 수 있다.

우리 사회는 알코올중독이나 마약, 도박과 같은 사회적 폐해에 대해서는 비교적 엄격한 잣대를 들이대는 것에 반해, 주식투자는 여러 가지 미사여구로 포장되고 오히려 부추기는 경향이 있다.

주식투자 실패로 인한 자살은 물론이거니와 가정이 파괴되고, 존·비속살해도 서슴지 않게 여기는 현실은 애써 덮어두려 한다. 자본주의 사회체제의 근간을 흔들 수 없기 때문에 주식투자를 마치 과학적이고 합리적인 투자의 한 방법인 것처럼 미화시키는 것이다.

이제 부터 필자는 주식투자의 무모함과 그에 따른 처참한 결과를 고발하고자 한다.

개인들이 왜 주식투자를 통해 안정적인 수익은커녕 쪽박을 거듭 차게 되는 필연적인 이유들을 고찰해 볼 것이다. 내용을 읽어보면서 무릎을 칠 정도로 공감을 많이 할 것이다. 왜냐하면 책상에서 이루어진 내용이 아니라 우리 주변의 솔직한 모습들을 사실적으로 담아내었기 때문이다.

만약 여기에 조금이라도 공감을 하게 된다면 이제는 주식시장을 떠나자!
매매라는 것이 무엇인지도 모른 채, 전문가에 의해 또는 증권방송을 굳게 믿고 오늘도 불나방처럼 잘못된 투자를 일삼고 있는 것이 우리의 현실이다.

특히나 과거 3개월 동안 일정규모의 꾸준한 수익을 내지 못하는 사람들은 이제 그만 조용히 짐을 싸자. 더 이상의 고통을 감내하지 말고, 국가경제에 대한 걱정은 훌훌 털어 버리고 주식시장을 떠나라!

다른 대안이 없어 생활비라도 벌어야 하는 절박한 상황이라서 떠나지 못하는 사람들은 제대로 공부한 후 도전을 하라.
게임의 룰도 모른 채 사각링에 올라서는 무모한 용기는 어디에서도 그 누구에게도 환영받을 수 없다.

철저한 반성하에 제대로 된 매매의 규칙을 익힌 후에 투자를 해도 늦지 않다. 빨리 돈을 벌고 싶어 하는 조급함과 성급함의 결과가 어떠하리라는 것은 삼척동자도 아는 사실이다. 자신이 선 다음에도 모의투자로 검증을 해야 하고, 모의투자를 거친 후에도 소액으로 실전매매를 연습해 보아야 한다. 모의투자의 한계가 있기 때문에 모의투자에서 완성되었다는 자신감은 소액매매로 재검증을 받아야 신뢰할 수 있다.

아직도 몇 천만 원 또는 몇 억 원의 돈을 리스크에 노출시킨 채, 대박환상에 젖어 자신의 고귀한 자산이 썩어 들어가고 있는 것을 인식하지 못하는 사람들이여!

제발 정신차리고 포기를 하거나, 아니면 제대로 된 방법으로 다시 시작해보기를 바란다.
이 땅에 무식하고 무모한 투자자들이 사라지는 그날까지 필자의 주장은 유효할 것이다.

마지막으로 이 책이 나오기까지 물심양면으로 애써주신 와룡선사님께 감사의 말씀을 드린다. 자신감과 희망을 심어주고 내 인생의 전환점을 마련해 주신 분이다.

아울러 남편이 하는 일이면 믿고 따라주는 나의 아내 박영아와 세상에서 가장 사랑스러운 두 딸 혜원과 혜은에게 이 책을 바치고 싶다.

주말에도 여러가지 핑계로 제대로 놀아주지도 못한 미안함이 진하게 여운으로 남는다.

한 성 주

차 례

프롤로그   5

PART 01   주식 투자의 참혹한 이면
01 주식의 지배에서 해방을 꿈꿔라   15
02 차범근 해설위원이 경기결과를 예측할 수 있나?   17
03 우리를 안타깝게 하는 사연들   20
04 나도 박중훈이 될 수 있다는 착각   31
05 전국민이 망국의 길로 걸어가는 것이다   35

PART 02   전문가의 리딩만 따라하면 될 줄 알았다
01 증권방송에서 추천만 하면 왜 떨어질까?   45
02 전문가들은 금융창업을 하라고 부추긴다   49
03 한결같은 원조 타령과 독특한 수익률 계산법   54
04 욕하는 전문가에게 죽은 정보라도 들어야 하나?   61
05 수다로 일관되는 채팅창과 군기 잡는 카리스마   67
06 시중에 책과 강의는 넘쳐나는데   72

PART 03 주식투자는 왜 이렇게 어려운 것일까?

01 분식회계를 식별해라? 79
02 기업의 돌발악재를 예견하라? 85
03 주식과 복권의 역설, 부자는 쳐다보지도 않는다 91
04 케인스도 롤러코스터 성적표였다 96
05 주식시장의 대명제 '탐욕과 공포'를 극복하라? 99
06 주식투자 일방적인 게임의 억울함 104

PART 04 꼭 하고 싶으면 이런것들을 준비하라

01 우선 자신의 성향을 파악해야 한다 111
02 자신있는 매매방식을 선택하자 117
03 HTS를 다시 공부하고 익히자 134
04 이제 위험한 종목은 관심종목에서 삭제하자 136
05 나만의 매매툴로 나만의 매매원칙을 다시 정립하라 145
06 대세상승기와 하락기를 구분할 수 있는 안목을 키워라 147
07 학창시절보다 열심히 공부할 자신이 없으면 그만두어라 151

PART 05 당부하고 싶은 말들

01 한 종목과 결혼하지 마라   159
02 시장을 섣불리 예상하지 마라   162
03 주도업종과 대장주를 선택하라   166
04 추세선을 이탈하는 종목은 철저히 버려라   174
05 심법을 연마하고 생활을 건전하게 유지하라   180
06 가장 중요한 덕목은 자금관리이다   183
07 아직도 일임매매를 하고 있는가?   187

PART 06 이렇게 성공하면 금융창업도 괜찮다

01 발상의 전환이 필요하다   195
02 역발상의 실체를 파헤쳐 보자   199
03 매매에 필요한 최소한의 지식은 알고 하자   213
04 소액으로 대응방법을 익혀라   224

PART 07 최근사례로 매매방법을 검증해 보자

01 옵션 1계약을 무시하지 마라   261
02 진입방법보다 중요한 청산의 방법   267
03 주문을 넣는 요령도 연습하라   273
04 주식투자 시 나쁜 습관, 물타기는 버려라   277
05 이제 실전사례로 총복습을 해보자   281

에필로그   294

주식 투자의
참혹한 이면

PART 01

Chapter 01

주식의 지배에서 해방을 꿈꿔라

해마다 8월 15일이 돌아오면 광복절의 의미를 되새기는 각종 행사가 개최되는 것을 볼 수 있다. 또한 TV에서도 대일관련 뉴스가 특집으로 많이 다뤄지는 것을 보면서 새삼 광복절이란 것을 느끼곤 한다. 해가 거듭될수록 필자처럼 해방둥이가 아닌 사람들의 비중이 점점 증가하고 있어 광복절의 의미가 퇴색되고 있지만, 1945년의 경험이 있는 광복세대에게는 남다른 의미와 추억이 있을 것이다. 우리 민족이 다른 민족, 그것도 우리가 다소 무시하며 문화를 전파해줬던 일본 민족에게 지배를 받았다는 것은 대단한 수모였고 구속이었을 것이다. 굴욕적인 일제강점기를 겪어낸 사람들에게 광복이란 우리 세대가 상상 하는 것 이상으로 엄청난 해방감을 안겨주었을 것이다.

뜬금없이 광복절 이야기를 늘어놓은 이유는, 지금 우리 일상에 식민 지배만큼 개인의 삶과 가정까지 붕괴시키는 '주식의 지배'가 존재하기 때문이다. 직장인치고 주식투자를 하지 않는 사람이 드물고, 가정주부도 몇 억씩 되는 종자돈으로 이리 저리 매수하고, 취업난에 시달리는 대학생이 전업투자가를 꿈꾸는 것도 흔히 볼 수 있다. 어느 누구든 주식투자로 적절한 수익이 발생한다면 권장할 만한 일이지만, 주식투자로 야기되는 폐해가 심각한 수준에 이르렀고, 주식의 지배에서 벗어나지 못하는 이웃들을 보고 있자면 안타까움을 금할 길이 없다. 필자는 이제 감히 "주식의 지배에서 해방되자"는 제안을 하고자 한다.

앞에서도 언급했듯이 상당히 많은 이웃들이 많은 시간과 노력을 통해 주식을 지배하고자 몸부림치지만, 오히려 '주식의 지배'로부터 더욱 벗어나기 어려워지고 있다. 이제 우리 같은 힘없는 개미들은 주식시장을 떠남으로써 '주식의 지배'로부터 해방되어야 한다. 주식이 주는 고통으로부터 벗어나서 정상적인 생활로 복귀해야 한다. 그렇지 않으면 중산층의 몰락이라는 가속페달을 밟아 망국의 길로 치달을 지도 모른다. 너무 과격하고 과장된 표현인지는 모르겠다. 하지만 사태의 심각성을 공유하자는 취지의 발언이니 오해가 없기를 바란다.

'주식의 지배'로부터 왜 벗어나야 하는지만 막연히 주장할 것이 아니라, '왜? 주식투자에서 성공할 수 없는지'를 과학적으로 고찰해보자. 아직도 주식시장을 못 떠나고 있는 많은 투자자들과 설령 입문한 지 얼마 안 되어 지금까지는 수익 상태를 유지하고 있지만 언젠가는 손실로 전락할 가능성이 높은 사람들을 위해 필자는 이러한 말을 전하고 싶다. 가장 우려되는 사람들은 지금 이 시간에도 전업투자가를 꿈꾸는 직장인과 자영업자, 그리고 대학생이다. 자기 몸이 타는지도 모르고 덤벼드는 불나방처럼 자신에게 닥칠 위험이라는 파도를 너무 과소평가하면서 주식시장에 뛰어들려는 분들에게 꼭 들려주고 싶은 이야기들이다. 주식시장에 입문하지 말아야 하는 당위성을 조목조목 나열하고 입증해서 악랄한 '주식의 지배'에서 우리 모두가 해방되었으면 좋겠다.

Chapter 02

차범근 해설위원이 경기결과를 예측할 수 있나?

스포츠 경기를 시청하다 보면 재미있는 경우를 볼 수 있다. 스포츠 캐스터와 해설위원의 설명이 갑자기 반전되는 것을 자주 보게 된다. 압도적으로 우세한 팀의 장점을 마구 나열하고, 상대적으로 실력이 없는 팀의 단점을 신랄하게 비판하다가 갑자기 승부가 예상치를 벗어나면 그동안의 해설내용들이 급반전하는 경우를 우리는 많이 경험한다. 이런 사실은 무엇을 의미하는 걸까? 공중파 방송의 해설위원들은 나름대로 실력과 안목을 갖춘 사람들이다. 선수시절 화려한 전적을 자랑하고 그 뒤로도 해설위원이 되기까지 코치나 감독 등 지도자수업을 밟을 만큼 실력을 키워온 사람들이 해설위원이 된다.

하지만 그런 실력 있는 해설위원들이 사전에 입수한 여러 가지 데이터를 가지고도 왜 경기를 예측하지 못할까? 승패도 못 맞추고 당연히 스코어도 못 맞춘다. 승부로 결정짓는 경기도 그렇지만 기록경기도 마찬가지이다. 왜 그럴까?

만약에 이런 해설위원들이 생방송으로 중계를 하지 않고 경기가 종료된 후 스포츠 뉴스 같은 프로그램에서 경기를 강평하라고 하면 처음부터 매끄럽고 일관되게 이런 결과가 나올 수밖에 없는 이유를 논리적으로 설명할 수 있을 것이다. 하지만 우리는 이러한 해설위원들을 원색적으로 비난하지는 않는다. 왜냐하면, 경기결과는 아무도 맞힐 수 없는 신의 영역이라는 것을 잘 알고 있기 때문이다. 아무리 실력 있는 해설위원이라도 경기결과를 완벽하게 예측할 수 있는 사람은 없다는 것을 잘 알고 있기에 참고만 할 뿐이지 목숨 걸고 해설을 신봉하지는 않는다. 오히려 "의외의 경기결과로 해설위원이 무척 당황했겠다"고 동정을 한다.

이런 관점에서 주식시장을 비교해보자. 주식시장에 참여한 우리들에게 여러 부류의 해설위원들이 있다. 데이터를 분석해주는 애널리스트, 종합주가지수를 예측해 보는 증권사, 시장의 흐름에 맞춰 매매를 도와주는 리딩전문가, 화려한 수익을 자랑하는 고수 등등 주식시장에 있어서 실력 있는 해설위원들이 많다.

중요한 것은 주식시장의 전문가들은 뭔가 다른 예측능력이 있을 것이라는 착각을 한다는 점이다. 물론 그 분들이 수려한 입담으로 자신의 실력을 자랑하기 때문이라고 치부할 수도 있지만 문제는 그것을 듣는 개미들의 마음이 욕심으로 채워져 있기 때문일 수도 있다.

스포츠경기는 결과가 나한테 직접적으로 이익이 되지는 않는다. 다만 응원팀이 지면 속상하고, 응원팀의 결과가 좋으면 기쁠 뿐이다. 또 다이나믹하고 멋들어진 플레이에서 느끼는 쾌감이 전부이다.

하지만 주식경기는 나에게 금전적인 손익으로 실감나게 다가온다. 그렇기 때문에 내가 관심이 가는 해설위원의 말대로 시장이 흘러가면 나는 엄청난 부를 쌓을 수 있다는 기대심리가 작용하게 된다. 즉 어딘가에 내가 모르는 고수나 전문가가 존재하고 그 사람들을 접하게 되면 나는 약간의 비용을 지불하고도 엄청난 수익을 얻을 수 있을 것이라는 욕망이 나의 판단을 흐리게 한다. 수익에 대한 기대치를 가지고 있는 사람들은 상당한 실력으로 무장한 전문가들이 앞으로의 가격을 예측할 수 있을 것이라고 착각을 한다.

하지만 이 세상에 가격을 예측할 수 있는 사람은 아무도 없다. 다만 예측을 해본 것이 몇 번 맞았을 뿐이다. 이런 사실은 비단 주식시장만의 문제가 아니다. 외환시장에서 유능한 딜러도, 채권펀드를 운용하는 실력 있는 매니저도, 유명한 경제연구소의 공부를 많이 한 연구원도 가격을 예측할 수는 없는 것이다.

필자는 예전에 자금시장에서 단기자금을 중개하는 일을 10년 이상 한 적이 있다. 자금을 중개하는 나도, 자금을 빌려가는 대기업 실무자도, 펀드를 운용하는 은행신탁부나 자산운용의 채권매니저들도 내일의 금리는 아무도 예측을 못한다는 사실을 경험으로 알고 있다. 그 업계의 종사자들이 무식해서도 아니고 노력을 게을리 해서도 아니다.

그야말로 가격에 대한 예측은 신의 영역인 것이다. 참고로 금리도 채권가격의 반대변수이기 때문에 결국 자금도 가격으로 움직이는 것이다.

그렇기 때문에 이제는 제발 주식시장만큼은 다를 것이라는 환상을 버리자.

주식시장에 있어서 그 어느 누구도 시장을 예측하고 가격을 예측하여 수익을 보장해 줄 수 있는 사람은 없다. 오로지 믿을 사람은 나 자신밖에 없는 것이다. 내가 실력을 키워서 성공을 할 것인지, 아님 시도도 하기 전에 포기를 할 것인지를 잘 결정하면 되는 것이다. 이리 기웃거리고 저리 기웃거리면서 돈 잃고, 마음 상하지 말고 홀로 서기 위한 노력을 기울이든지 포기를 하든지 결정을 지어라.

차라리 월드컵 때처럼 문어에게 예측을 맡기는 편이 더 나을지도 모르겠다.

Chapter 03
우리를 안타깝게 하는 사연들

아래는 〈네이버 지식in〉에 올라온 많은 고민 중 하나이다.

주식중독에 빠진 아빠를 어찌해야 하나요
단란하고 별 문제 없이 행복했던 우리가족이 아빠의 정년퇴직과 함께 전업으로 주식투자를 시작하시면서….
빚더미에 앉게 된 건 물론이고 가족이란 의미가 무색해졌네요. 제가 살아온 30년 동안 가장 힘든 시기인 것 같습니다. 아빠가 10년 넘게 주식투자를 하셨구요. 날린 돈은 10억 정도 된다는 걸 얼마 전에 알았어요. 지금 가진 건 시골집에 조그마한 땅이 전부인데, 그걸 담보로 마이너스 대출까지 받으셔서 주식투자를 하시고 현재도 빚을 지셨네요. 엄마는 많은 나이에도 불구하고 일을 하러 다니세요. 그런 엄마가 불쌍하지는 않으신지.

작년 올해까지 주식으로 많은 빚을 지고 나서는 더 소원해지셨고 엄마도 아빠에 대한 믿음을 완전히 잃어버리신 건 물론인데 문제는, 대화를 해야 하는데 아빠가 엄마와 대화를 원하지 않으시고 뭐라 하면 죽어 버리겠다고만 하십니다. 처음엔… 사랑하는 가정이 깨어지는 게 두려워서 엄마에게 참아 달라고만 부탁했고 아빠에게 더 잘해드리려고 노력했는데….

이러다가는 엄마가 먼저 쓰러지실 것 같아요. 저는 시집가서 어린 아기가 있고 친정이랑 멀리 살아서 자주 가볼 수도 없습니다. 너무 답답해서 잠도 오지 않고 먹고 싶지도 않네요. 아빠는 술도 못 드셔서 친구도 많지 않으세요. 주식 끊으라는 건 죽으라는 거와 마찬가지일 수도 있지만 그렇다고 가족들이 모두 빚더미에 앉을 수는 없잖아요. 나이 많으신 엄마가 일하시는 것이 넘 안쓰럽고 퉁퉁 부은 손을 보면 정말 눈물만 나옵니다. 엄마는 힘든 상황을 혼자 견디고 말도 잘 안하시는 분이라 더 걱정이 됩니다. 어떻게 하면 좋을까요? 아빠 주식을 끊게 하고 다시 행복한 가정을 만들 수는 없을까요? 아니면, 최후의 수단으로 이혼을 생각해야 하는 걸까요? 도와주세요….

주식에 빠진 아버지를 둔 따님의 애절함이 절절히 묻어 있는 사연이다. 또 다른 사연 하나만 더 보자.

남편이 주식 중독 같아요

저희 부부는 서울에서 땡전 한 푼 없이 결혼생활을 시작했어요. 그리고 하루라도 쉬는 날 없이 열심히 일한 끝에 3년 만에 1억 원이 되는 돈을 모았고, 아파트 하나를 분양받게 되었어요. 그 후 시댁에 집을 지어드리고.(아궁이에 불 때는 집이라 저도 찬성했죠)

어느 날인가 주식하는 사람의 말을 듣고 투자를 하더라구요. 그게 바로 2년여 전이에요…. 1년 몇 개월간은 지인의 말만 듣고 일도 하고 주식도 겸하고 하더니(일하며 좀 벌더라구요) 지금은 8개월간 집에서 방콕만 해요. (그간 손해 본 금액이 2억 원이 다 되는 것 같아요. 전 두 아이를 낳으면서 먹고 싶은 것도 먹어본 적이 없어요) 개장시간 한 시간 전부터 폐장 후 30분까지… 정말 살얼음판 같아요. 지금은 타던 차도 팔아서 주식해요. 요즘 돈이 모자란지 무조건 시댁에 가서 살자고 하네요. 아파트 분양 받은 게 저 때문이라고, 저 때문에 자본금이 막혔다고 하면서.

여기 집 월세보증금 빼고 시댁에 있는 땅 팔아서 올인한다고. 정말 미치겠어요. 이러다 제가 먼저 죽겠습니다. 알콜중독은 가족이 원하면 강제 입원도 하던데, 주식중독은 안 되는 건가요? 아이들이 어려서(8개월, 4세) 정말 절박합니다. 어떻게 해야 하나요?

안타까운 사연이다. 이러한 사연들은 바로 우리 옆에 있는 이웃들의 이야기이다. 또, 주식투자 실패로 극단적인 선택을 하는 기사들은 우리를 더욱 슬프게 한다.

6000만 원 주식 빚 때문에… 아파트서 주부 투신 사망

2011.08.15. 부산일보

사상 최대 낙폭을 기록한 폭락장이 이어지면서 곳곳에서 주식투자 실패를 비관한 자살이 잇따르고 있다. 지난 10일 대구에서 고객 계좌에 큰 손실을 입힌 증권사 직원이 이를 자책해 아내에게 죽음을 암시하는 메시지를 보낸 뒤 숨진 채 발견된 데 이어 14일 부산에서는 주식으로 불어난 빚에 고민하던 주부가 결국 자신의 아파트에서 몸을 던졌다.

14일 오전 5시 20분께 북구 만덕동 A아파트 화단에서 이 아파트에 사는 최 모(42·여) 씨가 쓰러져 있는 것을 경비원이 발견해 경찰에 신고했다. 경찰은 최 씨가 12층 아파트의 복도에서 뛰어내린 것으로 추정하고 있다. 경찰조사 결과 최 씨는 남편과 함께 2009년부터 주식 투자를 시작해 현재 부채가 6000만 원에 달하는 것으로 밝혀졌다.

사건을 조사 중인 경찰은 "수억 원의 채무로 고소를 당해도 눈 하나 깜짝하지 않는 사람도 많은데 수천만 원의 주식 빚 때문에 한 서민 가정이 망가지는 모습을 보니 안타깝기 그지없다."고 말했다. 경찰은 최 씨가 "사랑하는 아이들아, 엄마가 미안하다. 힘들지만 열심히 살아라."는 내용의 유서를 남긴 점으로 미루어 주식투자에 실패하면서 어렵사리 빚을 돌려막아 오던 최 씨가 한계 상황에 이르자 이를 고민하다 목숨을 끊은 것으로 보고 정확한 사인을 조사 중이다.

다음 기사는 두 자녀까지 동반해서 자살한 안타까운 사연이다.

전 은행원 '주식투자실패 비관' 두 아들 살해 후 자살

2010.04.27. 국민일보

주식투자 실패를 비관한 전직 은행원이 지체장애가 있는 두 아들을 살해하고 스스로 목숨을 끊었다. 27일 오후 7시 20분께 서울 광진구 중곡동의 한 연립주택 오모(44) 씨 집에서 오씨와 고교생인 두 아들이 숨져 있는 것을 부인 이모(43)씨가 발견해 경찰에 신고했다.

발견 당시 오씨는 발코니에서 목을 매 있었고, 지체장애인인 두 아들은 한 방에서 숨져 있었다. 거실에서는 "주식 투자에 실패해 2000만 원의 빚을 져 고민이 많다. 아이들은 내가 데려가겠다"는 내용의 메모가 발견되었다.

경찰은 은행원으로 일하다 2년 전 퇴직한 오씨가 주식에 손을 댔다가 빚을 지게 되자 두 아들을 목졸라 숨지게 하고서 스스로 목숨을 끊은 것으로 보고 정확한 사인을 조사 중이다.

다음 기사는 뉴스에도 보도된 안타까운 서울대생의 기사다.

주식투자로 1억7000만 원 날린 서울대생 한강서 변사체로

2009.02.11. 한경닷컴

주식투자에 실패한 뒤 유서를 써놓고 실종됐던 서울대생이 한강에서 변사체로 발견됐다. 11일 서울 용산경찰서에 따르면 서울대 3학년에 다니다 휴학중인 윤 모 씨(28)가 지난 9일 오후 7시30분께 원효대교 북단 부근 한강에 숨진 채 떠있는 것을 행인이 발견했다. 윤씨는 작년 12월18일 자신의 자취방에 부모 앞으로 "가족과 돈을 빌려준 사람들에게 미안하다. 갚을 길이 없다"는 내용의 편지를 써놓고 사라져 경찰에 실종신고가 된 상태였다.

경찰 조사결과 윤씨는 고시 준비를 위해 모아둔 7000만 원과 빌린 돈 1억 원을 합해 2005년부터 주식투자에 뛰어들어 한때 3억 원까지 불렸으나 최근 금융위기로 이를 모두 날린 것으로 드러났다. 경찰은 정확한 사망 시간은 알 수 없지만 시신에 외상이 없는 점으로 미뤄 윤씨가 주식투자 실패를 비관해 한강에 투신, 스스로 목숨을 끊은 것으로 보고 시신을 유족에게 인도할 예정이다.

일반인 뿐만 아니라, 전설의 고수라고 불리는 이들도 엄청난 금액의 손실을 보기도 한다.

장기철 12억 투자손실. 펀더멘털 무시. 물타기 탓

2002.09.12. 한국경제

한때 '선물 귀재'로 이름을 날렸던 장기철 전 대신증권 부장이 2년 동안 한 코스닥 종목을 장내매매하면서 12억 원 정도를 손해 본 것으로 나타났다. 장씨의 이번 투자 실패는 펀더멘털이 튼튼하지 않은 기업에 투자하지 말라는 투자원칙과 떨어지는 종목에 '물타기'를 하지 말라는 증시격언을 어긴 것으로 투자자들에게 상당한 교훈을 남겨주고 있다.

12일 금융감독원에 따르면 장씨는 지난 11일 보유하고 있던 서울신용평가정보 1백17만주 중 12만 주만 남기고 105만 주(5.25%)를 처분했다. 장씨는 지난 4월 3일에도 서신평정보 151만 주를 매도했다. 매도단가는 지난11일 105만 주가 393원, 4월 3일 151만 주가 600원 수준이었다. 장씨는 2년 전인 2000년 9월 19일부터 서신평정보 주식을 장내에서 매집했었다. 그는 2000년 9월 19일 131만 주를 800원에서 매수했다. 이어 2000년 9월 말부터 2001년 2월 14일까지 서신평정보 주식을 추가 매수해

한때 보유주식이 268만주에 이르렀다.

그러나 서신평정보 주가는 장씨의 기대대로 움직여주지 않았다. 서신평정보 주가는 2000년 9월 말 1200원대에서 하락하기 시작해 반등다운 반등 없이 추락했다. 지난 10일에는 360원까지 떨어졌다. 장씨는 25억여 원을 투자해 서신평정보 268만 주를 샀으나 건진 돈은 13억 원에 불과, 12억 원을 손해 봤다.

장씨가 서신평정보에서 실패한 것은 철저한 기업분석을 바탕으로 삼지 않았기 때문으로 파악된다. 서신평정보는 코스닥시장에 등록된 지난 1999년에는 8억 원의 순이익을 냈으나 이후 2000년 30억 원, 2001년 52억 원의 당기순손실을 기록했다. 이 회사는 올 상반기에도 13억 원의 적자를 냈다.

이와 더불어 하락추세에서 물타기를 하고 적정수준에서 손절매를 하지 않음으로써 손실을 확대시킨 것으로 나타났다. 대신증권 관계자는 "장씨는 서신평정보가 내리막 길을 걷기 시작한 2000년 9월 말 이후 주가가 떨어질 때마다 추가매수에 나서 매수단가를 낮추는 데는 성공했지만 주가가 상승전환하지 못함에 따라 손실폭만 더 커졌다"고 분석했다.

장씨는 지난해 3월부터 1년 동안은 단 한 번도 매매를 하지 않는 등 관리에도 소홀했던 것으로 파악됐다. 장씨는 이번 실패로 선물 투자로 얻었던 명성에 금이 가게 됐다. 또 등록 전 서신평정보 지분투자로 올렸던 수익중 상당액을 잃어버렸다.

다음은 어느 주식카페에 주식시장에서의 쓰라린 경험을 안고 떠나면서 마지막으로 글을 남긴 사연을 소개하고자 한다. 차분하게 전개되는 행간에서 많은 것을 생각하게 한다. 이 글은 옮긴 글이다. 그 분들께 심심한 위로의 뜻을 전한다.

사연 1 : 이젠 떠납니다.
대박의 꿈을 안고 주식시장에 입문한지도 벌써 4년 남짓 되는군요. 그동안 참 많은 돈을 갖다 바쳤는데….
이곳에서 잃은 것이 비단 돈만이었다면 이렇게 씁쓸하지는 않을텐데….
잃어버린 젊음의 조각들과 그간 세상과 담을 쌓은 대가로 세상에 대한 공백을 생각하니 무척 안타깝습니다. 작은 모니터 앞에서 넓은 세상을 호령하려 했던 섣부른 모험심이 이젠 세상 밖으로 나가는 것마저 두렵게 만들고 있습니다.
내일이면 크리스마스군요….
아이들은 산타할아버지가 갖다 줄 선물을 고대하며 걸리버 여행에 나오는 거인이나 신을법한 큼지막한 양말을 어디서 구했는지 며칠전부터 거실에 걸어놓구 마냥 기대에 부풀어 있습니다. 당장 현실의 무게와 고통이 너무 커서인지 도대체 그 큰 양말에 무엇을 채워줘야 할지 아니 무엇이라도 채워줄 수 있을지 암담하기만 합니다.
삶이 이리 힘들고 고통스러운 거라면 이젠 그 막을 내리고 싶습니다. 하지만 내가 짊어가야 할 것이 나뿐만이 아니기에 가슴은 더 아려옵니다. 왠지 오늘은 세상에 혼자 내동댕이쳐진 기분입니다. 비록 승부에 졌더라도 그것을 깨끗이 승복하고 미련 없이 떠나는 패자의 뒷모습은 안타깝기는 하지만 포기할 것은 포기하고 다시 시작할 수 있는 기회가 주어진다고 생각해 멋지다고도 생각했습니다. 하지만 오늘 저는 제 모습이 무척 초라해 보이기만 합니다. 바깥공기가 찹니다. 이젠 어디로 가야할 지 무엇을 해야 할 지 너무 암담합니다. 오늘은 접시가 빠질만한 깊이라도 있는 웅덩이는 피해야만 할 것 같습니다. 아마 그런 웅덩이를 보는 즉시 코라도 박고 죽을지도 모르겠습니다. 눈물이 나려 합니다, 가슴이 아려옵니다. 불이 나면 재라도 남는 것이 인지상정인 것을 삶에 대한 희망마저 무참하게 짓밟힌 채 이렇게 폐인이 되어서 떠나려니 너무도 억울하고 너무도 제자신이 어리석어 보입니다. 고생하시는 님들에게 마지막이라도 용기라도 북돋아 주고 싶었습니다만 오늘은 도저히 그런 사치스런 말을 할 수 없을 것 같습니다. 남아 있는 여러분들 부디 대박의 꿈을 이루시고 행복한 한해 마무리하시길 기원합니다.
전 이제 떠납니다. 아듀….

사연 2 : 저 이제 떠납니다…
자꾸 눈물이 흐르려 하는군요. 담배연기 때문이라고 애써 우겨보지만 눈물이 조금씩 눈가에 고입니다. 오늘 피운 담배가 벌써 한 갑을 넘었군요. 오늘 하루가 끝나려면 아직도 한참이나 더 남았는데 오늘은 도대체 담배를 몇 갑을 피울지 저도 장담 못하겠습니다. 봄볕이 좋군요…. 어디론가 떠나기 좋은 날 같습니다. 남들은 산으로 들로 떠나겠지만 저는 주식시장을 떠납니다. 참으로 질풍노도와 같았던 지난 4년간…
하루에도 몇 번을 웃었다 울었다 가슴을 졸이며 무언가 엄청난 것이 숨어 있을 거란 확신으로 파고들었던 이곳에서 화려한 비상을 하는 나의 모습을 꿈꿔왔지만 이젠 꺾어진 날개만이 앙상하게 지난날의 처절함을 상징적으로 보여주는 존재로 전락하고 말았습니다. 젊은 날의 한 귀퉁이를 송두리째 내주고 힘겹고 고독하게 도전했던 이곳이라 떠날 때는 멋있고 화려하게 떠나고 싶었는데….

오늘 하루는 절대로 남에게 나의 뒷모습을 보여주고 싶지 않습니다. 어디서 무엇을 어떻게 해서 먹고 살아야 하고 무엇을 시작해야하는지 도무지 알 수가 없습니다. 그냥 이대로 조용히 어디론가 나의 존재가 연기처럼 사라졌으면 하는 생각도 해 봅니다. 꿈속에서도 주식을 생각했고 수험생보다도 더 많은 밤을 지새웠건만 결과가 너무 비참하기에 가슴이 더 아픕니다.

항상 나를 부러워하던 노가다 다니던 친구가 오늘은 무척 부럽습니다. 작렬하는 뙤약볕과 살을 에는 추위 속에서도 건설현장에서 죽어라 일하던 그 친구의 소중한 땀방울이 얼마나 알뜰하고 진실되었는가를 이제 알겠습니다. 하지만 비록 실패자란 이름으로 이곳을 떠나지만 내가 흘렸던 땀과 내가 불태웠던 정열 또한 그 친구의 땀 못지않게 소중하다는 것 또한 부인하고 싶지 않습니다. 돈의 가치를 결코 부정할 수 없는 자본주의 사회에서 서민이 상류층으로 갈 수 있는 몇 안 되는 탈출구 중에 하나가 주식시장이란 것을 전 지금도 부정하고 싶지 않습니다.

단지 나는 나의 한계를 느끼기에 떠날 뿐 남아있는 분들은 저의 실패를 교훈삼아 정상에 우뚝 서시길 간곡히 빕니다. 내가 왜 이렇게 눈물을 억지로 참는지 저도 모르겠습니다. 그냥 막 흐르려 하는 것을 억지로 참고 있습니다. 그래야만 하는 거란 강박관념이 있나봅니다. 차라리 막 소리 내서 원 없이 울고 싶은데 그러면 안 되는가 봅니다. 전 떠납니다. 무작정 떠납니다. 단한가지 다시는 주식시장에 들어오지 않겠다는 신념만 가지고…

이 한 몸 이 바닥에서 이렇게 썩어 문드러져서 떠나지만 그것이 한줄기 거름이라도 되어서 여러분들의 성공에 작은 초석이라도 되길 간절히 바랍니다. 남아있는 여러분 부디 소기의 목적달성하시고 건강하십시오.

누구도 확실하게 예상할 수 없는 투기적 성격 때문에 많은 사람들이 요행을 바라고 주식시장으로 빨려든다. 그러나 내부정보를 가진 자와 가지지 못한 자, 시장을 주도하는 거대자본과 그들의 먹잇감이 되는 소액투자자들의 게임은 이미 정해져 있다고 봐도 과언이 아닐 것이다. 극소수는 상당기간 동안 수익을 향유할 수도 있다. 하지만 대다수의 개미들은 손해를 볼 수밖에 없음을 명심해야 한다. 100여 년 전에 어느 경제학자는 "주식시장은 거대자본이 주기적으로 대중을 수탈하는 장이다"라고 갈파하였다. 여기 천재과학자 뉴튼의 주식실패담을 인용해 본다.

1720년 당시 78세이던 뉴튼은 남미 지역의 독점무역권을 가진 사우스 시(South Sea)라는 회사에 상당액을 투자했다. 그는 불과 석 달 만에 투자액의 4배를 벌어들인 뒤 모두 팔아치워 '투자의 달인'이라는 명성을 얻었다. 그런데 팔아치운 주식이 계속 오르자 뉴튼은 오른 가격에 주식을 사들였다가 주가 폭락으로 원금까지 다 날렸다. 뉴튼은 "천체의 움직임은 (수학으로) 계산할 수 있지만 사람들의 광기까지 계산할 수는 없다"는 유명한 말을 남겼다.

이처럼 주식투자가 참으로 어려운 것임을 알려 주는 글들은 지천에 깔려 있다.

나도 박중훈이 될 수 있다는 착각

영화배우 박중훈은 지난 1997년 당시 자금회전의 어려움을 겪던 친구들의 벤처기업체에 투자해 2억 5000만 원이 수십 배로 불어나 100억대의 재산을 벌어들인 것으로 유명하다.

박중훈이 투자한 벤처기업은 새롬기술이다. 1994년부터 모뎀과 통신용 소프트웨어를 만들어온 새롬기술은 IMF사태 이후 거래선들의 잇단 부도로 파산직전에 몰리자 친구인 박중훈에게 투자를 요청하였고 여유자금이 있었던 박중훈으로부터 투자를 유치할 수 있었다. 그 후 코스닥시장에 등록한 새롬기술이 인터넷주 열풍을 타고 연일 주가가 폭등하여 대주주들인 친구들과 함께 액면가 500원으로 분할했음에도 불구하고 당시 거래가가 18만 4000원대에 이르렀던 것이다.

즉 액면가 5000원 기준이라면 184만 원 대에 이르는 '귀족주'인 셈이다.

필자도 그 당시 상황이 어렴풋이 기억 난다. 박중훈 물량이 언제 나오느냐가 초미의 관심사였고 대량거래가 터지는 날 시장관계자들은 이 물량이 박중훈 물량이라고 해석했다. 그 당시 인터넷 관련주들은 거래량 없이 가파른 상승세를 이어가던 시절이었다.

새롬기술은 1993년 설립한 대한민국의 정보통신 기업인데 닷컴 버블 시기에 벤처 기업으로 시작하여 2000년 전후로 코스닥 상위 기업 자리를 차지했었으나, 2003년 경영권 분쟁 이후로 폭락하였고 2004년에는 솔본으로 이름을 바꾸었다. 당연히 주가는 폭락을 했다. 1999년 12월 14일 동아일보 기사를 보면

> 영화배우 박중훈씨도 이 회사주식 1만 주를 액면가 5000원일 때 사들여 이 중 일부는 처분하고 현재 100억 원대의 주식을 보유하고 있는 것으로 알려졌다. 94년 설립된 새롬기술은 PC통신 접속 프로그램인 새롬데이터맨을 개발해 제1회 벤처기업대상을(97년) 수상한데 이어 올해 미국에 세운 자회사인 다이얼패드사의 무료인터넷 전화서비스가 주목을 받으면서 주가가 급등했다.

고 기재되어 있다. 박중훈은 그 이후에도 연예기획사에 투자해서 짭짤한 수익을 거두었다는 기사도 있다. 갑자기 박중훈 이야기는, 또 케케묵은 인터넷 버블시대의 상징인 새롬기술은 왜 거론하는 것인지 의문이 들 것이다.

그것은 바로 일반인들이 가지고 있는 막연한 주식시장에 대한 환상을 지적하고 싶어서이다. 대박환상에 사로잡혀 주식시장에 겁 없이 뛰어드는 사람들이 너무나 많다. 카지노에 가서 슬롯머신 한번 당겨보듯이 남들이 오를 거라

고 하는 주식을 사는 마음은 '나도 언젠가 박중훈처럼 대박이 터지지 않을까' 하는 기대심리다.

어떤 사람에게는 박중훈처럼 행운의 여신이 어느 날 갑자기 찾아올 수 있다. 하지만 대부분의 주식투자자들은 이러한 행운과는 거리가 멀 뿐만 아니라 오히려 쪽박을 차고 있다는 것이 심각한 문제이다.

지금이라도 이러한 대박환상은 버려야 한다. 부동산도 마찬가지다. 어느 날 시골에 땅 몇 평 사났는데 그 지역에 개발호재가 터지면서 몇 십 배의 이익을 봤더라 하는 식의 투자법은 이제 호랑이 담배 피우던 시절의 이야기이다. 주식시장에서도 실력도 없이, 예리한 안목도 없이 우연히 찾아오는 횡재는 없다는 것을 인식해야 한다. 그리고 박중훈이 버리는 셈치고 친구를 도와준 따뜻한 마음이 백억이라는 수익으로 다가온 것이지, 박중훈의 투자기법이나 종목선정능력이 만든 신화가 아니지 않는가?

흔히들 주식시장에서 살아남는 확률을 5%라고 하는 사람들이 많다. 100명이 주식투자를 하면 5명 정도가 살아남을 수 있다는 말이다. 구체적인 통계에서 나오는 수치는 아니지만 주식하는 사람들이 공통적으로 말하는 비율이다. 문제는 그 비율이 맞느냐가 아니라, 주식을 시작하는 사람들의 착각이 문제라는 것이다. '나도 열심히 노력하고 공부하면 상위 5%에 끼지 않을까?' 하는 막연한 자신감으로 주식투자를 시작하는 사람들이 많다. 왜 그리 힘들고 어려운 길을, 성공할 확률도 높지 않은 길을 가려 하는가?

열심히 노력하고 공부하려는 마음을 꾸준히 유지해서 성공하는 투자자가 된다면 마땅히 박수를 쳐줘야 할 것이다. 하지만 중간에 게을러져서 죽도 아닌 밥도 아닌 상태로 재산 손실을 안은 채 쓸쓸히 퇴장하는 자가 허다하니, 마음을 굳게 먹지 못할 사람이라면 일찌감치 포기하라. 나도 언제든지 95%에 포함될 수 있는 평범한 사람이고 또 초심을 잃고 낙오할 수 있는 일반인이라는 것을 지금부터라도 인식을 하자. 박중훈이 열심히 주식공부를 해서 거부를 이루었다면 권해볼 수도 있겠다. 하지만 언젠가 큰 행운이 나에게도 올 것이라는 착각 하에 주식을 시작하면 마음고생만 하게 될 것은 불을 보듯 뻔한 일이다.

나는 특별한 사람이 될 수 있다는 착각을 버리자. 나는 평범한 사람일 뿐이다.

05 Chapter

전국민이 망국의 길로 걸어가는 것이다

주식투자로 인한 폐해가 개인의 경제적 파탄과 자살을 넘어 범죄로 이어지고 있는 것을 보면서 이 나라가 어디로 가고 있는 것인가 하는 생각이 든다. 다음은 주식투자 실패가 범행의 동기였던 사건들이다.

사제 폭탄 피의자 "주식 투자 실패… 빚 독촉 불만"

2011.05.15. MBN뉴스

[기자] 서울역과 강남고속버스터미널 물품보관소에 사제 폭탄을 넣어 폭발시킨 피의자들이 경찰에게 붙잡혔는데요. 조금 전 경찰의 공식적인 조사 결과 발표가 있었습니다.

> [앵커] 주식 투자 실패가 범행 동기였군요?
>
> [기자] 네, 경찰은 조금 전인 오후 2시 이들의 범행 내용을 공식적으로 발표했습니다. 서울역 등 시내에서 폭발물을 잇달아 터뜨린 용의자는 주식 투자에 실패한 뒤 홧김에 범행을 저지른 것으로 드러났습니다. 주범인 43살 김 모 씨는 경찰 조사에서 지난해 주식과 선물 시장에 투자하고 나서 3억 원을 잃고 빚 독촉에 시달려 온 것이 범행 동기였다고 진술한 것으로 알려졌습니다. 계속된 독촉에 시달리던 김 씨는 여기에 불만을 품고 36살 이 모 씨와 51살 박 모 씨와 함께 사제 폭탄을 만들어 폭발시키는 계획을 짰습니다. 김 씨는 평소 선후배 관계로 알고 지내던 공범 이 씨에게 폭죽과 디지털 타이머 등 폭발용품을 구입해 전달 받았고, 김 씨는 이를 이용해 사제 폭탄을 제조했습니다. 평소 돈이 많은 것으로 알려진 김 씨가 돈을 미끼로 공범 2명을 범행에 끌어들인 건데요. 김씨는 박 씨에게도 3000만 원을 줄 테니 폭발물을 보관함에 넣으라고 지시한 것으로 조사 결과 밝혀졌습니다. 이미 도박으로 10억 원을 탕진한 박 씨는 경찰 진술에서 돈 때문에 폭발물인지 모르고 운반만 했다고 진술한 것으로 전해졌습니다. 경찰은 이들을 상대로 자세한 범행 동기를 더 캐묻고 있습니다.

필자는 2005년까지 단기금융시장에서 자금중개기능을 수행하였다. 신용등급이 우량한 기업들이 발행한 기업어음(CP)과 채권을 기관투자가들에게 중개하는 일이 필자의 직업이었던 것이다. 아래 기사에 나오는 우리카드의 오 모 대리는 나의 거래처이면서 거래 파트너였다. 그 친구가 어느 날 400억짜리 횡령사건을 터트리고 중국으로 도주하는 사건이 발생했다.

실체 드러나는 우리카드 횡령사건 (고급승용차 구입, 도박.유흥으로 탕진)

2004.04.12. 연합뉴스

우리신용카드 직원 2명이 회삿돈 400억 원을 횡령하고 외국으로 도주한 사건이 9일 공범의 검거로 그 실체가 속속 드러나고 있다.

9일 붙잡힌 공범 박모(37)씨가 용의자 오 모(32) 대리를 만난 것은 지난해 12월 12일. 당시 사업과 주식투자에 실패해 택시를 몰던 박씨에게 오 대리는 '매력적이고 은밀한 제안'을 해왔다. 택시 손님으로 탄 오 대리는 박씨에게 "거액을 투자하는데 시키는 대로만 하면 매달 5000만 원씩 주겠다"며 자신의 손발이 되어줄 것을 요청했다. 주식에는 일가견이 있다고 자부해왔던 박씨에게 오 대리의 제안은 뿌리칠 수 없는 유혹이었다.

박씨는 이틀 뒤인 12월 14일 오 대리로부터 그의 직장 상사인 공범 박 모(36) 차장과 중학교 동창 김 모(32)씨를 소개받았고, 이들의 지시에 따라 강남의 한 PC방에서 주식과 선물옵션에 투자하기 시작했다. 박 차장 등은 역삼동 원룸에서 온라인 투자를 하다 올해 1월 말부터는 인근 오피스텔에 '에이스 인베스트먼트'라는 사무실을 차리고 회사에서 횡령한 40억 원을 '종자돈'으로 사장 등 직함까지 정해 기업형 투자를 시작했다.

그러나 이들의 투자는 뜻대로 되지 않았다. 지난달 말 40억 원을 모두 날리자 박 차장 등은 50억 원을 가져왔고 이마저도 여의치 않자 며칠 새 다시 50억 원, 200억 원을 잇따라 채워 넣었다. 특히 이들은 우리신용카드가 우리은행에 합병되기 하루 전인 지난달 30일 하루에만 200억 원을 손쉽게 횡령하는 수완을 발휘했다. 박씨는 "어디서 난 돈인지 몰랐지만 투자금을 날리면 곧바로 계좌에 수십억 원이 채워져 신기할 따름이었다."며 "결국 증권계좌에 15억 원만 남았다"고 털어놨다.

이들은 횡령한 돈 일부를 빼내 에쿠스 승용차를 구입하고 한달 평균 2천만 원 정도를 강남 고급 룸살롱 등에서 술값으로 쓴 것으로 경찰조사에서 밝혀졌다. 공금을 횡령했던 3개월 동안 강원도 정선카지노에서 물쓰듯 돈을 쓴 사실도 드러났다. 출장비 명목으로 장부에 기재된 카지노 비용은 모두 4억 6000만 원. 박씨는 경찰에서 "석 달간 7차례 정도 카지노에 갔는데 그 때마다 나에게만 300만 원을 줬다"고 진술했다.

이들은 합병 전 혼란스러운 회사 상황을 틈 타 회삿돈 수백억 원을 자기 주머니에 있는 돈처럼 자유자재로 투자금과 유흥비로 날리고 도주 1주일 전 비행기표를 예약, 중국으로 재빠르게 달아나 버렸다. 이들은 중국으로 도주한 6일 오전 사무실 금고에 보관해 둔 현금과 수표 수억 원을 갖고 자취를 감췄다고 박씨는 진술했으며, 오 대리는 이 가운데 2억 1000만 원을 신고자인 처삼촌에게 생활비조로 현금으로 줬다고 경찰은 밝혔다.

경찰은 박씨의 진술로 미뤄 이들이 중국으로 도주하면서 도피자금 수억 원을 챙겨 달아난 것으로 보고 있으며 계좌추적을 통해 이들이 해외로 자금을 빼냈는지에 대해 수사 중이다. 경찰은 "박 차장 등이 회사 돈을 횡령해 투자를 해보려다 번번이 실패한 뒤 또다시 횡령을 저지르는 악순환에 빠진 것 같다"며 "적어도 350억 원은 투자에 썼으며 나머지 50억 원의 용처를 조사중"이라고 말했다.

    그 친구를 인간적으로 비난하고 싶은 마음은 없다. 다만 주식으로 시작한 투자의 실패가 부른 재앙을 이야기하고 싶을 뿐이다. 그 친구도 불쌍하지만 그 사건으로 인해 피해를 가장 크게 본 사람은 오 모 대리의 직속상관인 권 모 부장이다. 하루아침에 책임을 지고 물러나야 하는 신세가 된 것이다. 문제해결을 위해 무던히도 애를 썼지만 이미 버스는 떠난 후였다. 지금은 무엇을 하며 지내는지 궁금하지만 지인들을 통해서도 연락이 닿지 않는다.

그 사건이 일어난 몇 달 뒤 또다시 400억 원대의 횡령사건이 발생하였다. 그 사건의 주역도 우리 팀이 거래하던 거래처의 담당 대리였고 그 어음을 중개해주었던 외환은행 권 모 과장도 일면식이 있던 사람이었다. 금융시장에 커다란 영향을 준 유명한 사건이다.

극동도시가스라는 대기업의 촉망받던 권 모 대리도 어느 날 주식으로 시작해서 국내선물, 나중에는 나스닥 선물까지 손을 댐으로써 파국의 길을 걷게 되었다는 것이 시장관계자들의 중론이었다. 그 당시에는 필자가 속한 팀이 메리츠 증권에서 우리은행으로 막 옮긴 상태였는데 메리츠 증권시절부터 극동도시가스 권 모 대리로부터 수표발행의 유혹이 뻗쳐오고 있었다. 통상 기업이 CP를 발행하면 그 대금을 법인계좌로 이체를 하는데 유독 그 친구만큼은 수표발행을 원했던 것이다. 하지만 팀장인 나는 정중히 거절할 것을 지시했었다. 아직도 중간에서 곤란해 하던 후배가 생각이 난다. 거래처는 요구하고 팀장은 거절을 하니 중간에서 무척 곤란했을 것이다. 9시 뉴스에도 나왔던 유명한 사건이다. 그 회사 당기순이익 2년치에 해당하는 엄청난 규모의 횡령사건이었다.

극동도시가스직원 420억 원 어음위조

2004.08.01. 매일경제

극동도시가스 직원이 자사 기업어음(CP)을 위조 발행해 420억 원을 횡령하는 사건이 일어났다. 극동도시가스는 1일 "회사 재경팀 권 모 대리(33)가 컬러복사로 위조된 기업어음을 외환은행 측에 제시해 총 420억 원을 횡령했다"며 서울 동부경찰서에 고발, 수사를 의뢰했다. 420억 원은 이 회사 지난해 순이익(225억 원)의 약 2배에 해당한다. 동부경찰서는 이에 따라 1일 권씨를 '유가증권 위조·사기 혐의'로 구속하고 영장 발부를 신청했다.

극동도시가스에 따르면 권씨는 지난 2월부터 7월까지 총 3차례에 걸쳐 기업어음을 컬러복사기로 위조한 후 당좌거래은행인 외환은행 종합금융부 권 모 과장에게 지급을 요청했다. 이에 따라 권 모 외환은행 과장은 어음할인 후 총 420억 원어치의 자기앞수표를 발행해 회사측 권 모 대리에게 직접 넘겨준 것으로 확인됐다. 극동도시가스측은 권 모 대리가 거액을 횡령하기 위해 은행측 담당자와 공모했을 가능성이 큰 것으로 보고 있다.

이 회사 업무팀 관계자는 "외환은행측이 거액의 할인자금을 법인계좌 이체가 아닌 자기앞수표로 직접 전달했다는 점에서 관련성이 있다고 판단, 외환은행 담당 직원 도 경찰에 함께 고소했다"고 말했다. 이에 대해 외환은행 관계자는 "은행 검사부에서 자체 조사 결과, 은행 직원은 통상적인 어음 할인 업무를 수행했을 뿐 공모를 한 증거를 전혀 발견하지 못했다"고 반박했다. 외환은행측은 2일 극동도시가스 권 모 대리를 경찰에 고발할 것이라고 밝혔다. 기업어음(CP, Commercial Paper)이란 기업들이 단기간의 자금조달을 위해 보통 90일 만기로 발행하는 채권이다.

우리카드 오 모 대리나 극동도시가스 권 모 대리 둘 다 유수한 기업에서 중차대한 역할을 하던 촉망받는 30대 젊은이들이었다. 그럼 왜 이들이 회사에도 피해를 주고 자신들의 인생에 엄청난 오점을 남기는 범죄를 저질렀을까? 주식투자 때문이었다. 개인의 도덕성은 운운하고 싶지 않다. 그 시작이 주식투자실패였다는 것을 환기시키고 싶을 뿐이다.

온 나라에 투기광풍이 불고 있다. 혹자는 이런 말을 한다. 어떤 투자자가 3천만 원으로 주식투자를 했는데 1년도 안 돼 1천 5백만 원을 잃고 본전생각이 간절하여 제대로 알지도 못하면서 선물투자에 뛰어들어 1개월도 지나지 않아 1천만 원을 날렸다. 그러면 이제는 한방에 역전해 보려고 옵션투자를 했는데 불과 며칠 만에 4백만 원을 날리고 남은 1백만 원을 들고 지푸라기 잡는 심정으로 경마장에 갔다가 이마저 다 털리고 마지막 남은 10만 원으로 로또복권을 샀더니 모조리 꽝이더라는 이야기다. 재미있는 비유가 돋보이는 우화인데 웃고 넘길 만한 일이 아니다.

IMF 이후 중산층이 무너지고 있고 주택마련비용과 사교육비로 인해 서민들의 삶이 점점 팍팍해지고 있다. 인생의 탈출구가 없는 사람들이 갈망하는 인생역전의 꿈을 이용해 국가가 사기극을 펼치고 있다는 생각이 든다. 필자의 좁은 식견으로는 왜 강원도 정선에 카지노가 합법적으로 운영되어야 하는지, 왜 과천에서는 마사회가 합법적으로 경마사업을 펼쳐야 하는지, 왜 엄청나게 낮은 확률에 배팅을 하게끔 복권제도를 운영하는지 이해가 안 된다. 개인의 선택의 문제로 치부하기에는 나라 전체가 조직적으로 기만을 벌이고 있다는 생각만 들 뿐이다. 건전한 자본시장 육성이라는 미명하에 법의 보호를 받고 있는 주식시장에서 이익을 보는 사람은 상장대기업의 대주주와 임원들 그리고 증권관련업에 종사하는 임직원뿐이다. 그들 말고 주식으로 혜택을 누리는 사람들이 있는가?

지금이라도 늦지 않았으니 주식투자의 실패로 경제적 고통을 당하고 있는 사람들을 구제할 방안을 세워주길 바란다. 앞의 사연에서 어떤 사람이 제안한 '알콜중독자의 격리'처럼 재산만 축내고 있는 투자자들을 주식으로부터 격리할 수 있는 사회적 방안이 필요한 시기가 되지 않았나 하는 생각을 감히 해본다.

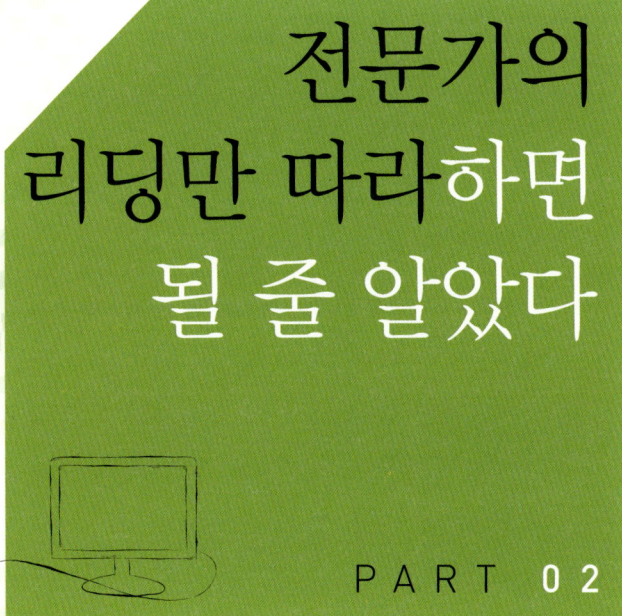

전문가의 리딩만 따라하면 될 줄 알았다

PART 02

Chapter 01

증권방송에서 추천만 하면 왜 떨어질까?

증권방송을 자주 보는가? 또 증권방송에서 나오는 전문가들이 추천하는 종목을 매매해 본 적이 있는가? 개미들은 증권방송을 자주 본다. 하지만 경험이 있는 사람들은 증권방송에서 추천하는 종목들은 참고만 하지 매매의 수단으로 삼지는 않는다. 그 이유는 무엇일까?

필자도 주식전문가 방송을 약 2달 동안 유료회원으로 가입한 적이 있다. 그곳에서의 기억을 되살려 보면 그 이유가 설명이 된다. 경험하지 못한 독자들은 흥미로울 수도 있다. 필자가 주식투자에 입문하기 전에 모 증권방송국에서 개최하는 일일 시황 설명회를 갔었다. 대개 토요일 오후 시간대에 2명 정도의 전문가가 2~3시간 정도 시간을 할애해서 시황 설명을 하는 것이다. 나중에 알고 보니 그 시간들이 초보자들에게 시황을 설명해 주는 것이 목적이 아니라 유료회원 권유를 위한 홍보의 시간들인 것이다. 방송국 차원의 대고객 서비스가 아니라 전문가들이 자기 홍보하는 시간이라는 것이다.

현장에서 가입을 하면 회비의 10%를 할인해 주기도 한다. 설명을 들으면서 전문가 유료방송의 회원으로 가입을 유도하는 방법이다. 전문가이니 시황에 대한 설명이나, 종목에 대한 설명이 유창하게 진행된다. 차트에 줄을 현란하게 그어 가면서 이 세상의 모든 주식들이 자기 손안에 있는 것처럼 설명하는 것이다. 초보자에게는 대단해 보일 수 있다. 그 당시에는 IT종목들이 추세를 이탈해서 하락세에 있을 때인데, 하락하기 한 달 전부터 IT주식의 거품을 경고했단다. 필자가 본 것은 아니지만, 나름대로 논리를 가지고 설명을 해 나가니 믿음이 갈 수밖에 없었.

설명회가 끝나고 가입상담을 하는데 일 년에 100% 수익을 안겨줄 테니 걱정하지 말고 가입하라는 것이다. 투자금액이 일억이라면 지방에 있는 작은 평수의 아파트 정도는 사게 해 줄 수 있다는 것이다. 그렇게 자신 있게 말하는데 가입을 하지 않을 수가 없었다. 정말 대단한 유혹이었다. 그 분은 어떤 매매를 권유하시는 분인지 궁금하지 않은가?

그 분은 주로 옐로우 칩과 같은 우량주 위주로 권유를 하시는 분이고 영역별로 골고루 보유하고 있다가 그 중 어느 한 종목이 매기를 타면 적당히 이익 실현하는 방식을 취한다고 했다. 즉, 자원 개발주는 LG상사, 해운주는 한진해운, 철강주는 현대하이스코, IT 반도체주는 하이닉스, 은행주는 기업은행, 증권주는 대우증권, 보험주는 현대해상을 매수 추천하는 것이다. 전부 우량주니까 괜찮을 것 같았다. 수익도 실현될 줄 알았다.

그러나 그 정도 선에서 그친 게 아니었다. 전기차 관련주도 한 종목 담아 놓고, 방송 콘텐츠 관련 종목도 하나, 연말을 겨냥한 배당주도 하나, 조선주도

한 종목, 자동차 부품주도 한 종목, 대형 건설주도 한 종목, 화학주도 한 종목, 원전 관련주도 한 종목 등등 너무 많은 종목을 추천하는 것이었다. 나중에는 보유종목이 15종목이 넘었다. 오래된 회원들은 30종목 정도 보유하고 있었다. 종목이 너무 많으니 어느 종목의 움직임을 보고 있어야 할지 헷갈릴 정도로 정신이 없었다. 종목이 너무 많으면 관리가 제대로 안 되는 것이다.

장이 상승세인데도 어느 종목은 추세를 깨면서 내려가기도 하는데, 일정 수익이 날 때까지는 무조건 보유하라는 것이었다. 특히 코스닥 소형주들이 하락하면 얼마나 불안한지 모른다. 그런 측면만을 이야기 하려는 것이 아니다. 우리가 보유하고 있던 종목이 하락하면, 방송에 나와서 그 종목을 추천한다. 우리는 물려 있는 종목이 매기가 살아나서 상승하면 좋겠지만, 영문도 모르는 일반인들은 많이 떨어졌다는 이유로 매수추천을 하면 매수를 하게 되는 것이다. 또 우리가 매수하려고 눈 여겨 보고 있는 종목은 절대 앞서서 추천하지는 않는다. 모든 전문가가 그러는 것은 아니지만, 증권방송의 생리를 단적으로 보여 주는 예가 아닐까? 그런 경험이 있은 후로는 증권방송에서 추천하는 종

> **알아두면 좋은 상식**
>
> 옐로우 칩(Yellow Chip) : 증권시장에서 블루칩에는 못 미치지만 그래도 우량한 회사의 주식을 부르는 용어이다. 이 말은 원래 카지노에서 쓰이는 칩 중에서 제일 비싼 칩이 블루칩, 그 다음이 옐로우 칩, 그다음이 연한갈색칩, 녹색칩 등이 있는데 주식에서도 이런 칩에 빗대어 시가총액이 크면서 부도날 위험이 없고 우량한 삼성전자, 포스코 등을 제일 비싼 칩에 빗대 블루칩이라 하고 그 다음으로 투자위험이 낮으면서 우량한 주식을 옐로우칩이라 한다. 통상 이 옐로우칩과 블루칩을 우량주로 여긴다.

목은 참고만 하지 매매를 하지는 않는다. 증권사에서 추천하는 종목도 추천하는 리포트가 나오는 날 떨어지는 경우가 많다. 좋게 해석하고 싶지만 너무 자주 당하다 보니 증권사 추천이 나오면 이익 실현의 관점으로 대응하는 사람도 많아지고 있다.

주식시장에서는 아무도 쉽게 믿어서는 안 된다는 진리를 깨닫게 하는 경험이었다. 나한테만 말해준다는 고급정보가 사실은 돌고 돌은 거짓 정보들인 경우가 많고, 매스컴에서 호들갑을 떨며 장밋빛 전망을 내놓을 때가 상투일 때가 많다. 주가를 예측할 수 있는 사람은 아무도 없다고 생각해야 한다. 다만 시장의 흐름을 읽고 시장이 흘러가는 대로 나만의 원칙을 갖고 대응을 하면 되는 것이지, 누구에게 의존해서 또 누가 매매하라는 대로 해서 꾸준히 수익이 난다면 많은 사람들이 주식투자에서 성공할 수 있었을 것이다.

Chapter 02

전문가들은
금융창업을
하라고 부추긴다

흔히들 전문가들은 자신의 기법과 실력을 믿고 금융창업을 하라고 한다. 늦은 나이에 재취업을 하는 것도 어렵고, 경험도 없이 무작정 사업을 시작하는 것도 자신이 없어 고민만 하지 말고 금융창업을 하라는 것이다. 어차피 경험 없이 시작하는 다른 사업도 리스크가 많이 수반되는데, 평상시 조금씩 해 오던 주식투자를 본격적으로 시작한다면 "이것도 하나의 직업이 될 수 있다"고 권유한다.

많은 사람들에게 주식은 우리사주를 비롯해, 평상시에 재테크수단으로 조금씩 투자를 하고는 있어서 비교적 친숙한 수단이다. 그리고 제대로 된 공부 없이 투자를 했었는데 열심히 공부만 하면 정복할 수도 있는 영역이라고 부추기면 유혹을 느끼게 된다. 실제로 그런 생각에 많은 사람들이 전업투자가가 되기 위해서 시간과 비용을 들여 준비를 하고 있다.

사실 금융창업의 장점은 많다. 우선, 다른 창업에 비해 시간이 자유로울 수 있다. 매매시간도 6시간밖에 안되고, 그나마도 내가 시간을 관리할 수 있다. 즉 내가 일이 생기면 오전매매만 해도 제약이 없을 정도로 자유롭다. 둘째, 창업에 대한 비용이 비교적 저렴하고, 그 규모도 내가 조절이 가능하다. 1000만 원을 가지고 시작할 수도 있고, 2000천만 원을 가지고도 시작할 수 있다. 셋째, 운과 실력만 수반되면 인생역전을 노릴 수도 있다. 나도 부자가 될 수 있다는 가능성이 내 눈앞에 펼쳐지는 것이다. 'HIGH RISK HIGH RETURN'이라는 고전적인 명제를 들먹이지 않더라도 위기를 기회로 삼으려는 욕망으로 쉽게 유혹을 느끼는 부분이 분명히 있다.

그런데, 막상 시작해보면 어떻게 접근하여야 할지 막막하기만 할 것이다. 그동안 나름대로 주식투자에 관한 책도 몇 권 읽어 보았지만 문제는 단편적이고 수박겉핥기식 지식이다 보니 실전투자에는 큰 도움이 안 된다. 고수에게나 전문가에게 열심히 배워 주식투자의 고수반열에 올라서고 싶은 마음이 간절하겠지만 막상 주식시장에 입문하면 답답함과 막막함이 자신을 억누를 것이다.

우선 주식투자에 대한 마인드를 바꿔야 한다. 흔히들 복권을 구입해서 행운이 따르면 대박이고, 운이 없으면 체념하는 식으로 주식투자를 생각하는데 정말 위험한 생각이다. 전문가의 권유대로 주식투자를 소자본 금융창업의 과정이라고 생각해 보자. 누구나 처음에는 자신만큼은 요행을 바라면서 입문을 한 것이 아니라고 강변한다. 욕심 안 부리고 생활비 정도만 벌 수 있는 실력을 갖추고 싶은 마음뿐이라고 주장한다. 카지노와 같은 도박심리로 입문을 한 것은 아니라고 생각한다. 주식투자는 공부를 많이 해야 한다는 것도 알고 있다고 한다. 하지만 기존의 책들은 이론적 또는 개념적인 설명에 치우치다보니 실전에서는 전혀 도움이 되지 않는다. 실전에서 꾸준히 수익을 올릴 수 있는 소위 '고기 잡는 방법'을 꼭 배우고 싶은데 그 방법이 많은 비용지출과 시행착오를 수반한다.

반대로 준비해야 할 것이 많은데 별다른 준비 없이 뛰어드는 사람도 많다. '실전을 하면서 보완하면 되겠지' 하는 막연한 생각에 시작을 하고, 손실을 본 후에야 공부를 생각하는 사람도 의외로 많다. 준비부족에 대한 사실조차도 느끼지 못하면서 좌충우돌하다 보면 결과가 어떠하리라는 것은 명약관화한 일이기 때문이다.

얼마 전에 지인을 만났는데 애견센터를 창업하려고 준비 중이라는 것이다. 준비기간으로 약 6개월을 산정하고 있어서 깜짝 놀랐다. 그런데 이야기를 차근차근 듣다 보니 준비해야 할 것이 너무나 많아 6개월의 기간은 최소한으로 필요하겠구나 생각이 들었다. 우선 애견에 관한 수많은 종류와 특성을 파악해야 하고, 동물들의 질병과 대응방법에 대해서 공부를 많이 해야 한다고 한다. 그리고 경매장에서 구입하는 방법과 요령이 중요하고, 판매한 후의 대처방법들도 아주 다양하다는 것이다. 창업을 할 때 일반적으로 겪어야 하는 입지선정이나 인테리어 등은 당연히 고민해야 하는 것이고. 어느 업종이라도 노하우를 배우려면 시간이 많이 소요된다. 대부분 충분한 준비 없이 시작한 것을 많이 후회하게 된다. 준비가 부족한 사람들은 이제 논외로 하고 준비를 많이 하려고 하는데도 잘 안 되는 이유와 많은 준비를 했는데도 금융창업이 성공하기 힘든 이유를 살펴보자.

첫째, 금융창업의 단점은 준비하는 과정에서 수반되는 비용과 시행착오가 너무나 크다는 것이다. 수익을 못 내는 사람들의 절박한 마음을 이용하여 돈을 요구하는 각종 강의와 책값, 정보제공비, 이용료 등등 "세상에 공짜는 절대 없다"는 사실을 뼈저리게 느끼게끔 만든다. 혼자 할 자신은 없고 이미 이루어 놓은 실력을 전수받고 싶은 마음에 위에 언급한 것들을 구매해 보지만 나에게 돌아오는 것은 허탈함 뿐이다.

하루 6시간 강의에 50만 원은 기본강의이고 5박 6일에 600만 원짜리 강의까지 각종 강의가 난무한다. 월 50만 원에서 124만 원까지 리딩비를 내면 리딩비를 공제하고도 한 달에 수십 %의 수익을 달성한다고 유혹한다. 넘어가지 않을 수가 없다. 또 주식에 관한 책들은 왜 그리 많은지. 그 책들을 소화시키는 것도 힘들고 시간이 많이 소요되는데 그 책값만 모아도 몇십만 원은 족히 지출될 것이다.

사적으로 만나도 절대 공짜로 무엇을 알려주는 사람은 없다고 생각해라. 고수라는 사람들이 자기가 어떻게 알아낸 기법인데 공짜로 알려주겠는가? 대가에 비해 알려준 정보가 가치가 있고 없고를 판단하기 전에 정보제공비는 이미 건너가고 있다.

둘째, 시간상 여유가 있다는 점이다. 이런 준비작업을 거쳐서도 자기가 원하는 고수의 반열은 요원해 보이기 때문에 지속적인 공부와 준비작업을 해야 하는데 어떻게 시간적인 여유가 생길까? 설령, 고수의 반열에 들어서 시간적인 여유가 생긴다고 치자. 하루 종일 혼자 무엇을 할 것인가? 시간이 많이 남는다는 것이 반드시 좋은 것은 아니다. 시간이 남으면 잡생각과 헛된 공상만 늘어나게 되어 있다. 시간이 모자랄 정도로 적당하게 바쁜 게 정신건강이나 육체건강에 좋다는 것은 이미 많은 사람들이 경험한 바이다.

　셋째, 위험한 것은 그 어떤 것으로 보상받을 수가 없는 것이다. 왜 그런 위험한 상황에 나의 금쪽같은 재산을 함부로 굴리려고 하는가? 특히 사용일이 정해진 돈이나 종자돈, 생활비와 같은 돈을 주식시장이라는 거대한 웅덩이에 빠트리는 행동은 자멸의 길을 걷게 되는 지름길인 것이다. 만약에 주식투자를 하고 싶으면 여윳돈으로 하는 것이다.
　종자돈을 주식으로 마련해 보려는 얄팍한 생각은 이제 버려라. 머피의 법칙처럼 그 돈의 사용일이 오면 이상하게 손실중일 때가 많다는 것을 경험했으리라. 잃어도 나의 경제생활에 타격이 오지 않는 돈을 가지고 투자를 해도 심리적으로 쫓기는데, 사용일이 다가오면 올수록 압박감에 제대로 된 판단을 못하게 되는 원인이 되는 것이다.

　제발 전문가의 직업이 존재하고 유지되기 위해서 말하는 금융창업의 유혹들에 넘어가지 말기 바란다. 금융창업은 무모한 도전이다. 95%의 실패확률이 있는 창업에 도전하는 무모함을 잘 인식하기 바란다. 100명이 도전하면 5명도 살아남기 힘든 주식시장의 생리를 잘 파악하고 금융창업에 대한 미련과 꿈을 이제는 과감히 버려라. 정 주식투자를 하고 싶으면 다른 직업을 가지고 여윳돈으로 조금 묻어놓는다던지, 아님 각고의 인내와 노력 끝에 이루어 낼 자신이 있을 때만 시작하라.
　금융창업은 자신의 파멸과 가정의 몰락으로 가는 길임을 명심하자.

Chapter 03

한결같은 원조 타령과 **독특한 수익률 계산법**

증권전문가들의 방송을 듣다보면 참으로 웃긴 사실을 발견할 수 있다. 특히 유료회원들을 모집하기 위한 투자설명회 같은 곳을 방문해 보면 공통점을 발견할 수 있다. 장충동 족발 골목을 가면 한결같이 붙어 있는 간판문구가 '원조'다. 비단 족발만이 아닌 다른 음식에서도 자신이 원조 중의 원조라고 선전하는 문구를 많이 목격하였을 것이다.

증권방송가의 전문가들은 다음 차트들이 보여주는 종목들의 원조추천자라고 한다. 2010년부터 최근까지 주도주의 지위를 유지하고 있는 기아차의 주봉차트를 보자.

2009년 바닥권부터 8만 원 초반까지 쉼없이 올라간 기아차의 주가상승은 모두 자기가 예견을 했고 회원들에게 엄청난 수익을 안겨준 효자종목이라고

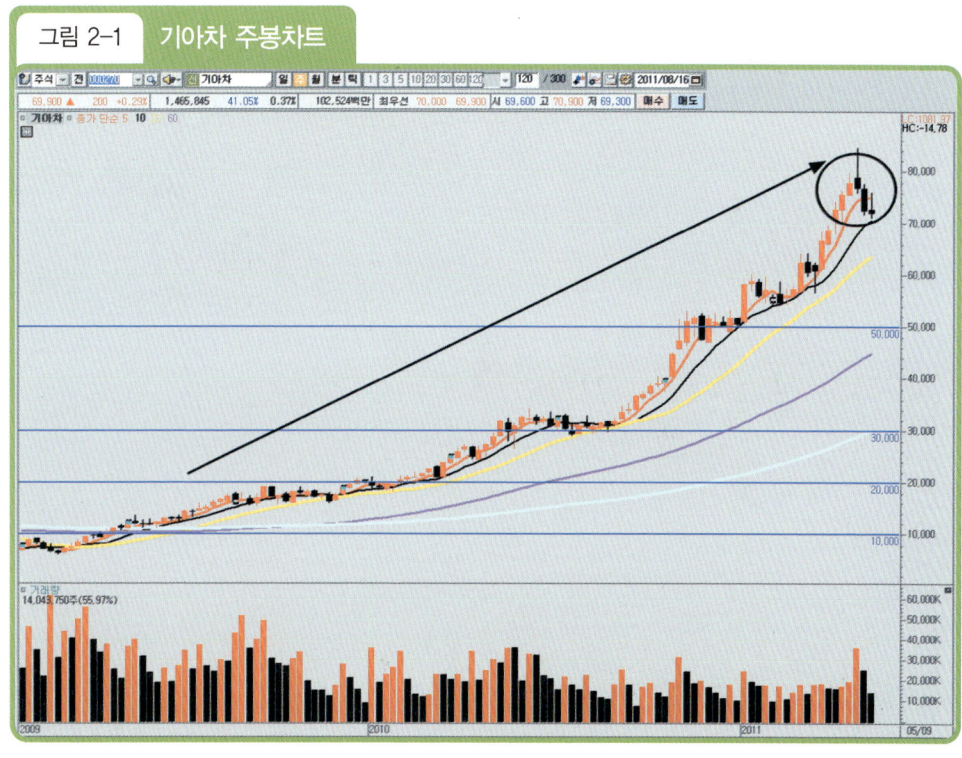

그림 2-1 기아차 주봉차트

떠벌리는 것이다. 5만 원대에서 추천했다는 전문가, 3만 원대에서 추천해서 고점까지 들고 있게끔 했다는 전문가, 2만 원대에서 횡보할 때 기업의 실적을 보고 매수를 했다는 전문가, 심지어는 1만 원대부터 고점까지 지속적으로 보유하고 있다는 전문가까지 기아차같은 스타종목을 추천하지 않은 전문가가 없을뿐더러 대부분의 전문가들의 자기가 '원조' 라는 것이다.

비교적 양심적인 전문가는 시세분출하면 팔고, 또다시 횡보국면에서 추천해서 시세분출하면 파는 식으로 5~6차례 기아차를 추천해서 큰 수익은 못 거두었지만 그래도 기아차로 회원들에게 여러 차례 수익을 선사했다는 것이다.

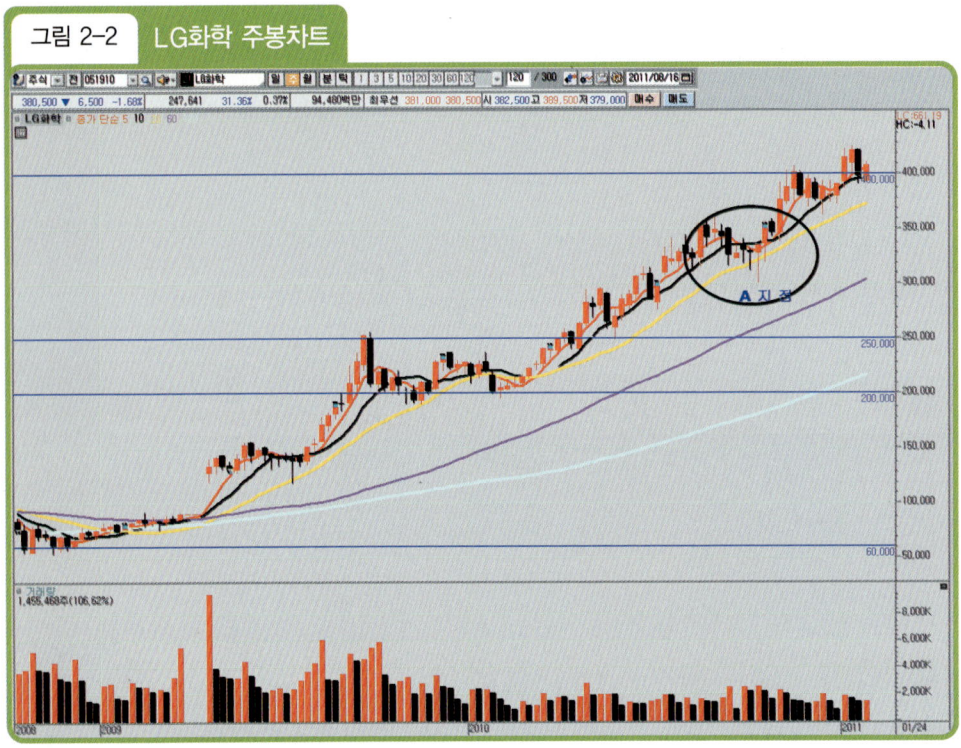

그림 2-2　LG화학 주봉차트

　또한 미래성장 가능성과 뛰어난 기업실적으로 시장을 리드하고 있는 LG화학의 주봉차트를 보자.

　6만 원대에서 바닥을 찍고 40만 원대까지 시세를 분출한 종목이다. 전문가들은 바닥권대부터 아니면 20만 원에서 25만 원대 박스권에서 회원들에게 50만 원까지 올라갈 것이니까 걱정하지 말고 사라고 추천했다는 것이다. 모두가 다 원조 추천자라는 것이다.
　그런데 웃기는 것은 2010년 말 A지점부근에서 LG화학의 주가가 상승피로

감이 누적되면서 추세를 이탈하는 듯하면서 30만 원까지 내려온 적이 있었다. 그동안 원조 추천자들은 이제는 이익실현을 안하면 미련한 것이라고 이구동성 목소리를 높였다. 하지만 30만 원을 주중에 찍고 주가는 40만 원을 향해 달려갔다.

전문가들의 속성을 잘 말해주는 대목이다. 장기적인 상승트렌드의 종목은 전부 자기가 원조 추천자라는 것이다. 시장의 주도주는 일반 국민들도 다 아는 사실이다. 과거에 들은 사람이 없다는 이유로 타임머신을 타고 과거로 돌아가기를 일삼는 전문가들은 하락종목이나 하락업종도 전부 다 자기가 예견한 것이라 떠들어 댄다.

하이닉스의 주봉차트를 보자.

1만1000원대의 바닥을 찍고 시장의 주도주로써 2011년 4월 중순까지 시세를 분출했던 종목이자 개인들이 선호하는 대형주이다. 전문가들마다 동그라미 친 부분의 상승은 다 먹게 해준 효자종목이지만 3만5000원을 넘어서면서 이제는 다 정리하라고 회원들에게 긴급 문자를 날렸다는 것이다. 가슴 아프지만 이제는 IT관련 주도주가 다른 업종으로 바통을 넘기는 시점을 예견했기 때문에 전량매도 사인(sign)을 주었다는 것이다. 하지만 그때 말을 듣지 않은 회원들은 지금까지도 들고 있다면서 안타까워한다. 그러면서 자기의 예지력을 믿지 않으면 어떤 결과가 초래되는지 잘 보라는 식으로 강변한다.

여러분들은 이런 말들을 듣고 유료회원 가입에 카드를 긁겠는가? 현장에서는 이런 권유들이 잘 통한다. 그 자리에서 신용카드로 회원비를 선결제하는 것이 이 업계의 현실이다.

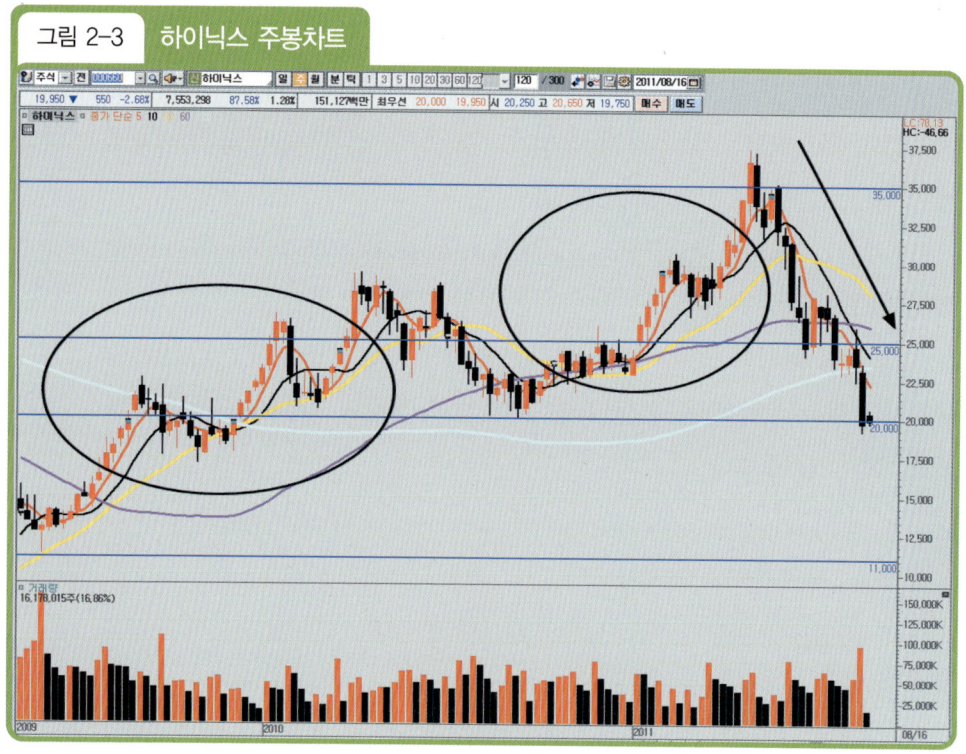

그림 2-3 하이닉스 주봉차트

그리고 그들만의 독특한 수익률 계산법이 있다.

매월 회원들로부터 회비를 받기 때문에 매월 실적의 스트레스를 받는 것은 이해가 되지만, 기존회원들을 유지하기 위해서, 또 신규회원들을 유치하기 위해서 전문가 홈페이지에는 전월의 수익률과 수익이 나게 해준 내역이 실려 있다.

그 광고에 나오는 수익률 계산이 너무나 웃기다. 만약에 어느 전문가방에서 전월에 10종목을 딱 1번씩만 매매를 했다고 가정하자. 그래서 실력이 있는 전문가가 운 좋게도 10종목 전부 9%의 수익을 실현하고 매도를 했다고 치면 회원의 계좌는 몇 %의 수익을 실현하였는가? 한 종목을 100%매수해서 10번 다 9%씩 수익을 거두었다면 90%의 수익을 거둔 것이다. 하지만 1회 매매에서 10%의 자금만을 투입해서 10번 다 9%씩 수익을 내면 회원의 계좌기준으로는 9%의 수익밖에 실현이 안 된 것이다.

하지만 그 전문가는 9%+9%+9%+9%+9%+9%+9%+9%+9%+9% = 90%의 수익률이라고 광고를 한다.

한 종목을 매매할 때 몰빵매매를 하지 않고 분산투자를 하기 때문에 10종목을 매수하려면 회원이 보유하고 있는 현금의 10%씩만 투여되는 것이다. 투여된 자금으로 9%씩의 수익이 생기면 전체자금에 대해서도 9%밖에 수익이 난 것이 아니지 않는가? 물론 월 9%는 훌륭한 수익이다.

문제는 실현된 수익은 누적시켜서 과장되게 부풀리고, 물려서 보유하고 있는 평가손실은 슬그머니 빼버리는 것이다.

월 80~120만 원 정도의 리딩비를 내면서 평가손실은 감안하지 않은 채 조금씩 투자해서 거둔 수익을 단순 누적시켜서 실적을 발표하니 그 속사정을 모르는 비회원들은 가입의 유혹을 느낄 수밖에 없어 회원가입을 서두르게 되는 것이다. 지금도 전문가 리딩방의 선전문구를 보라.

틀린 예) 0/0일 매수 0/0일 매도 10%자금투입 하이닉스 9%수익달성
0/0일 매수 0/0일 매도 10%자금투입 이미지스 9%수익달성
0/0일 매수 0/0일 매도 10%자금투입 우리금융 9%수익달성
0/0일 매수 0/0일 매도 10%자금투입 대우증권 9%수익달성
0/0일 매수 0/0일 매도 10%자금투입 한진해운 9%수익달성
0/0일 매수 0/0일 매도 10%자금투입 포스코 9%수익달성

　　　　　0/0일 매수 0/0일 매도 10%자금투입 대한항공 9%수익달성
　　　　　0/0일 매수 0/0일 매도 10%자금투입 롯데쇼핑 9%수익달성
　　　　　0/0일 매수 0/0일 매도 10%자금투입 가스공사 9%수익달성
　　　　　0/0일 매수 0/0일 매도 10%자금투입 한진해운 9%수익달성
　　　　　금월수익률 : 9%가 10번이면 90%

맞는 예) 10%자금투입 하이닉스 9%수익달성 = 0.9%수익달성
　　　　　10%자금투입 이미지스 9%수익달성 = 0.9%수익달성
　　　　　10%자금투입 우리금융 9%수익달성 = 0.9%수익달성
　　　　　10%자금투입 대우증권 9%수익달성 = 0.9%수익달성
　　　　　10%자금투입 한진해운 9%수익달성 = 0.9%수익달성
　　　　　10%자금투입 포스코 9%수익달성 = 0.9%수익달성
　　　　　10%자금투입 대한항공 9%수익달성 = 0.9%수익달성
　　　　　10%자금투입 롯데쇼핑 9%수익달성 = 0.9%수익달성
　　　　　10%자금투입 가스공사 9%수익달성 = 0.9%수익달성
　　　　　10%자금투입 한진해운 9%수익달성 = 0.9%수익달성
　　　　　금월수익률 : 0.9%가 10번이면 9%
　　　　　10%자금 투입이면 10%×9% = 0.9%가 전체자금대비 실제 수익률임.

　이런 식으로 수익률을 계산하다 보니 월100%는 너무 쉽게 달성하고 연 1000%이상의 과장광고도 가능한 것이다. 하락장에는 이마저도 달성하기 힘드니까 1년에 최소한 100%는 보장한다고 큰소리를 떵떵치는 것이다.

04 Chapter

욕하는 전문가에게 죽은 정보라도 들어야 하나?

　필자가 아는 지인으로부터 경험담을 듣고 깜짝 놀란 적이 있다. 모 증권방송 채널에서 회원수가 가장 많은 전문가방에서는 회원들에게 욕을 한다고 한다. 그 욕의 정도가 '임마' 정도이지만 회비를 내고 듣는 회원들에게 반말과 가벼운 욕을 한다는 것이 도무지 이해가 안 되어 자세히 들어보니 재미있기도 하였다. 그 전문가의 나이가 50세인데 자기보다 어린 회원들에게만 반말을 하고 조금 화가 나면 실망했다는 듯이 가벼운 욕도 한다는 것이다. 더욱 재미있는 것은 종목 추천을 꼭 집어서 안하고 20~30종목의 종목군을 추천해서 그 중에서 회원들이 알아서 4~5종목씩을 매매한다는 것이다.

　어떻게 그런 전문가가 1등을 달리고 있는지 의문이 생겼다. 그 지인이 말해주길 그 전문가는 평소에 교육강좌를 많이 연다고 한다. 주말을 이용한 1박2일 코스를 통해, 또 주중에 유료회원들을 상대로 보너스 강의를, 그리고 그 중권방송채널에 한 코너를 담당해서 시리즈로 자신의 기법강좌를 한다는 것이다. 그 기법강좌를 열심히 공부해서 본인이 추천한 종목을 기법에 맞게 대응을 하라는 식의 리딩을 한다는 것이다.

어찌 보면 맞는 말이다. 아무리 뛰어난 전문가라도 종목의 가격을 정확하게 예측할 수는 없는 것이기 때문에 가능성이 있는 종목정도만 추천하고, 대응은 교육을 받은 회원들이 알아서 대응하고, 만약에 헷갈리면 장중 채팅창에 공손하게 질문을 올리는 방식으로 회원관리를 한다는 것이다.

장중리딩과 강의에서의 카리스마와 독특한 종목추천 방식으로 1위전문가 지위를 몇 년째 내주고 있지 않는다는 것이다. 하지만 내가 아는 지인은 그 전문가보다 나이가 많아 반말을 들은 적은 없지만 다른 회원들에게 욕하고 반말하는 리딩방송을 3일 듣고 회원탈퇴를 해서 회비를 돌려받았다고 한다. 더구나 그 지인은 전문가의 교육강좌를 그리 신봉하지 않기 때문에 종목추천이 애매한 리딩을 더 이상 들을 필요도 없었다는 것이다. 회원탈퇴를 하면 미리 지불한 한달 회비의 10%와 이용기간 이용료를 제외하기 때문에 손해가 막심하다고 한다.

금융회사에서 근무했던 필자는 상식적으로 이해가 가지 않았다. 왜냐하면 금융회사의 입장에서는 전문가방의 유료회원이 손님인데 월 100만 원의 회비를 내고 리딩을 듣는 회원들에게 그런 언행을 보인다는 것이 이해가 안 되는 것이다. 그리고 종목추천의 방식도 고육지책 끝에 내린 결론인지는 모르겠지만, 빠져나가기 위한 구멍을 만드는 방식이 아닌가 하는 생각이 들었다. 더구나 1박 2일 코스의 교육비도 상당히 높은 금액이 요구되는 교육이었다.

그 지인은 그래도 사기치는 전문가보다는 훨씬 도움이 되고 양심적인 전문가란다. 그것이 무슨 말이냐고 묻자 아래에 나오는 신문기사를 보여주면서 이런 사람들에 비하면 아무것도 아니니까 너무 의아해 하지 말라는 것이다.

아, 이런 것이 주식시장의 생리구나 하고 혼자 탄식만 나올 뿐이었다. 실력을 갈고 닦으려고 하는 사람들과 돈을 벌고 싶어 하는 사람들의 욕구를 참 적절히 이용하는구나 하는 생각이 머리를 떠나지 않았다. 한 기사는 엉터리 전문가 집단의 광고에 현혹되는 기사이고 다음 기사는 방송에도 출연했던 전문가의 허상을 잘 보여주는 기사이다.

"추천주 5000% 폭등" 엉터리 투자자문 판쳐
주식하다 쪽박 찬 신용불량자 포털에 카페 열고 전문가 행세
10만~70만 원 받고 성장주 찍어줘

2011.08.16. 중앙일보

경찰에 구속된 민명기씨는 '엠제이에셋매니지먼트'라는 유사 투자 자문회사도 운영하고 있는 것으로 확인됐다. 유사 투자자문이란 돈을 받고 불특정다수를 상대로 문자메시지나 e-메일 등을 통해 주식정보를 전달해주는 것을 말한다. 아무런 자격요건 없이 금융감독원에 신고만 하면 영업을 할 수 있어 검증되지 않은 자칭 '주식 전문가'들이 판을 치고 있다. 이들은 주로 인터넷 주식정보 사이트나 카페에서 활동한다.
"한 달 안에 5000% 폭등 예감, 박근혜·문재인 테마주 대공개."
"삼성과 구글이 이 벤처기업을 차지하기 위해 혈전을 벌이고 있다. 당장 승부수를 띄워라!"
미국 신용등급 강등 여파로 주가가 요동쳤던 지난 12일 한 주식정보 사이트에는 이들 자문업자가 올린 장밋빛 전망이 가득했다.
"인류 역사에 획기적인 이정표가 될 항암제를 만든 벤처기업이 있다"며 "5000% 상승이 멀지 않았다"고 주장하는 글도 있었다. 이들은 카페를 개설해 회원 한 명당 매

달 10만~70만 원을 받고 주식 정보를 알려준다. "공시되지 않은 비밀 정보를 주겠다"며 1000만 원 이상의 회비를 요구하는 경우도 있다.

문제는 이들이 제공하는 정보가 대부분 엉터리라는 점이다. 포털사이트에서 주식 카페를 운영하는 A씨는 "끊임없이 '내일은 오른다'거나 '이 종목은 대박 친다'고 해야 회원들이 떨어져 나가지 않는다"고 말했다. 그는 "VVIP 회원들의 작전을 위해 다른 일반 회원들이 이용당하는 경우도 있다"고 덧붙였다. 전문성 역시 검증이 어렵다. 대부분 개인투자자 출신인 이들은 대학 평생교육원 강사 정도가 공식 경력의 전부다. 주식실패자도 상당수인 것으로 알려져 있다. 지난해 서울남부지검이 기소한 주식 카페 운영자 표 모(27)씨의 경우 "명동 작전세력의 정보를 받고 있다"고 했지만 사실은 주식으로 돈을 잃고 단칸방에서 생활하는 신용불량자였다.

이런 폐단에도 유사 투자자문업자들이 판을 치는 데는 주식정보 사이트의 방조도 한 몫하고 있다. 사이트 측은 자문업자들이 받는 회비의 40~50%를 수수료 명목으로 걷어간다. 사실상 공동운명체인 셈이다. 자문업자들이 "추천주 2400~2600%의 경이적인 수익률" 같은 과대광고를 하거나 일대일 상담 등 불법영업을 하더라도 사이트 측이 별다른 제재를 하지 않는 이유다.

'마당발 스타 증권맨' 알고 보니, 탤런트·개그우먼에게 10억대 사기

2011.08.16. 중앙일보

증권 관련 방송 진행자이자 투자자문회사 대표인 민명기(38)씨가 비상장 주식을 대신 매수해 주겠다며 유명 연예인 등 투자자로부터 10억여 원을 받아 빼돌린 혐의(사기)로 구속됐다. 피해자들은 대부분 민씨의 인지도를 믿고 투자한 연예인과 전문직 종사자 등인 것으로 알려졌다.

서울 수서경찰서는 15일 "엠제이에셋파트너스 대표이사인 민씨가 지인 6명에게 '삼성SDS·하이마트 등의 장외주식이 상장되면 큰돈을 벌 수 있다'며 거래 대행 명목으로 10억여 원을 받아 가로챈 혐의가 있어 지난 12일 구속했다"고 밝혔다. 민씨는 이 돈을 주식 매수가 아닌 자신이 증권 거래를 대행하다 발생한 손실을 막는, 일명 '돌려막기'에 사용한 것으로 경찰 조사 결과 나타났다.

증권가에선 '스타급'으로 통했던 민명기씨가 회사 홈페이지에 게재한 자신의 경력과 저서, 방송사 PD 등의 경력은 경찰 조사 결과 허위로 밝혀졌다. 민씨에게 사기를 당한 피해자 중에는 탤런트 K씨(37) 부부, 탤런트 겸 개그우먼 A씨(35) 등 연예인이 다수 포함됐다. 한 피해자는 "현직 검사와 고위 공무원도 민씨에게 각각 수억 원대를 사기당했지만 명예 실추 등을 이유로 고소하지 않은 것으로 알고 있다"며 "이렇게 드러나지 않은 피해자까지 합치면 사기 액수는 수십억 원대에 이를 것"이라고 말했다. 특히 일부 피해자는 "개그맨 N씨(40)를 통해 민씨를 소개받았다"며 경찰에 N씨를 조사해 달라고 함께 요구했다. 이에 대해 N씨는 기자와의 통화에서 "민씨와는 지난해 처음 만나 친해진 사이"라며 "민씨가 인간적으로 괜찮아 보여 몇몇 지인들에게 한두 차례 소개해 줬을 뿐 그들에게 민씨를 통해 주식 투자를 하라고 권유한 적은 없다"고 해명했다. 그는 또 "그들이 민씨와 거래하는 사실조차 몰랐다"고 덧붙였다.

경찰에 구속된 민씨는 국내 유력 일간지에서 증권 관련 전문 칼럼니스트로 활약하는 등 증권계의 마당발로 알려졌다. 지난달까지도 케이블TV 경제채널에서 2개 이상의 프로그램을 유명인들과 공동 진행하는 등 증권가에선 '스타급'으로 통했다. 민씨는 이 같은 인지도를 바탕으로 유명인들에게 접근했다. 한 증권업계 관계자는 "장외주식 거래에 관한 현행 제도엔 감독 규정이 전무하다시피 하다. 민씨 같은 투자자문회사 대표가 자신의 신뢰도를 이용해 그 허점을 파고들기는 수월했을 것"이라고 지적했다. 민씨는 한 피해자가 자신의 투자금 5억 1300만 원을 돌려달라고 요구하자 '5130만 원'만 송금해 놓고 "실수로 0을 하나 덜 써서 송금했다. 미안하다"고 변명하는 식으로 시간을 끌었다고 경찰은 밝혔다.

민씨가 자신의 회사 홈페이지에 올려 둔 '모 방송사 PD' 출신이란 경력도 거짓인 것으로 경찰 조사 결과 확인됐다.

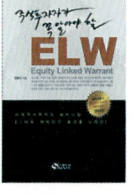

주요 경력
- SBS프로덕션 제작본부 PD
- 씽크풀 ELW전문가
- 한국경제TV 투자전략 전문가
- 머니투데이 방송 투자전략 전문가
- MBN투자전략 전문가
- e-데일리TV 투자전략 전문가
- CBS '뉴스로 여는 아침' 출연
- 한겨레, 동아일보 전문 칼럼니스트

증권가에서 '스타급'으로 통했던 민영기씨가 회사 홈페이지에 게재한 자신의 경력과 저서, 방송사 PD등의 경력은 경찰 조사 결과 허위로 밝혀졌다.

Chapter 05

수다로 일관되는 채팅창과 군기 잡는 카리스마

　전문가방의 채팅창은 아침인사로부터 시작한다. 일면식이 있는 회원들도 있지만 대부분 얼굴을 모르면서도 살벌한 전투장에서 함께 하고 있는 묘한 전우애가 있어 몇 마디 채팅으로도 금방 친해지는 것이 리딩방의 생리이다.

　특히 주식리딩방은 선물옵션 리딩방과 분위기가 너무 다르다. 선물옵션방은 산전수전 다 겪고 파생시장에 입문한 사람들이라 나름대로 실력을 갖춘 회원들도 많고 또 급격한 가격움직임에 긴장감이 더해 있어 채팅창에 잡다한 수다는 거의 없다. 하지만 주식리딩방은 주로 30~40대의 주부들이 많아 아침인사로부터 시작한 채팅창의 수다는 장종료시까지 계속된다. 중간에 전문가가 중요한 시황을 이야기하거나 아님 매매를 앞둔 긴장되는 시간이 다가오지 않는 한 채팅창의 수다는 남자들이 보아도 재미가 있을 정도로 역동적이고 활력이 있다.

어쩌면 주식리딩방이 가정주부들의 또다른 해방공간인지도 모르겠다. 더군다나 수익까지 수반되면 세상의 전부를 얻는 것과 같은 기분이 들기 때문에 채팅창의 열기는 매우 뜨거워진다. 하루의 6시간을 전부 매매에 관한 이야기를 할 수 없기 때문에 전문가도 수다에 가세하기도 해서 화기애애한 분위기를 자아내기도 한다.

그러다 전문가가 예민해지는 상황이 오면 평소 엉뚱한 소리를 자주 했던 푼수 같은 회원이 타겟이 되어 군기를 잡는 고성이 전문가로부터 쏟아진다.

큰돈이 오고가는 시장에서 쓸데없는 소리한다고 막 호통을 치면 채팅창은 살얼음판으로 치닫는다.

아줌마들의 투자금액은 상상보다 큰 경우가 많다. 보통 억대를 넘는 투자자들이 많다. 그 금액을 어찌 아느냐면 고가주를 100주씩 성큼성큼 샀다고 글을 올리는 것을 보면 그 사람의 투자규모를 어림짐작할 수 있기 때문이다. 실제로 정기모임에 나가 대화를 나누다 보면 그 규모가 사실임을 알 수 있다.

주식리딩방은 여성회원들이 80~90% 이상을 차지하기 때문에 카리스마 있는 남자 전문가가 인기이다. 잘생긴 분이라면 더더욱 인기가 있다. 카리스마는 별 것 아니다. 웃긴 얘기도 잘 해주고 농담도 잘 받아주다가 회원들의 잘못이 눈에 띄면 특정회원을 제물삼아 호통을 쳐서 잘 정리해 나가는 것이 카리스마인 것이다. 그리고 자주 혼나는 회원도 사실은 친한 사이인 경우가 많다. 친하지 않으면 그렇게 호통 치는 것을 듣고 회원자격을 유지하고 있겠는가? 친하기 때문에 호통을 들어주고 있고 반대급부로 뒤에서 별도로 친목을 도모하는 것이다.

주식리딩방의 회원들은 공부를 안 하는 회원들이 대부분이다. 편하게 돈 벌고 싶은 마음에 회비를 지불하고 리딩을 듣는 속성 때문이다. 골치 아프게 종목 선정 발굴하고 그 종목의 매매타이밍을 노리는 수고를 유료회비로 대신하고 싶은 것이다. 매매에만 참여해도 하루 6~7시간 정도를 할애해야 하는데 언제 공부하고 연구해서 매매를 한다는 말인가? 특히 가정주부들은 장 종료 후 미뤄놨던 가사일과 볼일을 수행해야 하기 때문에 시간이 없고 또 하기도 싫다. 그저 용한 전문가나 잘 만나서 매달 일정수입이 생기면 가정경제에 보탬이 되고, 자신의 소비욕구도 충족시키고, 채팅창의 참석과 장중매매가 사회활동이라고 자위할 수도 있는 장점이 있다.

선택은 본인들의 몫이니까 그게 옳다, 틀리다를 논하고 싶지는 않다. 다만 남한테 의존해서 별다른 노력 없이 귀중한 재산을 무개념으로 막 굴린다는 생각이 들 뿐이다.

주식전문가들의 리딩에 대한 대가는 이원화되어 있다.

가장 단순한 방식은 월회비를 선납받는 경우이다. 전문가의 몸값에 따라 월 50만 원에서 120만 원까지 다양하다. 물론 이제 막 시작한 전문가들의 몸값은 무료인 경우도 많다.

또 다른 방식은 제휴증권사를 통한 회원자격 취득방식이다. 그 전문가와 연결된 증권사에 계좌를 트면서 투자상담사를 그 전문가로 지정하는 방식이다. 이 방식은 일정금액 이상을 매매해야 하고 수수료율이 다소 높다는 단점이 있다. 예를 들어 5000천만 원 이상 계좌에 입금이 되어 있어야 하고 한 달 내내 그 전문가의 리딩에 따라 매매를 해야 한다. 매매를 하지 않으면 전문가에게 수익(수수료)이 돌아가지 않기 때문에 강제퇴출을 당한다. 수수료율도 0.015%가 기본수수료라면 전문가의 리딩을 듣는 조건으로 0.020~0.025%의 수수료를 부담한다. 다소 높은 수수료지만 잦은 매매를 안 하고 보통 스윙매매를 하니까 월정액이 부담스러운 사람은 후자의 방식을 취한다. 물론 투자금액이 큰 회원의 경우는 월정액이 더 유리하다.

한 달에 얼마를 내건 그 회비 이상의 수익이 발생하면 문제가 없는데 전문가와의 교감부족이나 전문가의 판단미스 등으로 회비는 회비대로 나가고 손실은 손실대로 입는 것이 이 바닥의 생리이다. 반대로 이야기하면 전문가는 자기매매를 안 해도 될 정도의 회비수입이 있으면 굳이 힘들게 다른 직업을 찾을 필요도 없고, 리스크를 수반하면서 내 자금을 운용할 필요도 없고, 회원들한테 대우받고 일석삼조의 게임을 하는 것이다. 회원수가 많은 전문가는 명절때면 선물이 장난 아니게 들어온다. 물론 회원들에게 어쩌다 손실을 안겨주면 가슴아파하고 힘들어 하는 양심적인 전문가도 있지만 자기합리화에 능해 뻔뻔한 얼굴을 가진 전문가들이 훨씬 더 많다. "주식을 하다 보면 손해를 볼 수도 있지 않느냐"는 식의 주장이다.

문제는 대세하락기에도 회원들을 유지하기 위해서 계속 '장의 반등이나 상승'을 외치고 있고 다독거려야 한다는 것이다. 전문가가 보기에도 대세하락기인데 "이제 우리 모두 주식 정리하고 매매를 당분간 쉽시다"라고 이야기해 줄 전문가는 이 세상에 한명도 없다. 자기 수입이 당장 줄어드는데 "회원 모두 다 주식 그만두고 관망하세요"라고 할 수 있나? 불가능한 일이다. 2008년에 한 차례정도 전량매도 사인을 주었다는 무용담을 이야기하는 전문가도 있었다. 그 전문가조차도 "대세하락장에서 어려움이 많았지만 나는 이렇게 버텨왔다"가 무용담의 주제이지, 회원들에게 대세하락기에 맞는 대처법을 알려주지는 않았다는 것이다. 이것이 이 시장의 본질인 것이다.

판단은 여러분의 몫이다. 이제 더 이상 누군가에게 피 같은 나의 돈을 맡기는 우를 범하지 않았으면 좋겠다. 그리고 남편들이여! 아내의 자금관리를 너무 방치하지 마라! 후회할 일을 만들기 전에 미리미리 체크하는 지혜를 발휘해야 한다.

그리고 적어도 제도권의 전문가들은 일정자격요건을 갖추지 못하면 진입을 못하게 하는 장치를 마련해야 한다. 그 요건은 바로 후보전문가의 계좌내역이다. 그리고 자격을 취득해 증권방송에 진출을 해도 지속적으로 그 전문가의 리딩내용을 검증해야 한다. 모의매매의 형태라도 회원들과 똑같이 사고팔아서 정말로 그 전문가가 자랑하듯 계좌가 불어나는지 매달 검증을 해야 피해자가 발생하지 않는 것이다. 하지만 이런 주장은 필자의 희망 섞인 주장으로만 그칠 공산이 크다. 답답한 현실이다.

Chapter 06

시중에 책과 강의는 넘쳐나는데

　서점에 나가보면 주식관련 책들이 엄청나게 많이 진열되어 있다. 얼마 후 다시 가 보면 새로운 책들로 물갈이가 되어 있을 정도로 주식관련 책들은 매일같이 쏟아져 나온다. 주식을 하는 인구가 많기 때문에 항상 일정한 수요계층이 타는 목마름으로 책들을 원한다. 하지만 여기에는 이상한 점이 있다.
　요리책을 구매해서 책을 따라 음식을 만들어보면 비슷하게 음식이 만들어진다. 맛은 기대수준보다 못 미치겠지만 우리가 원하던 요리는 만들어지는 것이다. 여행관련 책을 보면 여행할 목적지에 대한 정보를 얻을 수 있어(가끔 시일이 지나 틀린 정보도 있지만) 책의 효용은 충족된다. 또한 초등학교 수학책을 사서 개념을 이해하고 문제를 풀어가다 보면 실력이 향상되는 것을 우리는 경험으로 알고 있기 때문에 아이들에게 매 학기 수학책을 사서 풀게 한다.
　하지만 시중에 나와 있는 주식관련 책들이 전하는 현란한 비법에 대한 메시지가 왜 실현이 안 되는 걸까? 그 책만 읽으면 몇 백 퍼센트의 수익률 달성이 가능하다는데, 엄청난 부자가 될 수 있다는데, 억대연봉 이상의 수익이 생겨 전업투자를 하라는데 왜 안 되는 걸까? 한두 번 대충 읽어서일까? 정독에 정독을 거듭해도 왜 성공적인 투자는 이루어지지 않는 것일까?

강의도 마찬가지이다. 꼿꼿이 강의를 들으면서 기술을 배우고 나면 집으로 돌아와 집안의 분위기를 바꿔놓을 수 있다. 운전면허학원에서 강의를 듣고 실전연습을 하면 대부분 면허증을 딴다. 대입 수험생들은 인터넷강의나 오프라인 학원 강의를 들으면서 실력을 향상시켜 나간다.

그런데 온라인이건 오프라인이건 주식관련 강의를 열심히 들었는데도 왜 내 계좌에 빨간 불이 들어오지 않는 걸까? 빨간 불은커녕 강의 내용을 어떻게 적용해야 할지 당황스러워 헤맸던 기억들만 남아 있다. 또 다른 비법강의를 찾아 이 동네 저 동네를 헤매고 있는 것이 우리들의 현실인 것이다.

또 시황설명회를 들으러 멀리까지 오신 분들의 노고를 치하하기 위해 살짝만 알려주는 추천종목과 매매팁은 다음날 개장과 함께 머릿속에서 하얗게 지워지는 것은 무엇 때문일까?

일단은 책이나 강의의 내용이 틀려서가 아니다. 살아있는 가격의 움직임을 잘 대응하기 위해서는 실전연습이 수반되면서 강의나 집필이 이루어져야 하는데 다 지나간 자료를 가지고 꾸며놓은 책이나 강의는 이미 죽은 정보를 다루고 있기 때문에 실전에 적용하기가 힘든 것이다.

둘째, 저자나 강사의 자질도 문제이다. 정말로 귀중하고 소중한 정보를 몇 만 원짜리 책에, 몇 십 만 원짜리 강의에 실어 놓겠는가? 만약에 그런 기법이 있다면 말이다.

절대 그럴 리가 없다. 그 정도 가격에 상응하는 기법만 공개를 해놔도 양심 있는 작가요, 강사인 것이다. 대부분은 소비자들이 기대하는 기대치 이하의 오래된 정보만을 담아 놓기 때문이다. 역설적으로 주식시장의 전문가들은 시장을 떠날 때 책을 쓰는 경우가 많다. 웃지 못할 사실들이 판을 치는 곳이 주식시장이다.

오히려 무료에 가까운 강의들 중 도움이 되는 것들도 많다. K증권사에서 제작한 교육사이트인 '하우투스탁'은 무료로 수많은 기법강좌가 열려져 있다. 또 E방송채널의 '배워야 산다' 코너는 월 1만 원만 내면 수백 가지 강의를 무제한 수강할 수 있다.

책은 서점에서 목차나 내용을 훑어 볼 수 있기 때문에, 또 강의에 비해 저렴한 비용이 드니 그나마 낫다. 하지만 강의는 온라인이건 오프라인이건 선택에 신중에 신중을 기해야 한다. 필자가 아는 지인은 300만 원짜리 동영상강의를 수강하고 사이트 운영자와 대판 싸운 경험을 이야기 해주었다. 시중에 나온 책을 읽고 관심이 가서 저자의 홈페이지를 방문했더니 녹화된 리딩 방송과 기법강의 동영상이 샘플로 있어서 들어보니 괜찮은 것 같아서 거금 300만 원을 들여 동영상강의를 들었다고 한다. 그런데 10강을 다 들은 후의 실망감은 정말 이루 말할 수가 없었다는데, 이동평균선과 관련된, 또 몇 개의 보조지표에 관련된 내용 조금 빼놓고는 아무 가치가 없는 강의를 거금을 들여 수강했다는 것을 깨달았다고 한다.

그때서야 비로소 동영상강의는 일단 클릭을 하는 순간 환불이 안 된다고 강조하던 운영자의 말이 생각나더란다. 또 환불을 요청하던 회원과 법적다툼까지 벌였지만 이겼다는 말도 생각이 나고. 기가 막혀서 더 싸우고 싶은 생각이 싹 사라져 포기하고 말았다는 이야기이다. 실로 가슴 아픈 이야기이다. 그 돈이면 웬만한 서민의 한 달 생활비인데 그런 돈을 헛되이 쓰게끔 책과 샘플강의로 유도해 놓고 일종의 사기극을 펼친 것이다.

 더욱 기막힌 것은 강의가 4년 전에 녹화된 것이라는 사실이다. 그것도 상담 때 이미 언급이 된 것이었다. 지금에 와서는 그때의 열정을 담아 녹화할 자신이 없어 좀 오래된 강의지만 그대로 활용하고 있다는 설명을 사전에 하더란다. 그 만큼 4년 전의 강의가 시간은 지났지만 강사의 훌륭한 기법과 열정이 담겨있는 수작인 것이라는 말이다. 거기에는 기법도 없었고 열정도 없었고 그날그날의 장을 리뷰하는 정도의 형편없고 질 떨어지고 내용 없는 강의뿐이었다.

 시중에 나와 있는 책이나 강의 선택에 신중을 기하라. 그리고 이런저런 마음고생을 하기 싫다면 주식투자를 포기하라. 책 한 권 읽고 강의 한 번 듣고 곧바로 성공할 수 있다면 그 어느 누가 부자가 되지 않겠는가? 그런 잘못된 기대심리가 세 번째 이유인지도 모르겠다. 제발 그런 욕심을 이용한 꼬임에 당하지 않았으면 좋겠다. 시중에는 그런 책들과 강의들이 넘쳐나고 넘쳐난다.

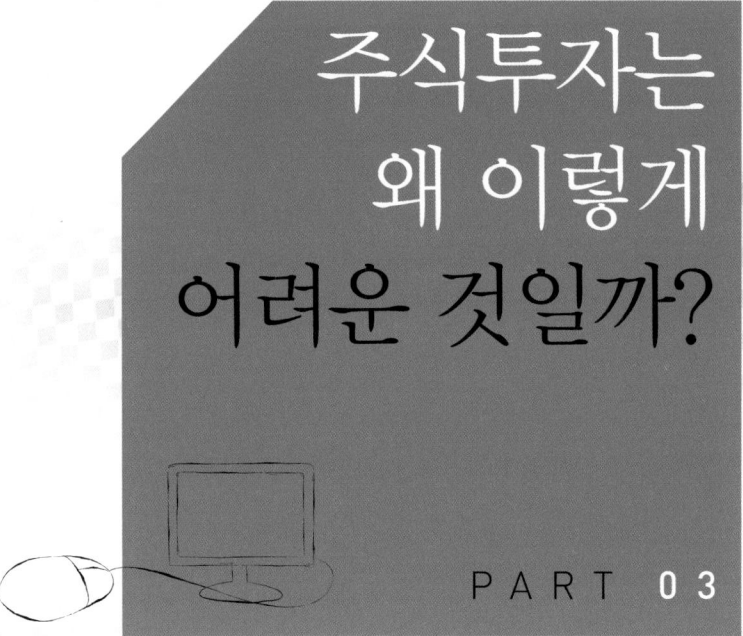

주식투자는 왜 이렇게 어려운 것일까?

PART 03

Chapter 01

분식회계를 식별해라?

　분식회계(粉飾會計, window dressing settlement), '분식'의 사전적 의미는 '실제보다 좋게 보이도록 거짓으로 꾸미는 것'으로 회사의 실적을 좋게 보이게 하기 위해 회사의 '장부를 조작'하는 것을 말한다. 즉 기업이 재정 상태나 경영 실적을 실제보다 좋게 보이게 할 목적으로 부당한 방법을 동원해 자산이나 이익을 부풀려 재무제표상의 수치를 고의로 왜곡시키는 것이다. 분식결산(粉飾決算)이라고도 한다. 이는 주주와 채권자들의 판단을 왜곡시킴으로써 그들에게 손해를 끼치기 때문에 법으로 금지되어 있지만, 공인회계사의 감사보고서를 통해서도 분식회계 사실이 제대로 밝혀지지 않는 경우가 많다. 아직 창고에 쌓여 있는 재고의 가치를 장부에 과대계상하는 수법, 팔지도 않은 물품의 매출전표를 끊어 매출채권을 부풀리는 수법, 매출채권의 대손충당금을 고의로 적게 잡아 이익을 부풀리는 수법 등이 주로 이용된다. 이와 반대로 세금 부담이나 근로자에 대한 임금 인상을 피하기 위하여 실제보다 이익을 적게 계상하는 경우를 역분식회계(逆粉飾會計)라고 한다.

불황기에 특히 이러한 분식회계 수법이 자주 이용되는데, 주주·채권자들에게 손해를 끼치는 것은 물론, 탈세와도 관련이 있어 상법 등 관련 법규에서도 금지하고 있다.

한국에서는 IMF(International Monetary Fund : 국제통화기금) 사태 이후 기업들의 영업실적이 약화되면서 분식회계가 급증하였다. 특히 대우그룹 김우중 회장의 몇 십 조원 분식회계 사실이 드러나자 재무제표를 믿고 자금을 대출해준 금융기관과 투자자, 일반 국민들이 엄청난 손해를 본 일이 있으며, 동아건설산업(주) 역시 이 문제로 사회를 떠들썩하게 하였다.

분식회계를 방지하기 위한 장치로서 회사는 감사를 두어야 하고, 외부 감사인인 공인회계사에게 회계감사를 받아야 한다. 분식회계를 제대로 적발하지 못한 회계법인에 대하여는 영업정지 또는 설립인가 취소의 처분을 내릴 수 있다. 분식회계된 재무제표를 보고 투자하여 손해를 본 투자자나 채권자는 손해배상 청구소송을 할 수 있다. 2007년 1월부터는 분식회계에 대한 집단소송제가 적용되고 있다.

분식회계가 일어나는 이유는 우선 자금 차입이 쉬워질 뿐만 아니라 금융비용을 절감할 수 있기 때문이다. 자본시장에서 자금을 차입할 때 매출액이 크고, 순이익이 높으면 우량 기업으로 인정되어 차입 자금에 대해 지불해야 하는 금리가 낮아진다. 또한 주식시장에서는 반기, 분기 재무제표를 공시할 때, 순이익이 높으면 주가가 그만큼 높게 형성된다. 따라서 자금 차입 비용을 절감하고, 주가를 높이기 위해서 분식회계가 이루어진다.

대규모의 분식회계가 본격적인 사회 이슈화가 된 것은 IMF의 한파가 시작된 1997년부터다. 그 해 한보철강 7000억 원, 기아자동차 3조 원, 아시아자동차 1조 5000억 원의 분식회계가 차례로 적발되면서 1년 만에 5조 원의 버블이 꺼졌다. 이어 2000년 9월에는 대우그룹의 12개 계열사가 모두 22조 9000억 원을 분식 처리한 초대형 회계부정 사건이 터졌다. 대우의 분식규모는 그룹 전체 자산 90조의 25.4%에 달했다.

필자는 그 당시 자금시장에서 기업의 CP및 채권을 중개하고 있었는데 시장관계자들을 비롯한 펀드투자자들의 피해가 속출하던 상황을 누구보다 가까이서 지켜볼 수 있었다. 물론 필자도 시장관계자의 일원으로 엄청난 고생을 했던 아픔이 있다. 자금시장이 마비되니 중개를 하고 싶어도 할 수 없는 상황이 1년 이상 지속되었고 자산운용사들의 도덕적 해이로 각종 분쟁과 민원의 소용돌이 속에서 마음고생이 심했던 기억이 아직도 생생하다. 예금을 인출하지 못해 부도가 나는 중소기업들부터 순진한 개인들의 피해는 이루 말할 수가 없었다.

2002년 1월, 단일 회사로는 사상최대 규모인 SK글로벌의 1조 1881억의 분식회계가 적발되어 세간의 화제가 되었다. 이때부터 시작된 SK그룹 계열사들의 주가하락은 다음과 같다. 2003년 1월 23일, 그룹의 주력계열사인 SK텔레콤이 33개월 만에 하한가로 내려앉기도 했다. 【그림 3-1】을 보라. 액면분할 후 50만 원이니 주가가 500만 원이나 하던 황제주가 몰락하는 모습을 보면서 답답해하던 지인의 모습이 생각난다. 물론 분식회계만이 주가하락의 유일한 원인은 아니었다. IT거품이 꺼지는 시기와 그룹의 악재가 맞물려서 하락한 것이지만 분식회계가 계열사 주가에 미치는 영향이 얼마나 큰 것인가를 극명하게 보여주는 사례이다.

그림 3-1 SK텔레콤 일봉차트

    2002년 1월, 1조 1881억원의 은행채무를 위조하는 등 2001년 회계연도 이익잉여금 1조 5587억원을 과대계상하는 분식회계를 저지른 SK글로벌의 차트를 【그림 3-2】를 통해 볼 수 있다.

    (주)선경으로 시작해서 현재는 SK네트웍스로 사명을 바꾼 기업인 SK글로벌은 그 당시 무역상사 업종에서 막 변신을 꾀하고 있던 기업이었고 그룹의 골칫덩어리들(예를 들어 SK해운)을 떠안아 문제를 은폐하는 본산이었다.
    필자는 그 당시 외환은행 종합금융부에서 CP중개를 하고 있었는데 2001년

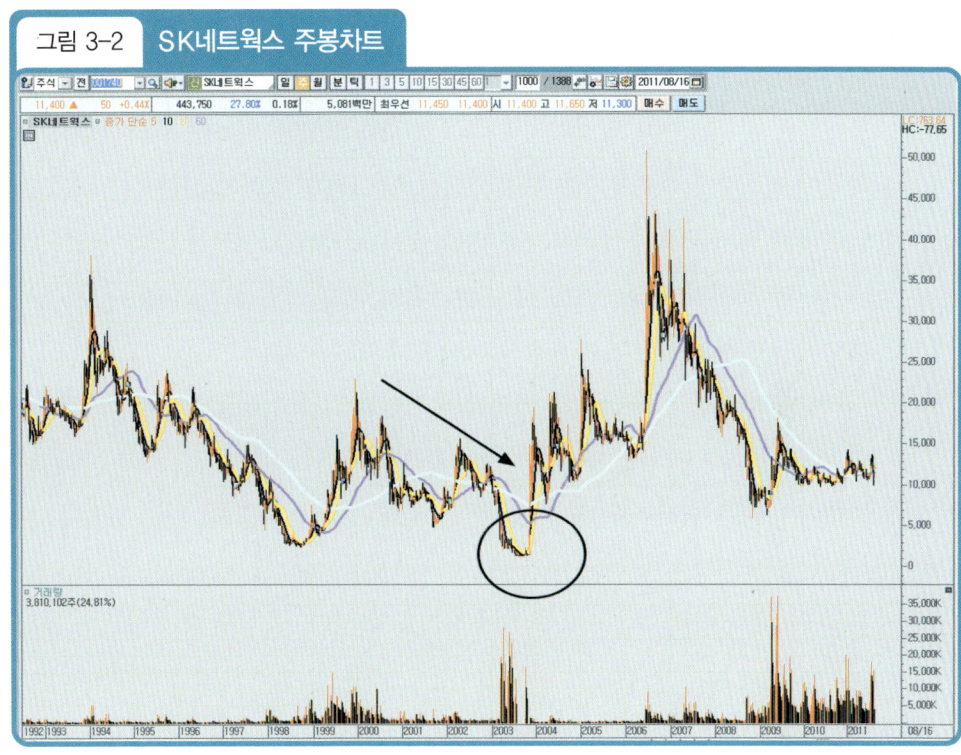

그림 3-2 SK네트웍스 주봉차트

말 잔액증명서를 허위로 작성해 줄 것을 요청해서 거절한 사실이 있다. SK글로벌과 SK해운의 거래내역을 조작해서 도장만 찍어달라는 부탁을 필자가 속한 외환은행은 거절하였는데, 거래처의 부탁을 거절하기 힘들었던 모 증권사는 나중에 투자자들로부터 송사에 휘말리는 사태에 직면하기도 했다. 그 증권사의 담당이 필자의 친구여서 그 소송의 내막을 누구보다 잘 안다. 아무튼 뉴스가 발표되고 잔액증명서를 제대로 떼어준 금융회사는 발을 뻗고 지내고, 그렇지 못한 금융회사는 불안한 나날을 보내야 했던 것을 지켜본 기억이 있다.

외국에서도 이러한 사례는 심심찮게 찾을 수 있고, 코스닥 기업처럼 작은 기업들은 일일이 나열하기도 힘들 정도로 사건들이 많았다. 최근 들어서는 많이 줄었지만 분식회계로 인한 주식투자 피해는 어디에 가서 보상을 받아야 할까? 물론 구제방안이 입법화되었지만 거기에 엄청난 시간이나 노력을 들일 바에야 애초부터 주식투자를 하지 않는 것이 속편한 일이 아닐까?

이래서 개미들의 주식투자가 어려운 것이다. 공인회계사들도 속아 넘어가고, 또 이 세계의 속성상 알면서도 넘겨줘야 하는 비리가 만연하는 구조에서 개인들이 어떻게 기업의 속사정을 파헤칠 수 있겠는가?

그렇다면 시장 전체가 속아 넘어가는 이러한 엄청난 규모의 범죄 속에서 나와 내 자산을 보호하려면 어떻게 해야 할까?

내가 다니는 회사라도 경영인이 아닌 이상 주식을 하면 안 되는 것이다. 분식회계를 예견하지 못하는 내가 바보가 아닌 것이다. 내가 노력을 안 하고 공부를 안 해서 당하는 것이라면 억울하지도 않지만, 열심히 분석하고 면밀히 연구를 해서 매수한 종목이 저런 그림을 그리면 그것은 나의 잘못이 아닌 것이다. 세상이 나를 미치게 하는 것이다.

종목에 대한 연구를 많이 하면 괜찮다고 생각하는 사람들에게 경종을 울리고 싶다.

당시 검찰의 수사결과가 발표된 당일 하루 동안 그룹의 상장계열사 7곳의 시가총액이 2조 539억 원어치 줄어든 결과가 초래되었고, 금융시장도 일대 혼란에 빠져 증권사와 투신사들이 '환매중단'을 선언하는 상황에까지 이르렀다.

Chapter 02

기업의 돌발악재를 예견하라?

필자가 아는 지인이 2010년 11월 4일 어느 전문가로부터 STX조선해양 주식을 사라는 강력한 권유를 받았다. 지인은 평상시에 재무구조가 다소 취약한 그룹의 주식은 쳐다보지도 않는 보수적인 성향의 투자자였다. 조선업종의 부채비율이 타 업종에 비해 높을 수밖에 없는 이유를 인정하지만 삼성중공업이나 현대미포조선과 같은 회사에 비해 STX조선해양은 부채비율이 600%가 넘은 재무위험이 있기 때문에 거절을 했다고 한다.

그럼에도 불구하고 그 당시 STX그룹이나 두산그룹, 한화그룹의 주식들이 상승행진을 펼치고 있었는데 두산인프라코아 같은 종목을 자기가 추천해 얼마나 많은 수익을 회원들에게 선사하고 있는데 케케묵은 '부채비율' 같은 소리한다고 면박을 받았다고 한다. 게다가 STX유럽의 상장대금이 들어오면 그룹의 부채비율이 현격하게 낮아질 것이 예상되니 걱정하지 말고 매수해 놓으라고 해서 종가에 매수를 했다고 한다.

 그 다음날 아침에 갭하락 출발하는 모양이 찜찜하긴 했지만 다시 강하게 치고 올라오는 모습에 안심을 하고 볼일을 보러 외출을 했다고 한다. 장마감 무렵 돌아와 보니 주가는 하한가를 겨우 벗어나 14.8%에 마감을 했다. 그 다음날도 반등을 시도했으나 추세를 이탈한 그 종목은 약 2달 동안 하락과 횡보를 거듭하였다. 지인은 반등 시 겨우 빠져나왔지만 손실은 이미 발생하였고 마음고생에다 전문가에 대한 원망이 겹쳐 며칠 밤을 뜬눈으로 보냈다고 한다. 아래 신문기사와 【그림 3-3】을 보라.

'STX유럽 기대감 너무 컸나'..STX그룹株 급락
[6000억~7000억 기대했지만 2500억 그치자 실망매물 쏟아져]

2010.11.05. 머니투데이

STX유럽(옛 아커야즈)의 싱가포르 증시 상장으로 STX그룹에 유입되는 현금이 기대에 미치지 못하게 되면서 5일 STX그룹 주요 상장사 주가가 급락했다.

STX그룹은 STX유럽 해양플랜트 부문인 'STX OSV 홀딩스'를 싱가포르증권거래소(SGX) 상장을 위한 공모 절차에 들어갔다. 공모주는 3억7449만 주. 이는 전체 주식 10억 주(시가총액 약 8000억 원)의 31.7% 수준이다. 당초 50% 지분을 공모할 계획이었지만 시장 상황이 여의치 않아 규모를 줄였다.

STX에 유입되는 자금은 2500억여 원으로 추정된다. STX가 지금까지 50% 지분 매각을 기준으로 6000억~7000억 원에 공모가 이뤄질 것으로 기대해왔던 것에 비하면 현저히 낮은 수준이다. 공모 주식 수를 축소 조정한 것을 감안해도 1300억 원이 모자라는 규모다.

STX유럽은 STX노르웨이가 100% 지분을 보유한 자회사고 STX노르웨이는 STX조선과 STX엔진이 각각 66.7%, 33.3%씩 출자했다. STX그룹이 조선과 해운을 축으로 수직계열화 된 계열구조를 띠고 있어 이 소식은 상장 계열사들에 악재로 작용했다. STX조선이 14.8%까지 급락 마감했고 STX와 STX엔진은 각각 12.6%, 11.9% 하락했다. STX메탈도 7.4%까지 떨어졌다. 이날 기관은 STX조선 주식 208만여 주를 순매도 했다. 기관이 하루동안 STX조선 주식을 100만 주 이상 처분한 건 지난해와 올해를 통틀어 처음 있는 일이다. 기관은 STX 주식도 64만 주, STX엔진 49만 주, STX메탈 9만 주씩 대량으로 쏟아냈다.

최근 STX그룹 주가 상승의 주된 재료가 STX유럽 상장이었다는 점에서 실망감이 컸던 탓이다. 지난 9월과 10월 현대중공업 주가가 17%, 10% 오른 것에 비해 STX조선은 47%, 40% 상승했다.

상장 효과가 기대에 못 미치는 것은 사실이지만 너무 예민하게 반응할 필요는 없다는 게 증권사들의 충고다. 조정을 염두에 두되 중장기적으로 대응하라는 주문이다.

이재원 동양종합금융증권 연구원은 "단기적으로 STX유럽 상장이 모멘텀으로 작용해 실망감이 클 수도 있다"며 "그러나 STX유럽이 상장 이후 주가 흐름이 좋을 가능성이 크다고 여겨지고 상장 이후 지분 매각을 통해 추가로 자금을 확보할 여지도 있는 만큼 길게 바라볼 필요가 있다"고 말했다. 김홍균 동부증권 연구원도 "기대 대비 괴리가 컸다는 것일 뿐 근본적으로 STX 그룹의 긍정적인 변화는 현재 진행 중"이라며 "조선 업황이 회복되고 있다는 데 주목해야 한다"고 조언했다.

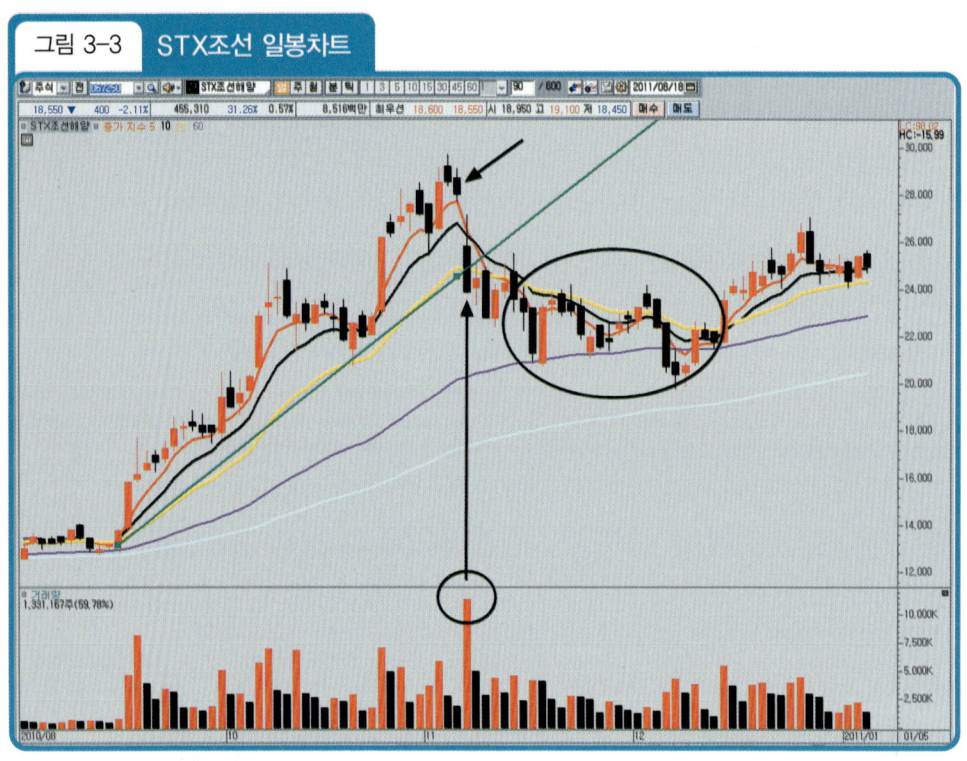

그림 3-3 STX조선 일봉차트

　가파르게 오른 종목을 상투에서 산 지인의 잘못을 탓하지 말자. "부채비율이 높은 종목은 쳐다보지도 않는다"는 원칙을 위반하였으니 당해도 싸지 않느냐하고 조롱하지 말자. 중요한 시점에 외출을 한 지인을 욕하지 말자. 전문가가 그렇게 자신 있게 이야기하는데 안 살 장사도 없지만, 개미들이 기업의 돌발악재를 어떻게 예견하는가? 예견할 수가 없는 것이다. 돌발악재는 여러 가지 유형이 있지만 그중 대표적인 것이 유상증자의 악재이다.

　유상증자란 기업이 자본금을 늘리기 위해 신주를 발행하는 것을 의미한다.

기업이 자본금을 늘리는 것이 원칙적으로는 호재이지만 주식시장에서는 기존 주주들의 주당가치를 희석시킨다고 하여 악재로 반영될 때가 많다. 특히 실적이 부진하고 재무구조가 취약한 기업들이 다른 차입선이 막히면 유상증자의 카드로 난국을 돌파하려는 시도를 많이 해왔기 때문에 유상증자계획이 발표되면 주가는 급락하고 의심스런 눈초리로 기업을 바라보는 경우가 많다. 유상증자의 후유증을 경험한 시장이 민감한 반응을 보이는 것이다.

일반개미들은 하한가를 맞고 나서야 갑작스런 기업의 발표자료나 뉴스를 알게 되는 경우가 많다. 이미 그때는 늦었음을 우리는 쓰라린 경험을 통해 알

[특징주]대한전선, 발행가능주식수 확대에 下限價

2011.02.17. 머니투데이

대한전선이 발행가능 주식 총수를 2억 주에서 4억 주로 늘리는 방안을 추진한다는 소식에 하한가를 기록했다. 재차 유상증자를 단행할 가능성에 투자심리가 크게 악화됐다. 대한전선은 17일 오후 2시 30분 현재 하한가인 5860원에 거래되고 있다.

대한전선은 전날 공시를 통해 다음달 2일 개최할 정기주주총회에서 수권자본, 즉 발행할 수 있는 주식 총수를 2억 주에서 4억 주로 확대키로 했다고 밝혔다.

대한전선은 지난 2009년과 지난해에 걸쳐 잇단 유상증자를 통해 주식수를 크게 늘렸다. 재무구조를 개선하기 위한 조치였는데 주식 수 증가에 따른 주가 희석 탓에 주가는 약세를 거듭했다.

이번 수권 자본 확대도 향후 진행할 수 있는 증자를 위한 포석이란 해석이 지배적이다. 대한전선의 보통주는 현재 1억 4800만 주에 달한다.

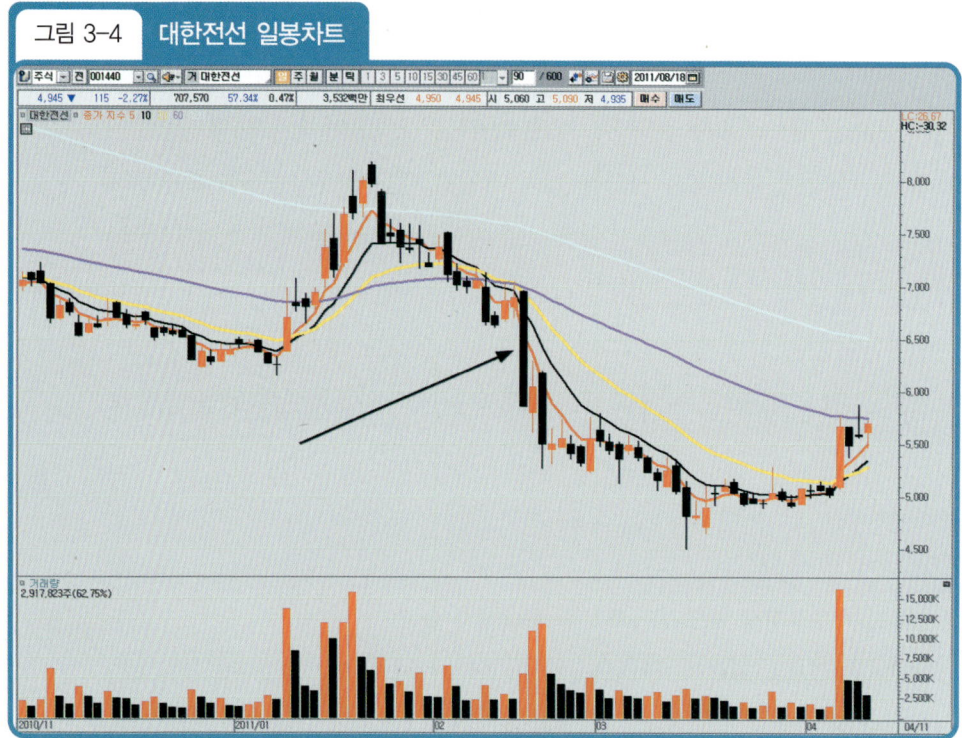

그림 3-4 대한전선 일봉차트

고 있다. 내가 매수하는 종목이 언제 나한테 돌발악재로 다가올 걱정하는 것은 전전긍긍하며 지뢰밭을 걷고 있는 것과 마찬가지이다. 우량기업도 금융회사도 안전지대에 있는 것은 아니다. 특히 대그룹의 도덕적 해이로 야기되는 돌발악재들은 그룹주 전체에 미치는 폭탄과도 같은 위력을 발휘한다. 이 역시 내가 바보였던 것이 아니라, 돌발악재를 예견하지 못했을 뿐인 것이다.

03 Chapter

주식과 복권의 역설, 부자는 쳐다보지도 않는다

경제학 개론에 보면 '역선택'이라는 개념이 나온다. 역선택이란 불완전한 정보에 기초하여 행동하기 때문에 발생하는 비정상적인 선택을 의미한다.

정보의 격차가 존재하는 시장에서는 도리어 품질이 낮은 상품이 선택되는 가격 왜곡 현상으로 자기선택 또는 반대선택이라고도 한다. 어느 한쪽만이 정보를 가지고 있기 때문에 발생하는 것으로 결과적으로 정상 이상의 이득을 챙기거나 타인에게 정상 이상의 손해 또는 비용을 전가하는 행위 일반을 가리킨다.

역선택은 주로 중고차시장, 노동시장, 보험시장, 금융시장 등을 설명할 때 주로 이용된다. 이러한 예는 보험 시장에서 자주 발생된다. 보험사고의 발생 가능성이 높은 사람이 보험에 가입하려 하기 때문에 결과적으로 보험회사는 보험금을 지급할 확률이 높은 사람들과 계약할 경우가 많기 때문에 손해를 보게 된다.

노동시장에서는 이미 책정되어 있는 평균 임금에 대하여 실제로 능력이 우수한 사람은 만족을 못하고 능력이 떨어지는 사람은 만족하게 된다. 따라서 평균 임금을 제시했을 때 우수 인력은 이를 거부함으로써 고용은 능력이 떨어지는 사람과 이루어질 가능성이 높아진다.

중고차시장을 예를 들면, 중고차를 파는 사람은 사는 사람에 비해 그 차에 대해서 더 많은 정보를 가지고 있다. 따라서 자신의 차가 결점이 많다면 이미 정해진 중고차 시장가격이 만족스럽기 때문에 시장에 자신의 차를 내놓게 되지만 질 좋은 차를 가진 사람은 자신의 차의 성능에 비해 평균적으로 책정된 시장가격이 만족스럽지 못하기 때문에 차를 시장에 내놓지 않으려고 한다.

금융시장에서도 역선택이라는 상황이 발생한다. 금융기관이 제시하는 높은 대출 이자율을 선택하는 사람들은 불량고객일 가능성이 높아지는데, 결국 금융기관은 신용불량의 가능성이 높은 고객에게만 대출을 실행하는 역선택을 하게 되는 것이다.

비유가 꼭 맞아 떨어지는 것은 아니지만 필자는 이런 주장을 해보고 싶다.

국가가 건전한 투자의 장을 열어주기 위해서 일반 국민들을 상대로 여러 가지 유인책을 제시한다. 인천국제공사의 국민주 매각방식이라는 제안처럼 대다수의 국민들에게 투자기회를 제공하고 거대한 자본이 요구되는 인천국제공사의 민영화도 이루려는 안건인데 정부와 여당이 야심차게 추진하고 있는 것이 그 예이다.

아무튼 국가가 또는 자본주의 사회가 일반인들에게 투자의 장을 열어놓은 것이 주식시장인데 이때의 대상들은 돈 많은 부자보다는 돈 없는 서민들이 될 가능성이 높아 역선택의 문제가 발생된다는 것이다.

쉽게 말하자면, 어느 정도의 리스크를 감수해야 더 많은 부를 창출할 수 있는 주식시장의 특성은 부자들에게 큰 매력으로 다가오지 않는다. 반면 돈이 부족한 서민들은 그러한 위험을 감수하고서라도 한탕을 노리며 쌈짓돈을 들고 주식시장으로 하나둘씩 몰려든다. 다행히도 그런 가난한 투자자들이 건전한 자본시장에서 일정한 수익을 창출해 부를 이루면 역선택을 걱정할 필요가 없다. 하지만 그런 가난한 사람들의 눈물 섞인 종잣돈들이 주식시장의 거대자본들에게 빨려 들어가 더욱 가난의 수렁 속으로 빠져든다는 것이 문제이다.

논리의 비약이라도 욕해도 좋다. 자본시장의 건전성을 규제하고 감시한다고 해서 이런 역선택의 문제가 해결되지 않는다. 어쩌면 이것은 자본주의 사회를 살아가는 우리들이 반드시 피해가야 하는 것인지도 모르겠다. 개인의 선택으로 돌려서 방치할 수밖에 없는 현실 속에서 우리는 어떤 선택을 해야 할까? 다시 곰곰이 생각해보자.

2002년 12월 '인생역전'을 슬로건으로 내건 로또복권 판매가 시작됐다. 사람들은 어마어마한 당첨금에 열광했고 '일확천금'을 꿈꾸며 로또로 몰려들었다. 로또 광풍은 2003년 4월, 407억 원의 1등 당첨금이 터지며 절정에 달했다. 이후 정부가 판매가격을 2000원에서 1000원으로 낮추고 이월횟수를 2회로 제한하면서 열기는 사그라졌지만 로또는 지금도 매해 2조 원이 넘게 팔리는 최고 인기복권이다.

'연금복권520'이 10년 전 대한민국을 강타했던 '로또광풍'의 뒤를 이을 기세다. 1회차 630만 장이 발매 4일 만에 매진된 데 이어 2회차분도 전자판매

사이트에서는 이미 완판 됐고, 가판에서도 매진돼 찾아보기 힘들다.

정부는 이 기금을 저소득취약계층, 서민주거안정, 문화예술진흥, 국가유공자, 재해재난 등 5대 공익사업에 지원하고 있다. 기획재정부 복권위원회 관계자는 "연금복권이 새로운 형태라 인기를 끌 것으로 예상은 했지만 이처럼 매진사례가 이어질지는 몰랐다"면서 "복권이 많이 판매되면 저소득계층에 대한 공익사업이 활발해지는 효과가 있다"고 말했다.

하지만 연금복권 발행을 두고 국민의 노후 불안감을 노린 또 하나의 간접세 신설이란 비판도 있다. 실제로 복권은 정부가 국민에게서 돈을 거두는 가장 효율적인 방법이다. 정부가 담배·술 등에 붙이는 세금을 인상하거나, 환경세 등 세금을 신설할 경우 혹은 고소득층 세율을 올릴 경우 강한 조세저항에 직면한다. 이에 비해 복권은 일확천금을 노리는 심리를 교묘하게 활용, 저항이 없어 '고통 없는 세금(Painless tax)'으로도 불린다.

'복권의 역설'도 이 때문에 발생한다. 복권을 구매하는 대다수는 저소득층이나 중산층이다. 결국 부유층이 더 내야 할 세금을 저소득층·중산층에게서 충당하게 돼 조세정의에 역행한다는 비판을 받는다. 정부가 손쉽게 세수를 충당할 목적으로 저소득층에게 도박을 권유하고 있다는 지적이 나오는 이유다.

《복권의 역사》 저자인 데이비드 니버트 미국 위튼버그대 사회학과 교수는 다음과 같은 말로 복권을 정의했다. "복권의 역사는 가난한 이들의 꿈에 세금을 매긴 수탈의 역사다. 큰돈을 번다는 공허한 꿈을 심어줘 사람들의 관심을 자신의 불행과 무의미한 삶으로부터 다른 곳으로 돌려놓기 때문에 사회통제 수단으로도 이용된다."

주식과 복권의 역설을 통해 우리가 주식시장을 떠나야 하는 이유를 다시 한

번 생각해 보는 계기가 되었으면 한다. 나는 오늘도 로또를 사러 가야 하나 고민을 해 본다.

케인스도 롤러코스터 성적표였다

존 메이너드 케인스(John Maynard Keynes, 1883~1946년)는 영국의 경제학자이다. 정부의 재량적인 정책에 따른 유효수요의 증가를 강조하는 케인스 경제학의 이론을 창시하였다. 그의 이론은 경제학에 큰 영향을 미쳤으며 주류경제학의 한 획을 그은 분이다.

필자 같은 경제학도들에게는 대학교 4년 내내 공부의 대상이었다고 말해도 과장된 표현이 아니다. 하지만 이러한 위대한 경제학자도 주식투자에서는 롤러코스터 성적표를 받았다. 그는 1920년대에 주식투자로 대박을 터뜨렸다가 이후 세계경제가 더블 딥에 빠질 때 이를 다 날린다. 하지만 이후 경제가 회복하는 과정에서 다시 재기한다.

앞날을 예측하지 못해 1929년 증시 대폭락으로 시작된 대공황에서 케인스는 막대한 손해를 입어 그의 자산 중 70%가 허공으로 사라졌다. 실제로 케인스는 현금이 부족해져서 자신이 소장한 고가 미술품들을 시장에 내놓았으나 원하는 가격에 팔리지 않아 다시 거둬들여야 했다. 모멘텀 투자의 아버지라 불리는 제시 리버모어 역시 막대한 손실을 입고 파산 후 자살하는 등 투자자에게 극도로 암울한 시기였다.

케인스는 재기했지만 그의 성공을 바라보는 시각이 곱지만은 않다. 어느 정도 내부 정보에 접근이 가능했던 지위에 있었음을 고려해야 한다는 비판적인 시각들이 많다. 즉 개인들은 투자에 실패하면 재기가 불가능한 것에 비해 케인스는 재기가 가능한 사회적 위치에 있었다는 것이다. 그래서 그의 재기를 높게 평가하지 않는 시각도 나름 일리가 있다고 생각한다.

아무리 훌륭한 경제학자도 경제예측은 불가능한 것이고, 그러한 학문적 결과물 위에서 주식투자가 이루어져도 대세를 잘못 만나면 파산에 이를 수 있다는 교훈을 얻어야 한다.

또한 경제학은 사회과학 중 가장 논리적이고 합리적인 학문인데 케인스의 미인대회 이론은 주식투자가 법칙화 될 수 없다는 것의 반증이다. 케인스는 미인대회에서 심사관들이 자신의 심미안에 따라서 투표하기보다 다른 사람이 어떤 미인에 투표할 것인가에 따라 투표하는 것이 더 우승자를 맞출 확률이 높다고 말한다. 자신의 눈에 아무리 예쁘게 보이는 미인이라도 다른 사람의 눈에 들지 않으면 소용이 없다는 것이다.

케인스는 주식시장이 이러한 미인대회와 같다고 주장하였으며 자신이 보는 기업의 가치보다 다른 투자가의 심리상태를 예측하여 투자하는 방법을 추구하였다. 즉 케인스는 투자에 있어서 동물적 감각과 재능을 강조한 셈이다.

시장이 합리적으로, 효율적으로 움직이지 않고 야성적 충동에 의해 변동하기 때문에 치밀한 분석이 성공투자를 반드시 보장해주지는 않는다. 예측이 빗

나가기 때문에 경제학이 쓸모없다는 경제학의 무용론을 말씀드리는 것은 아니다. 경제학도 변화무쌍한 현실의 세계에서는 한계를 가질 수밖에 없다는 것을 말씀드리고 싶을 뿐이다.

경제학에서 바라보는 주식시장이론 중 랜덤워크(random walk)이론이 있다. 주가의 변화는 과거의 변화나 어떤 패턴에 제약을 받지 않고 독립적으로 움직인다는 이론이다. 즉, 금일의 주가는 오늘의 모든 변동요인을 반영하여 형성된 것이고, 내일의 주가는 내일의 변동요인을 반영한 것이므로, 상호 독립적으로 움직인다는 것이다. 따라서 기술적 분석에 의한 주가 예측 기법과는 상반된 이야기로, 사실상 주가 예측은 불가능하다는 것이다.

다시 말해 주가란 마음대로 움직이기 때문에 아무도 모르고, 이미 주가에는 모든 관련정보가 반영돼 있기 때문에 어떤 주식이 더 낫다고 판단할 수 없다는 설명이다. 아무리 분석력을 갖고 있는 사람일지라도 사실상 정확한 주가예측을 한다는 것은 불가능하다. 증권시장이 발달하여 선진화될수록 각종 요인들이 즉각적으로 주가에 반영되는 효율적인 시장이 되기 때문에 주가예측은 더욱 힘들어진다. 그래서 어떤 재료가 일반인들에게 알려지면 이미 주가에 반영되었기 때문에 재료를 갖고 하는 주가예측이란 더욱 어렵다.

주가는 일반인들이 예측할 수 없는 우발성을 갖고 있어 랜덤하게 움직이기 때문에 아예 주가예측을 바탕으로 주식투자를 할 수 없다고 단정 짓는 것이 랜덤워크이론이다. 위대한 경제학자들은 왜 이런 이론들을 주장했는지 곰곰이 생각해 보자.

05 Chapter

주식시장의 대명제 '탐욕과 공포'를 극복하라?

《심리투자법칙》이란 책을 저술한 알렉산더 엘더(Alexander Elder)는 네 마리의 동물로 월스트리트가를 다음과 같이 설명하고 있다. "주식시장이 열릴 때마다 황소는 매수해서 돈을 벌고, 곰은 매도해서 돈을 벌지만 돼지와 양은 황소와 곰의 발밑에서 짓밟힘을 당한다. 돼지는 스스로 감당하기 힘들 정도로 매수·매도하는데 결과적으로는 작은 반전으로도 파산하고, 양은 추세에 수동적이고 두려움이 많아 시장이 불안해질 때면 애처로운 울음소리만 낸다."

네 마리 동물의 비유는 우리가 시장에서 어떻게 지고, 어떻게 돈을 벌 수 없는지를 확실하게 보여주고 있다. 바로 시장의 성격에 따라 자신의 주특기를 발휘할 수 있는 실력이 있어야만 한다는 것이다. "시장에서 돼지와 같은 탐욕과 양과 같은 공포는 실패로 이끌 뿐이다."

시장에서 기관이나 외인들과 같은 세력들은 소위 황소(bull)와 곰(bear)에 비유할 수 있다. 원래 주식시장에는 불 마켓(bull market)이나 베어 마켓(bear market)이란 용어가 있다. 불 마켓은 주식시장에서 상승장을, 베어 마켓은 하락장을 의미하는 말이다. 기관이나 외인들과 같은 세력들은 서로 황소와 곰이 되기도 하고, 아니면 같이 한 편이 되어 돼지(hog)와 양(sheep)과 같은 개미 투자자들을 철저히 짓밟기도 한다.

돼지는 그저 눈앞의 먹이(이익)에만 몰두하며 앞뒤 안 가리는 탐욕스럽고도 잘난척하는 개인투자자를 비유한 것으로 탐욕 때문에 결국은 황소와 곰에게 잡아먹히고 만다는 것이다. 반대로 양은 정보력·자금력·분석력이 뒤떨어져 힘이 부족한 개인투자자를 대변하는 말로 시장에서 항상 패자가 될 수밖에 없음을 의미한다.

탐욕에 눈이 먼 돼지가 되어서도 안 되고 공포에 질린 양이 되어서도 안 된다는 이야기다. 비유가 재미있지 않은가?

그랜빌이라는 미국의 저명한 투자전문가는 주식시장의 심리를 탐욕과 공포에 의해 규정할 수 있다고 했다. 주식시장이 상승국면에서 하락국면으로 접어들거나 조정국면에 진입하면 주식을 보유하고 있는 사람은 추가하락에 대한 공포에 사로잡혀 투매를 하거나 심리적 불안상태에 접어든다.

한편 주가가 하락국면에서 상승국면으로 진입하거나 조정국면에서는 상승국면으로 들어서게 되면 대부분의 투자자들은 지나치게 낙관하는 경향이 있다. 이때의 투자심리는 탐욕에 의해 결정되며 과열현상이 나타나게 된다. 따라서 주식투자를 함에 있어 자신의 심리상태를 조절하여 공포와 탐욕을 배제할 수 있다면 성공할 가능성이 높다고 한다.

혹자는 주식시장에서 강자가 약자들의 군중심리를 자극하여 소기의 목적을 달성하는데 가장 좋은 수단이 '탐욕과 공포'라고 한다. 강자들은 탐욕과 공포를 이용하여 약자들의 올바른 가치판단과 용기를 사그라지게 한다고 한다.

누구의 주장이건 좋다. 하지만 필자는 이런 생각이 든다. 대다수의 평범한 인간이 과연 탐욕과 공포를 극복할 수 있을까? 그에 대한 나의 답은 "절대 아니오"다.

먼저 탐욕을 생각해 보자. 탐욕이 없으면 주식시장에 왜 입문하는가? 매일 타인을 위해서 손실을 봐주면, 다른 사람에게 수익을 선사할 수 있으니까 봉사하는 마음으로 입문하는가? 또 자본주의의, 또 국가경제의 발전을 위해 주식시장에 이바지하고 싶어서인가? 아니다. 주식시장에 입문하는 것은 돈을 벌기 위해서이다. 그 자체를 부정하라는 것은 주식투자를 하지 말라는 말이나 진배없다. 그것은 부정할 수 없는 사실이다.

또 인간의 자연스런 행동인 공포를 어떻게 극복하라는 말인가? 1억 원을 주고 산 내 주식이 이틀연속 하한가로 내리꽂히고, 하한가에도 팔리지 않을 정도로 매도물량이 쌓여있는데 어떻게 공포를 안 느끼고 극복할 수 있을까? 내 눈앞에 튼튼하고 안전한 방탄유리가 설치되어 있는데도 목전까지 화살이 날아 오면 눈을 감을 수밖에 없는 것이 인간의 본성인데 어떻게 눈을 감지 말라고 할 수 있는가?

더욱 나쁜 것은 실패하는 투자자를 비난할 때 탐욕과 공포가 이용된다는 점이다. 실패한 원인은 여러 가지일 수 있는데 오로지 투자자의 심성이 잘못되어 실패한 것이라고 매도해도 실패한 투자자는 잘못된 충고를 반박할 수가 없다. 이것은 소위 실패한 투자자를 '두 번 죽이는 것'이다.

실패한 투자자가 단지 욕심 때문에 또 소심함 때문에 실패했다고 몰고 가는 것은 실패의 원인을 너무 쉽게 규명하는 것밖에 안 된다. 특히 이런 점들을 주식전문가들은 적극적으로 활용한다. 자신의 회원으로 등록시키기 위해서 당신은 탐욕과 공포를 극복하지 못하는 실패자이기 때문에 나의 강의를 들어야 하고 내 리딩에 맞춰서 매매를 해야 한다고 몰고 가는 것이다.

탐욕과 공포라는 명제는 책을 쓴 작가들이, 또 주식시장의 전문가들이 개인투자자의 무능함을 질책하기 위한 수단이지 극복해야 하는 대상이 아닌 것이다. 그럼 그 사람들은 탐욕과 공포를 완전히 극복하고 신선의 위치에 올라 여유롭게 매매를 하고 있는가? 반문하지 않을 수 없는 문제이다.

무리하게 탐욕과 공포를 극복하려 하지 말고, 위험한 주식투자를 그만두거나 투자금액을 감내할 수 있는 수준으로 낮춰라. 예를 들어 실력도 없이 투자한 1억 원어치의 주식이 10% 변동할 때의 마음과 1만 원짜리 주식 1주를 사서 10%가 오르내릴 때 탐욕과 공포의 정도가 다르다는 것은 누구나 알 수 있는 사실이다.

1억원의 10%면 1000만 원이다. 이 경우와 1만 원의 10%인 1000원이 등락하는 것을 비교해보라. 1000원 수익이 나서 목표수익이 달성되면 굳이 1200원이나 1300원이 될 때까지 초조하게 기다릴까? 목표수익률 10%에 만족하고 나와 다음 매매를 준비할 것 같다.(목표수익률을 10%로 설정했다면)

반대로 손절라인을 10%로 정해놓은 투자자라면 1000원 손실 때 큰 미련 없이 툴툴 털고 시원하게 손절하고 나올 것이다. 청산하고 나서 실패원인을 객관적으로 냉정하게 분석할 수도 있겠다. 자책하고 괴로워하는 수준이 아니라 시장에 수업료 좀 줬다고 생각할 수준이라는 말이다. 아이에게 아이스크림 하나 사줬다고 생각할 수도 있지 않은가?

전문가들이 심법을 강조하는 이유를 곰곰이 생각해 보기 바란다. 다시 말해 탐욕과 공포를 극복하지 못하는 나 자신을 괴롭히지 말고 주식시장을 떠나든지, 투자금액을 대폭 줄이든지 결단을 내려야 할 것이다.

Chapter 06
주식투자 일방적인 게임의 억울함

주식투자는 일방향의 게임이다. 이익이 나기 위해서는 위로 향하는 길밖에 없다는 말이다. 그에 반해 선물 옵션은 쌍방향 게임이 가능한 상품이다.

방향성도 그렇지만 주식은 선물옵션에 비해 레버리지가 약하기 때문에 단타로는 적절한 수익을 거두기가 힘들다. 물론 거래금액이 큰 사람들은 예외로 하자. 그렇기 때문에 스윙매매 이상의 중장기 투자를 해야 승부가 난다. 보유기간이 어느 정도 확보되어야 일정 수익이 날 가능성이 존재하는 것이다. 그에 비해 선물옵션은 레버리지 효과가 커서 굳이 포지션을 오버나이트 하지 않아도 전업투자자가 확보해야 하는 정도의 수익을 거둘 수가 있다. 물론 거꾸로 방향을 타면 손실의 폭도 크지만 말이다.

즉 주식투자는 보유를 하고 있어야 하고 또 주가가 올라야 수익을 거둘 수 있는 상품인 것이다. 너무 일방적인 게임이라는 생각이 들지 않는가?

기관이나 외국인들은 공매도라는 제도를 이용해 자신들이 원하는 방향으로 주가를 몰고 가서 수익을 낸다. 하지만 개미들은 겨우 한국 경제의 펀더멘탈을 분석하고, 개별종목의 상승가능성을 신뢰하여 '매수'와 '보유'만 일관할 수밖에 없다. 물론 고수들은 횡보나 하락이 예상되면 '관망' 모드로 진입하겠지만.

이러한 불리한 상황 때문에 개미들에게는 또 다른 덕목 하나가 추가된다. 기다리고 기다리다 보니 눈물 나는 수익이 실현되더라 하는 '모진 인내의 미덕'이 강조되는 것이다. 또 이런 경험으로 인해 반토막이 나도 또 계좌가 깡통수준에 와도 속수무책으로 기다리는 매매를 하는 투자자들이 많다.

기다리고 기다려서 정말 감격스러운 수익을 내면 다행이지만 물렸던 주식이 고통의 시간을 지나 본절에 도달하면 어떤 행동들을 하는가? 수수료 무시하고 시간의 기회비용을 감안하지 않고 빠져나오기 급급한 것이 일반인의 행태인 것이다. 회복하던 주가가 내가 손쓸 틈도 없이 급격하게 수익으로 반전해 주면 얼마나 좋을까? 하지만 주가는 내 본전금액을 어찌 그리 잘 아는지 본절라인 근처에 와서는 반드시 조정을 보인다. 그러면 대부분의 사람들은 또다시 지루한 기다림의 고통 속으로 빠지기 싫어 본절에라도 처분을 하자고 마음을 먹게 된다. 오랜 기다림의 결과가 겨우 본전으로 귀결될 확률이 높다는 이야기이다.

그나마 본전이라도 하면 다행이다. 기다리고 기다리다 더 이상 희망이 없다는 판단이 서서 엄청난 규모의 손절을 하고 나오면, 얄밉게도 주가는 기다렸다는 듯이 반등을 한다.

더 인내심이 풍부한 사람들은 손절은 안 한다. 하지만 영원히 주가가 회복되지 않으면 어떻게 해야 하나? 앞에서도 언급했지만 주당 500만 원 하던 SK텔레콤이 언제 그 화려한 시절로 복귀할 수 있을까? 새롬기술이 코스닥 시총 상위주로 등극할 날이 과연 올까? 그럼 처분하지 못한 사람은 어떻게 해야 하나? 반문하고 싶다.

잘못된 투자는 짧은 손절이 최상이다. 여기서 손절의 중요성을 강조하고 싶은 것은 아니다. 손실 중인 투자는 억세게 운이 좋아야 본절에 빠져나오기 십상이라는 말이다.

주식시장이 개인들에게 선사하는 '일방성', 이것이 제공하는 억울함을 잘 생각해 보자. 또 그 일방성으로 인해 강요되는 '인내' 의 의미를 잘 고찰해 보자.

이래서 주식투자가 어렵고 수익내기가 힘든 것이다. 처음부터 불리한 게임을 하러 왜 주식시장에 입문하는가? 만약에 권투경기를 하는데 한 사람은 오직 권투방식으로 공격을 하라고 하고, 한 사람에게는 킥복싱처럼 공격을 해도 된다고 룰을 정해놨다면 여러분은 권투방식으로 경기에 참석을 하겠는가? 덩치도 크고 힘도 센 상대방은 손과 발을 현란하게 구사하며 공포스럽게 공격을 하는데 나는 발을 못 쓰면서 발보다 짧은 주먹만으로 싸워야 한다면 당신은 상대방을 제압할 자신이 있겠는가? 필자는 자신이 없어 그런 경기는 참여하지 않는다. 필자는 타이슨이 아니다. 주먹도 약하지만 발을 쓰는 상대방에 근접조차 못할 것이 뻔하기 때문이다.

또 보유를 하고 있어야 수익이 날 수밖에 없는 구조인 주식시장에서 시세의 급락을 견뎌낼 자신이 없다. 자신이 없는 사람은 일찍감치 포기하자.

【그림 3-5】를 보자. 2011년 8월의 종합주가지수 일봉차트의 모습이다. 원

그림 3-5 추락하는 종합주가지수

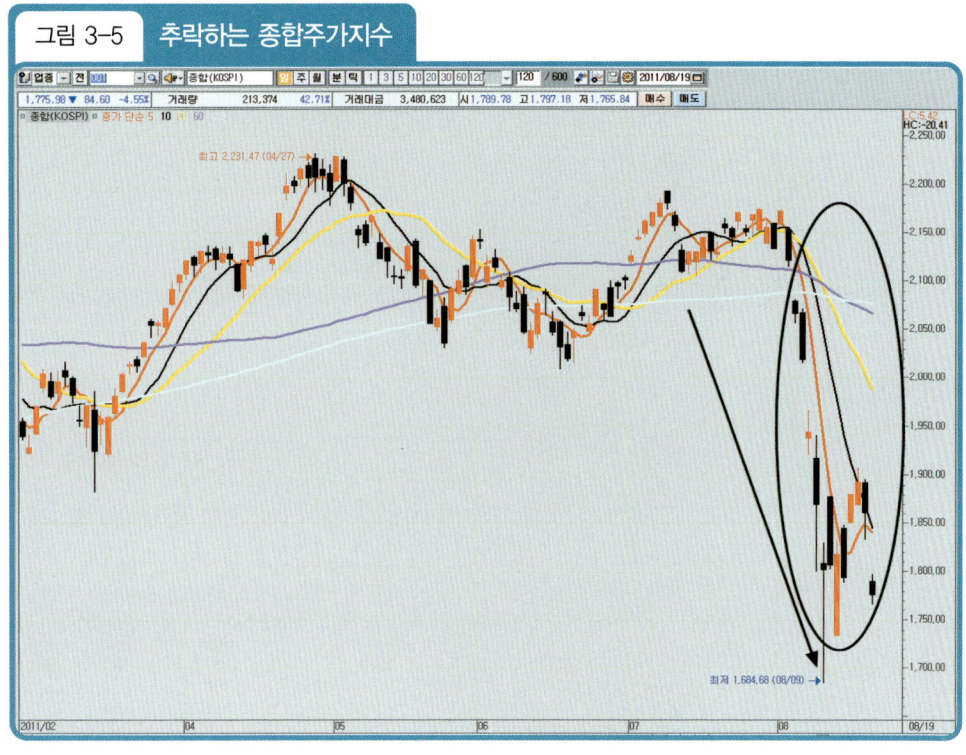

인이 무엇이건 추락하는 주가를 보라. 견뎌낼 자신이 있는가? 물론 저 시점에서 추세를 전환시킬 반등이 나올지는 모르겠다. 필자는 저런 공포스러운 추락 앞에 소중한 내 자산을 드러내 놓고 있을 용기와 배짱이 없다. 그걸 견뎌낼 자신이 있는 사람들만 주식투자를 할 수 있을 것이다.

2011년 8월 1일, 2170여 포인트에서 최저 1680여 포인트까지 정말 공포스러운 추락이다.

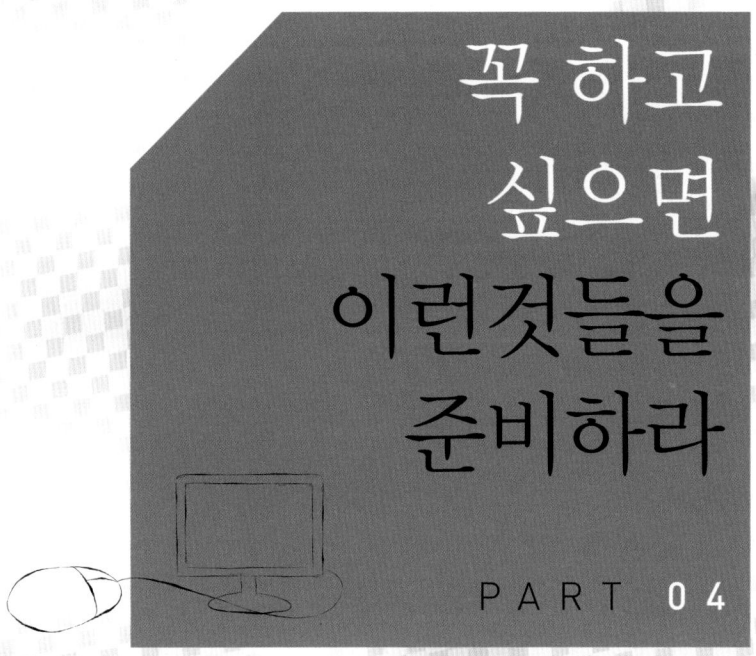

꼭 하고
싶으면
이런것들을
준비하라

PART 04

01 Chapter

우선 자신의 성향을 파악해야 한다

 우리가 창업을 준비할 때 가장 먼저 고려해야 하는 사항이 하고자 하는 일에 대한 적성이다. 음식업종을 선택하려는 사람이 맛에 대한 감각이 둔하거나 음식 만들기가 즐겁지 않다면 곤란하다. 애견센터를 창업하려는 사람이 동물을 싫어한다면 애로사항이 많을 것이다. 적성에 맞는 일을 해야 즐겁게 생활할 수 있고, 난관에 부딪쳐도 긍정적으로 헤쳐 나갈 수 있다. 주식투자도 마찬가지이다. 내가 주식투자가 또는 전업투자가 적성에 맞는가를 가장 먼저 생각해야 한다. 다음과 같은 성격의 소유자는 주식투자를 하면 안 된다.

 먼저 전형적인 소심한 성격의 소유자이다. 매매를 할 때마다 초조하고, 불안하고, 조급증에 시달리는 유형이라면 주식투자가 적성에 안 맞는 것이다. 당장 이것저것 생각할 것 없이 그만두어야 한다.

 매수도 하기 전에 화장실부터 생각나고, 밤에 미국장 걱정하면서 잠도 못 이루고, 호가창을 바라보고 있으면서 가슴이 두근거리고, 입에서 침이 마른다면 자신의 적성을 의심해 보아야 한다.

주식거래를 하려면 과감하게 배팅할 수 있는 배포도 있어야 하고, 매수의 이유가 훼손되지 않는 한 며칠씩 견딜 수 있는 뚝심도 있어야 하는데 이렇게 힘들고 스트레스를 못 이겨내는 사람이라면 주식투자를 하면 안 되는 것이다.

다음으로 리스크에 너무나 둔감한 유형이다. 자신의 모든 가용자금을 올인하는 몰빵매매로 깡통을 여러 차례 차본 경험이 있는 사람은 지금이라도 늦지 않았으니 빨리 포기하라. 무식하면 용감해진다고 할까? 자신의 무식함을 인식도 못하면서 욕심에 눈이 멀어 과감한 배팅을 일삼는 사람은 가정의 평화를 위해서 당장 그만두어야 한다. 물론 처음부터 그러지는 않는다. 손실이 계속 누적되다 보니, 남은 돈은 없고, 분산투자로는 본전 찾을 길도 없고, 코너에 몰리다 보면 마지막 승부수라고 생각하고 몰빵매매를 하게 되는 전철을 밟는다. 이렇게 리스크에 둔감한 사람은 주식투자를 절대 해서는 안 될 것이다.

세 번째로는 무사 안일한 성격이다. 이런 성격은 어느 사업을 해도 마찬가지이지만, 특히 주식투자를 고려해서는 안 된다. 주식시장에서 생존하고 적응하려면 끊임없이 노력하고 연구해야 한다. 그렇지 않으면 언제든지 도태될 수 있다는 긴장감을 가지고 살아야 하는데, 그런 필요성조차 못 느낀다면 문제가 심각한 것이다. 이런 경우는 도와주고 싶어도 방법이 없다. "주식에서 성공하는 과정은 끊임없이 공부하는 과정이다"라고 생각하며 실천할 자신이 없으면 지금이라도 결단을 내려야 한다. 느긋한 성격의 소유자여, 지금이라도 늦지 않았으니 용단을 내리길 바란다.

다음으로는 다혈질의 성격이다. 일단 열을 받으면 이성을 잃고 무리한 매매를 일삼는 유형이다. 아무리 화가 난다 해도 자신의 매수가 틀린 것을 겸허하게 받아들여야 한다. 그리고 "시장에 맞서려 하지 마라"는 증시격언이 말해주듯이, 오기로 맞서는 일은 매우 위험한 일인 것이다.

시장은 항상 옳다. 시장은 자기 갈 길을 갈뿐이다. 어리석은 인간이 시장을 이기려고 만용을 부리는 것이다. 시장을 이기려고 하면 안 된다. 절대 이길 수가 없음을 절감하는 순간 내 계좌는 깡통이 되어 있는 것이다. 그런 무모함을 알게 되는 순간, 벌써 나의 계좌는 복구할 수 없는 수준으로 떨어져 있을 것이다. '욱하는 성격'의 소유자여, 제발 주식시장을 떠나라.

나열을 하자면 끝도 없지만 이정도만 거론해보기로 하자. 위에서 열거한 성격의 소유자는 자신의 성격을 잘 파악하여 조건에 적합하지 않다면 주식투자를 해서는 안 될 것이다. 다음으로는 자신의 매매 성향을 잘 진단해 보자.

주식을 매매하는 방법은 크게 스캘핑(초단타)매매와 데이트레이딩매매, 그

> **알아두면 좋은 상식**
>
> Scalping(스캘핑) : 스캘핑(scalping)이란 원래 '가죽 벗기기'라는 의미로, 북미 인디언들이 적의 시체에서 머리가죽을 벗겨내 전리품으로 챙겼던 행위를 뜻한다. 주식시장에서 말하는 스캘핑이란 하루에 수십 번 또는 수백 번씩 트레이딩을 하며, 단기 시세차익을 챙기고 빠져 나오는 방식을 통해 박리를 취하는 초단타 매매기법을 의미하는 말이다. 사람의 피부 중 가장 얇은 피부층으로 이루어진 곳이 머리가죽인 만큼 '박리' 즉, 아주 적은 이윤을 챙긴다는 의미에서 스캘핑이라는 이름이 유래되었다.
>
> 이러한 스캘핑을 전문으로 하는 거래 주체를 스캘퍼(scalper)라고 한다. 따라서 스캘퍼는 시장가격의 미세한 변동을 이용하여 당일 중의 매우 짧은 시간에 매매이익을 실현하고자 하는 초단기거래자로서, 하루에 수십 번 또는 수백 번씩 거래를 하며 박리다매식으로 매매차익을 얻는다. 이들은 거래규모가 크기 때문에 시장의 유동성을 제고시키는 데 크게 기여하고 있다.

리고 스윙매매, 중장기투자로 나뉜다. 4가지 매매방법 중 자신의 성향에 따라 선택을 잘해야 한다. 애견센터를 창업할 때도 고가견을 판매하는 형태와 저가견을 박리다매 형태는 창업과정이 180도 달라진다고 한다.

마찬가지로 주식투자를 할 때 나의 성향이 단기이면 스캘핑이나 데이트레이딩을 선택해야 하고, 나의 성향이 중기이면 스윙매매나 중장기 투자를 해야 한다. 내가 만약 숨 가쁘게 매매를 해야 하는 스캘퍼는 못할 것 같으면 그런 매매기법에 관한 책이나 강의는 쳐다볼 필요가 없다. 또 매달 생활비를 벌어야한다면 몇 달씩 묻어두는 중장기투자는 적합하지 않을 것이고, 본인의 호흡이 길지 않다면 스윙매매나 중장기투자는 혼란만 가중시킬 뿐이다.

스캘핑이나 데이트레이딩 시 매매횟수가 많을수록 수익률은 반비례하는 경우가 많다. 또한 과도한 수수료와 슬리피지도 무시를 못하는 비용이다. 그래서 추세의 변곡점에 매수를 하여 추세가 전환되는 것을 확인하고 매도를 하는 스윙매매가 전업투자자에게는 적합한 매매방식일 것 같다.

> **알아두면 좋은 상식**
>
> **데이 트레이딩 :** 하루에 수회 주식을 매매하며, 추세매매방식으로 주식투자를 하되 포지션을 보유한 채 밤을 넘기지 않는 주식투자 기법이다. 일반적으로 목표 수익률은 3~4% 정도, 손절매 폭은 매수가 대비 1~2% 정도를 설정한다. 거래 시마다 소규모의 수익을 누적해 나가는 전략이다.
>
> **스윙매매 :** 포지션을 보유한 채 2~5일 정도를 지내면서 추세매매방식으로 주식투자를 하는 기법이다. 일반적으로 목표 수익률은 5~10% 정도, 손절매 폭은 매수가 대비 3% 내외 정도이다.

또한 직장인이라면 장중대응을 잘 못하기 때문에 몇 달씩 묻어두는 전략이 유효할 수 있겠다. 하지만 전업투자자에게는 시간이라는 기회비용을 따져봐야 하기 때문에 적당한 시점에서 이익을 실현하는 전략이 더 현실적이라고 생각한다.

개미들은 본의 아니게 주식을 보유하고 있다 보니 장기투자를 하게 되는 경우가 많다. 너무 욕심 부리지 말고 적당하게 수익을 실현시켜야 하는데 매도 타이밍을 놓쳐 손실구간으로 접어들면 그때부터 중장기투자가 좋은 것이라고 스스로를 위안하며 시간을 까먹는 것이 현실이다. 종목은 얼마든지 많고 기회는 반드시 다시 찾아오니까 큰 욕심 부리지 말고 적당하게 이익을 실현시켜야 한다.

> **알아두면 좋은 상식**
>
> **Slippage(슬리피지)** : 슬리피지란 시장가 주문을 넣었을 때 주문을 넣은 시점의 가격으로 체결되지 않고, 더 불리한 가격으로 체결되는 것을 말한다. 즉, 체결오차를 의미한다. 보통 호가 공백이 생기거나 주문 실행시점이 늦어 매매하고자 하는 가격보다 불리한 가격으로 매매가 체결된 경우 발생되는 가격 차이를 말한다. 따라서 시장가 주문으로 매매할 경우 수수료 외에도 슬리피지에 따른 호가차이로 인한 손실이 발생하게 된다. 그런 이유로 보통 개인들의 경우 지정가 주문을 선호한다. 그러나 추세가 급하게 형성될 경우에는 지정가 주문을 통하여 매매하는 것이 쉽지 않기 때문에, 슬리피지를 감안하더라도 시장가 주문을 내는 것이 효과적인 경우가 더 많다.

지금까지 우리는 자신의 성격과 성향을 살펴봄으로써 자신이 전업투자가의 길을 잘 걸을 수 있는 사람인지 파악을 하고, 또 자신의 성향을 잘 진단하여 매매의 호흡을 어떻게 가져가야 하는지를 살펴보았다.

우리가 병원에 가면 의사를 만나보기도 전에 혈압과 몸무게를 재듯이, 트레이더로서 가장 기본이 되는 사항을 점검도 하지 않은 채 무작정 매매를 시작하는 우를 범하지 말자는 차원에서 자신의 성향파악을 강조해 보았다. 파악된 성향이 전제되어야 자신에게 맞은 매매방법, 자신만의 툴 개발, 자신만의 기법 등이 완성될 여지가 있는 것이다.

그런 것도 전제되지 않는다면 다음에 말할 내용들도 무의미해지는 것이다.

그리고 위에서 말한 본의 아니게 장기투자를 하는 사람들은 평가손실을 실현손실과 다르다고 생각하는 버릇부터 고쳐라. 평가손실도 엄연한 손실이다. 1년이 걸리든, 2년이 걸리든 손해보고 팔수는 없다는 무모한 생각을 버려라. 시간의 기회비용을 깔고 뭉개고 있으면서 스스로를 위안하는 사람들은 보면 안타깝기 짝이 없다.

최근에는 HTS상에도 매수한 원금보다는 평가금액을 플러스(+) 마이너스(-)로 표시하는 것이 일반화되었다. 내가 매수한 단가는 나만 알아주는 단가이다. 내 계좌에는 엄연히 마이너스된 금액이 표시되어 있지 않은가? 제발 잘못된 매매에 대한 평가를 받아들여라. 손실을 겸허히 받아들이고 새로운 시각으로 시장을 바라보라.

만약에 몇 년을 기다려서도 본전 회복을 못한다면 어떻게 할 것인가? 유산으로 자식에게 물려줄 것인가? 아마 걸레가 되어 초라해진 주식을 상속받은 자식도 크게 고마워하지 않을 것이다. 오히려 자식에게 창피할 따름이니 이제라도 엄밀히 분석을 해서 '아닌 종목'은 팔아야 한다.

02 Chapter

자신있는 매매방식을 선택하자

이제 본인의 성향을 파악하셨으니 다음으로 해야 할 것은 자신이 할 수 있는 매매방식을 선택하는 것이다. 여러분은 시중에 나와 있는 책들을 읽어 보면서 따라하기 힘든 기법에 대해 생각해 보았는가?

매매방식은 여러 가지가 있다. 가치주투자방식, 작전주나 세력주·급등주 매매방식, 외국인매매 따라하기, 상한가 따라잡기, 역발상 하한가 매매기법, 테마주 매수기법, 종가주 공략하기 등 많이 있는데 초보자는 접근하기 힘든 것이 대부분이어서 엄두를 못 내고 있을 것이다.

왜 그런 매매방식들이 초보자에게 힘든 것인지 차근차근 알아보자. 창업을 할 때도 자신이 배워서 할 수 있는 것만을 준비해야 한다. 낯선 사람들을 만나는 것에 스트레스를 받는 유형이 서비스업을 준비해서는 안 될 것이고, 화술이 뛰어나지도 않으면서 컨설팅업을 준비해서도 안 될 것이다. 무작정 돈이 된다고 해서 전혀 생소한 분야에 뛰어드는 것은 위험한 일인 것이다.

우선 워런 버핏의 투자법으로 유명한 가치투자방식에 대해 알아보자.

> **알아두면 좋은 상식**
>
> 워런 에드워드 버핏(Warren Edward Buffett) : 1930년 8월 30일에 태어난 미국의 기업인이자 투자가이다. 뛰어난 투자실력과 기부활동으로 인해 흔히 '오마하의 현인' 이라고 불린다. 2010년 현재, 《포브스》지는 버핏 회장을 세계에서 3번째 부자로 선정하였다.
> 《포브스》지에 따르면 2008년 10월 기준 그의 재산은 약 580억 달러로 세계 1위를 차지하고 있었으며, 15년 친구인 빌 게이츠의 재단에 재산의 85%인 370억 달러를 기부하겠다고 밝힌 바 있다. 2007년에는 21억 달러 상당의 주식을 자선단체에 기부하였으며, 그의 친구 빌 게이츠와 함께 전 세계의 부자들을 만나 기부를 권유하는 등 기부문화 확산에 앞장서고 있다.

가치투자방식은 시장의 비합리성으로 내재가치 이하에 거래되는 주식에 투자하는 방식으로 주식시장의 변동이 아닌 기업의 절대적 내재가치에 투자하는 방식이다. 주식시장의 변동성을 배제하여 안정적인 성과를 획득하고 저평가된 주식을 장기간 보유하여 수익률 극대화를 추구한다고 한다.

투자전략으로는 저PER주, 저PBR주, 배당수익률이 높은 주식 등을 매수하여 장기 보유하는 것이 있다.

필자는 가치투자가 틀리다는 말을 하려는 게 아니다. 개미들은 가치투자를 하기 어렵다는 것이다. 개인들은 기업의 현재가치도 평가하기 힘든데, 미래가치까지 평가하면서 거래를 할 수 없다는 것이다. 그리고 기업이 제공하는 회계정보나 IR(투자가를 위한 기업홍보나 설명회)자료들을 검증할 능력이 없다.

개인투자자들은 가치보다는 가격을 생각하면 된다. 주식의 모든 정보가 가격에 내재되어 있다고 해도 무방하기 때문이다.

설령 가치투자를 하더라도 기술적 분석은 필요하다. 그래서 요즘은 타이밍을 강조하는 가치투자에 관한 책들이 출간된다. 몇 년씩 묻어놔서 수익률을 극대화하는 것도 좋겠지만, 시간도 기회비용이고 분석의 한계도 있고 하니 가

알아두면 좋은 상식

PER(Price Earning Ratio) : 주가가 그 회사 1주당 수익의 몇 배가 되는가를 나타내는 지표로 주가를 1주당 순이익(EPS: 당기순이익을 주식수로 나눈 값)으로 나눈 것이다.

PER = 주가/1주당 당기순이익(납세 후) = 주가/ EPS

즉, 어떤 기업의 주식가격이 1만 원이라고 하고 1주당 수익이 1000원이라면 PER는 10이 된다.

특정 기업이 얻은 순이익 1원을 증권 시장이 얼마의 가격으로 평가하고 있는가를 나타내는 수치인데, 투자자들은 이를 척도로 서로 다른 주식의 상대적 가격을 파악할 수 있다. 해당기업의 순이익이 주식가격보다 크면 클수록 PER가 낮게 나타난다.

따라서 PER가 낮으면 이익에 비해 주가가 낮다는 것이므로 그만큼 기업 가치에 비해 주가가 저평가돼 있다는 의미로 해석할 수 있다. 반대로 PER이 높으면 이익에 비하여 주가가 높다는 것을 의미한다.

업종별로 차이가 있고 절대적인 기준이 없지만 일반적으로 PER가 10 이해(주가가 1주당 순이익의 10배 이내)일 경우 저PER주로 분류된다.

치투자는 나중에 생각해 보아야 할 방식이라 생각된다. 물론 종목분석 시 PER나 PBR수치를 참고하는 것은 도움이 된다.

가치투자 방식은 개인들에게 너무나 많은 인내심을 요구하는 방식이다. 대세하락기에 접어드는 게 보인다면, 비중을 줄였다가 다시 매수할 수도 있는 것을 애써 외면하면서 오랜 기간을 참고 견디는 것은 개미들에게는 적합하지 않은 방식 같다.

> **알아두면 좋은 상식**
>
> **PBR(Price Book-value Ratio) : = 주가/주당순자산**
> 주가를 주당순자산가치(BPS, book value per share)로 나눈 비율로 주가와 1주당 순자산을 비교한 수치이다. 즉 주가가 순자산(자본금과 자본잉여금, 이익잉여금의 합계)에 비해 1주당 몇 배로 거래되고 있는지를 측정하는 지표이다.
> 순자산이란 대차대조표의 총자본 또는 자산에서 부채를 차감한 후의 금액을 말한다. 장부상의 가치로 회사 청산 시 주주가 배당받을 수 있는 자산의 가치를 의미한다. 따라서 PBR은 재무내용면에서 주가를 판단하는 척도이다.
> PBR가 10이라면 특정 시점의 주가와 기업의 1주당 순자산이 같은 경우이며 이 수치가 낮으면 낮을수록 해당기업의 자산가치가 증시에서 저평가되고 있다고 볼 수 있다. 즉, PBR이 1 미만이면 주가가 장부상 순자산가치(청산가치)에도 못 미친다는 뜻이다.
> PBR은 보통 주가를 최근 결산재무제표에 나타난 주당순자산으로 나눠 배수(倍數)로 표시하므로 주가순자산배율이라고도 한다.

다음으로 세력주, 작전주, 급등주 등으로 불리는 종목을 매매하는 방식에 대해 알아보자. 상한가 따라잡기도 같은 부류일 것 같다.

이런 주식의 경우 3가지 유형이 있다고 한다. 첫째 장기간 횡보하던 주식이 갑자기 거래량이 터지면서 급등(상한가 포함)하는 경우. 둘째, 대형호재라 판단되는 뉴스가 나온 경우. 셋째, 급등했던 주식이 눌림목 이후 재급등이 나오는 경우가 있다.

세력이 매집한 흔적은 아래와 같다고 한다.

첫째, 차트상 별다른 이유 없이 가끔씩 대량거래가 터진 흔적이 있는 종목.

둘째, 윗꼬리나 아래꼬리가 유난히 많이 보이는 종목.

셋째, 일정한 박스권을 크게 이탈하지 않는 가격대관리가 잘 이루어진 종목.

넷째, 호재나 악재가 있었던 구간에서 의심스런 흔적이 발견되는 종목.

매도는 다음의 경우에 하라고 한다.

첫째, 세력이 턴다는 느낌이 들 정도로 대량거래가 터지는 시점

둘째, 보조지표 등에서 신호가 나오는 시점.

셋째, 3일선이나 5일선이 깨지는 시점

넷째, 전일 종가 이하로 강한 하락이 나오는 시점.

다섯째, 윗꼬리가 크게 발생하는 불길한 전강후약 패턴 발생시.

그리고 마지막으로 이렇게 기술되어 있다.

"초보가 하기에는 리스크가 크며 어려움이 있다."

"충분히 공부한 후 도전하라."

"1년 이상의 충분한 반복훈련이 필요하다."

그 책의 저자도 초보는 힘들다고 언급을 했다. 참으로 어려운 매매방식이다. 아무리 주가가 급등을 해서 대박을 안겨 준다 해도 어려운 매매를 연습하

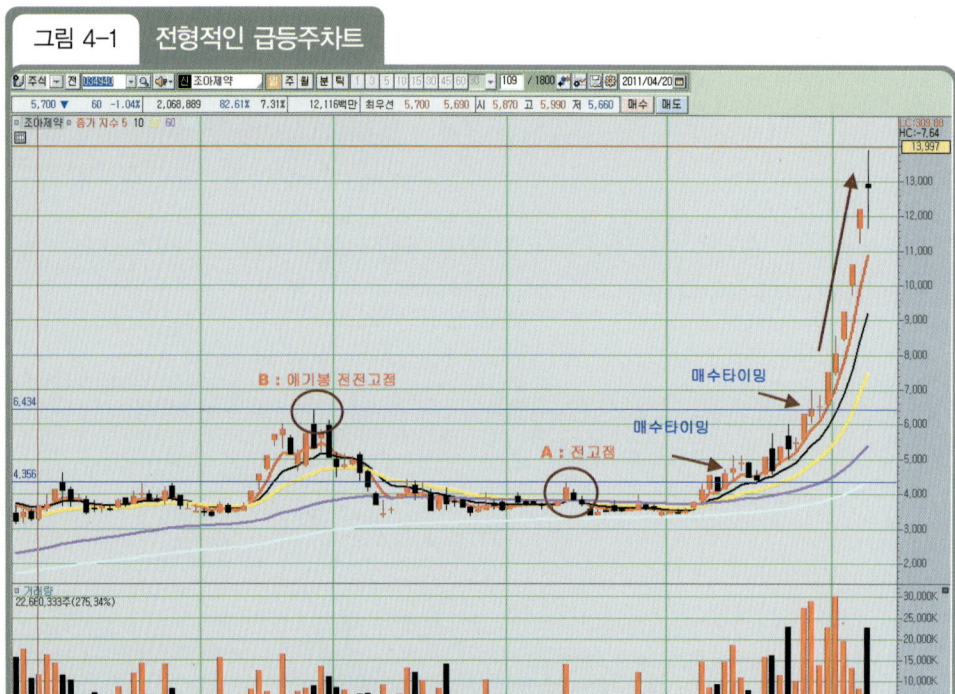

그림 4-1　전형적인 급등주차트

고 훈련한다는 것은 무모한 짓이라 생각한다. 【그림 4-1】을 한 번 보라.

　급등하기 전에는 전 고점 A를 넘어설지 의심스러워서 매수하기 힘들고 전 고점을 넘어서면 그 이전의 애기봉(작은 봉우리를 일컫는 주식시장의 속어) 고점 B를 넘어설지 조심스러워서 매수하기가 힘들 것이다.

　그것마저도 넘어서면 바닥으로부터 몇 배가 오른 종목을 따라붙을 용기가 생길까? 정상적인 사람이라면 구경만 하고 있을 것이다.

　상한가에 매수를 따라붙었어도 언제 상한가가 무너질지, 아니면 상한가에서 하한가로 돌변할지 알 수 없는 종목을 어떻게 매매 하겠는가?

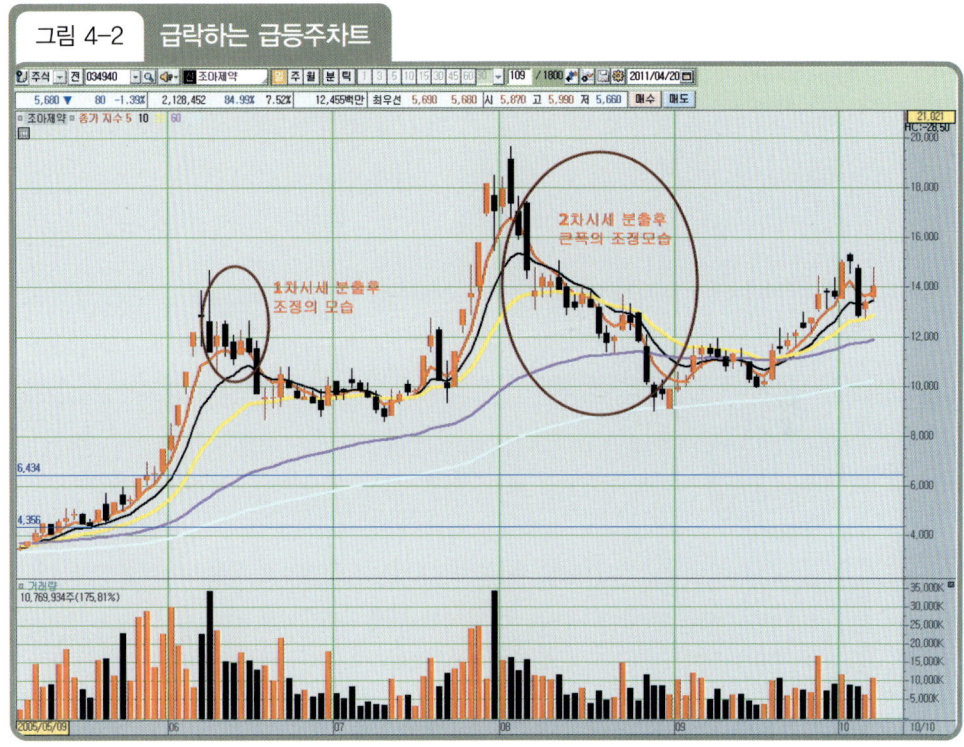

그림 4-2 급락하는 급등주차트

무서운 시세 분출이다. '어어~' 하고 닭 쫓던 개 지붕 쳐다보는 식의 구경만 하기 딱 좋은 모습이다. 전문가들은 매수타이밍에서 손절 설정하고 진입해야 한다고는 하지만 용기 있게 진입하는 사람들은 그리 많지 않을 것이다.

그리고 급등 후 폭락하는 모습을 【그림 4-2】에서 보자. 저런 종목은 '내 영역이 아니구나' 하고 다른 방식을 공부하는 것이 낫다.

필자는 급등주, 세력주, 작전주, 상한가주 같은 매매방식은 너무 위험한 것 같아 관심을 갖고 싶지가 않다. 급변하는 종목을 따라 잡으려면 순발력도 있어야 하고, 나름대로의 정보망도 있어야 하는데, 두 가지 모두 갖추고 있지 않아서 개미에게는 적합하지 않은 것 같다. 또 심한 흔들기인지 본격적인 하락세의 시작인지를 어떻게 판단을 해야 할지는 경험과 감각에 의존하라는 것이다. 너무나 불확실성이 커서 위험하다는 생각밖에 안 든다.

테마주매매도 마찬가지이다.

> **알아두면 좋은 상식**
>
> **테마주** : 어떤 특정 테마로 인해 움직이는 주식이다. 새로운 사건이나 현상이 발생하는 경우, 사람들의 관심이 갑자기 그 쪽으로 집중되는 경향이 있는데, 이와 마찬가지로 주식시장에서도 증권시장에 영향을 주는 큰 이슈가 생기면서 투자자들의 관심이 특정 재료에 집중해 그 재료와 관련된 종목이 관심주가 되어 상승세를 타게 되는데, 이런 종목군을 테마주라고 한다.
> 이 테마는 정치·경제·사회·문화는 물론, 계절이나 날씨·유행 등 다양한 현상에 의해 형성된다.

테마주를 매매하려면 많은 노력이 수반된다. 일단 관련 테마에 대한 기본적인 지식들을 공부해서 대장주가 어떤 종목인지, 또 다른 종목과 순위가 뒤바뀔 가능성은 없는지, 해당 테마가 발전하는 테마가 될지, 유행으로 그치고 말지 등을 면밀히 공부해야 한다.

테마만 해도 수십 가지가 넘는데 어떻게 공부를 다 할 것인지 궁금하다.

필자가 아는 테마만 해도 구제역 테마주, 원전관련 테마주, 유헬스케어 테마주, 황사관련 테마주, 새만금관련 테마주, 2차전지 테마주, 태양에너지 테마주, 남북경협 테마주, 세종시 테마주, 철도 테마주, 3D테마주, 스마트그리드 테마주, 자전거 테마주, 저출산정책관련 테마주, 평창올림픽 테마주, 안보관련 테마주, 황사테마주, 풍력테마주, 교육테마주, 전기차테마주, 4대강 테마주, 줄기세포 테마주 등등.

와~, 나열해 보니 많기도 많다. 책에는 기술적 분석을 전혀 모르는 초보도 가능하고 별다른 노력 없이 바로 매매가 가능하다고 쓰여 있다.

테마주는 특히 기술적 분석을 잘 알아야 한다. 다른 방식도 마찬가지이지만 기술적 분석을 모르고 주식매매를 한다는 것은 눈 감고 길을 걷는 것과 같이 위험천만한 일이다. 그리고 차트를 좀 볼 줄 안다고 해도 테마에 대한 기본적인 지식을 습득하는데 시간이 많이 걸리고, 그 테마가 어느 방향으로 진행될지는 아무도 모르기 때문에 예측이 불가능하다는 어려운 점이 있다.

작년에 코스닥 시가 총액 26위인 네오세미테크가 퇴출된 적이 있다. 여러분들도 신문기사를 봐서 알 것이다. 개인들의 투자비중이 약 72%에 달한 기업이라 피해가 속출했던 종목이다. 네오세미테크는 반도체 유통과 태양광 업체였다. 당시 지식경제부가 선정한 차세대 세계 일류상품 기업이 되며, 녹색성장의 선두주자로 큰 인기를 끌었던 기업이었다. 하지만 2010년 3월, 회계법인으로부터 상장폐지사유에 해당하는 감사의견 거절을 받고 퇴출위기에 몰렸다. 회계 법인이 변경되면서 부실이 수면 위로 드러났고 멀쩡하던 회사가 5개월 만에 분식회계 기업으로 전락한 것이다. 이후 3개월 동안 시간을 벌었지만 결국 재감사에서 퇴출되었다.

상장폐지가 되면 어떤 절차를 밟게 되는지 아는가? 한 주당 8500원짜리 주식이 300원대에 정리매매를 하다가 150원으로 마감을 했던 것으로 기억한다. 시가총액 4000억의 주식이 98% 내린 가격으로 정리가 되었으니 개미투자자들은 억장이 무너졌을 것이다.

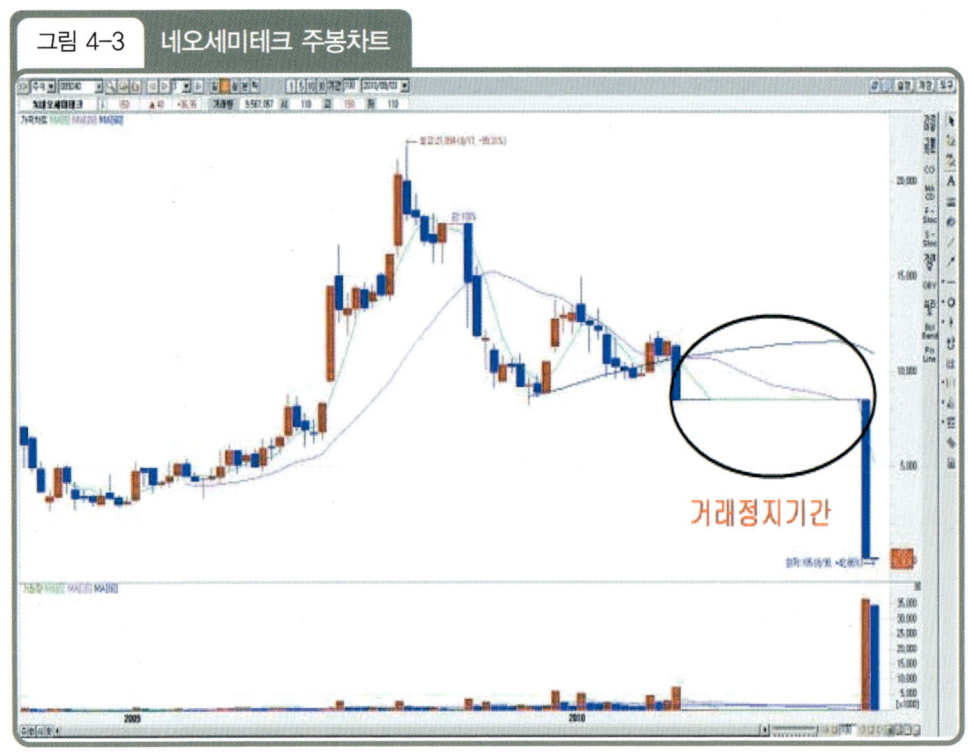

그림 4-3 네오세미테크 주봉차트

모든 테마주 주식들이 위험한 종목이라는 것은 아니다. 하지만 테마만 바라보고 있다가 위험에 빠지게 될 수도 있다는 말을 하고 싶은 것이다.

【그림 4-3】은 그 당시 네오세미테크의 주봉차트이다. 이제는 HTS에서 조회도 할 수 없으니 옛날에 캡처해 놓은 차트밖에 볼 수 없다.

정말 무섭다는 것을 알 수 있다. 어설프게 테마주 매매를 해서는 안 되는 이유를 극명히 보여주는 사례이다.

그러니까 테마주도 일종의 세력주라고 보면 된다. 초보자가 하기 힘든 매매 방식은 가급적 안 하는 것이 좋다. 접근하기도 힘든 방식을 위험을 안고 해야

알아두면 좋은 상식

상장폐지와 정리매매 : 상장폐지 되면 7일간 정리매매를 거친다. 상장폐지는 상장회사가 매매거래 대상으로서 적정요건을 충족하지 못하면 한국거래소가 절차를 거쳐 상장사 자격을 박탈하는 것을 말한다.

상장폐지에도 다양한 이유가 있다. 상장폐지의 대표적인 사유는 자본잠식, 감사의견 거절, 사업보고서 미제출 등이다.

자본금 잠식과 법인세비용차감전계속사업손실로 인한 상장폐지는 감사보고서 제출 만료일인 3월 31일까지 자구이행 감사보고서와 문제가 해결된 재무제표를 제출하면 실질심사를 통해 구제될 수도 있다. 자본금 50% 이상 잠식 기업의 경우는 관리종목으로 지정하고 2년 동안 계속되면 상장폐지에 들어간다.

감사의견 거절의 경우는 통보일로부터 1주일 이내에 해당기업에서는 이의신청이 가능하다. 그러나 이의신청이 없으면 곧바로 상장폐지 절차가 진행된다. 계속기업존속능력 불확실성으로 인한 의견거절의 경우는 사업보고서 제출일로부터 10일 이내인 4월 11일까지 문제가 해소된 감사보고서를 제출하면 상장폐지를 면할 수 있다.

사업보고서 미제출의 경우는 오는 4월 1일부터 관리종목으로 지정돼 거래가 정지된다. 이후 10일 이내인 4월 11일까지 감사보고서를 제출하지 않으면 이의 신청 없이 상장폐지 절차에 들어간다.

보통 한 기업이 하나 이상의 사유로 상장폐지 사유가 발생해 구제받기 어려운 경우가 많다. 29일 한국거래소에 따르면 코스닥업체 중 상장폐지 사유가 중복 발생한 기업이 전체 20개사 중에서 11곳에 달한다.

상장폐지가 되는 코스닥 기업들은 어떤 처분을 받을까. 한국거래소는 상장폐지가 되는 종목이라 하더라도 주주들에게 마지막으로 환금할 기회를 주기 위해 매매거래일을 기준으로 7일간 매매거래를 허용한다. 이른바 정리매매 기간이다.

그러나 30분 단위의 단일가 매매로 하루에 13번 매매체결이 이뤄지기 때문에 환금하기가 쉽지 않은 것이 현실이다. 또 정리매매에는 가격제한폭(15%)을 두지 않는다. 따라서 주가가 큰 폭으로 오르거나 떨어져도 이상 급등종목으로 지정되지 않아 사실상 큰 폭의 손실을 입기 마련이다.

할 이유가 없는 것이다. 정상적인 매매를 통해 꾸준하고 안정된 수익을 내는 것이 중요하지, 대박만을 쫓아다니면서 이리 휩쓸리고, 저리 휩싸이다 보면 이 시장에서 퇴출당하기 쉬운 것이다. 오로지 유망할 것이라는 기대만을 가지고 투자한 개인투자자들이, 자신들이 만들어 놓은 거품 속에 빠져 허우적대는 모습을 쉽게 볼 수 있다. 테마의 광풍이 지나가고 난 후의 허탈한 모습을 보라.

한때 외국인 매매를 따라하는 것이 유행한 적이 있다.

국내 시장에 막강한 영향력을 행사하고 있는 외국인의 포지션을 그대로 흉내 내어 이익을 실현하고자 하는 기법이다. 매수하고자 하는 종목들의 외국인 평균단가와 최초로 외국인들이 매수하는 종목들의 매수물량들을 실시간으로 지켜보며, 외국인들과 되도록 보폭을 맞추어 매수하기 시작하는 기법이다.

개인들보다는 기관, 기관보다는 외국인의 파워가 막강하기 때문에 잘만 하면 괜찮은 기법이 될 수도 있지 않을까? 어차피 외국인 및 기관 매매동향은 중요하니까 매력이 있어 보인다.

하지만 외국인 매매를 따라하는 것에는 문제점이 많다. 우선, 외국인들을 하나의 집단으로 생각하는 것은 무리가 있다고 생각한다. 외국인 매수세력도 나라별, 운용집단별로 다양할 텐데 똑같은 매수집단으로 생각하는 것은 문제가 있는 것이다. 그리고 외국인의 평균매수단가의 기준이 언제부터 언제까지인가에 대한 모호함이 있다. 외국인 매수세력이 하나의 집단이 아니고, 또 매수를 언제부터 산정해서 평균단가를 구해야 하는지도 애매하다는 말이다.

그리고 제일 중요한 착각은 외국인이 일정 평균단가로 매수했다고 해서 손절매하지 않고 계속 버티라는 법은 없다는 것이다. 오히려 뜻밖의 악재나 시장상황 때문에 냉정하고 잔인하게 손절매할 수 있다.

'설마 외국인 자신들도 매수한 평균단가가 있는데 이렇게 낮은 가격에 팔 겠어?' 하는 생각으로 일관하다가는 낭패당하기 쉽다. 외국인과 기관의 매매 추이를 살피는 게 중요한 것이지, 외국인 매매를 무작정 따라하는 것은 문제가 많은 것이다.

그럼 종가주 매매방식은 좀 어떠한가?

종가주 매매는 장중 단기매매를 하던 종목을 익일 유망하다고 판단되면, 즉 세력이 들어옴을 감지하였다거나 종합주가지수의 추가적 상승이 이어질 여건이 되면 종가에 매수해서 홀딩(holding : 보유)한 후 다음날 시가나 장중에 매도하는 전략이다.

책에는 이렇게 쓰여 있다.

첫째, 갭상승 음봉이 많은 종목을 노려라.

둘째, 윗꼬리 없는 장대 양봉을 노려라.

셋째, 5일 이동평균선 위 밑꼬리 있는 음봉을 노려라.

넷째, 20일 이동평균선과 5일이동평균선이 수렴하고 거래량이 점증하는 종목을 노려라.

다섯째, 종가주 매매가 적합한 장세인지 따져라

첫 번째는 전강후약의 패턴을 보이는 종목을 노리라는 것이다. 즉 장초반에는 강하게 출발을 했다가 장 후반에 밀리는 패턴을 보이는 종목을 매매대상으로 삼으라는 이야기이다. 당일에 '후약' 일 때 매수해서 다음날 '전강' 일 때 매도하라는 것이다. 하지만 이런 패턴의 종목은 자칫 역배열로 접어들기 시작

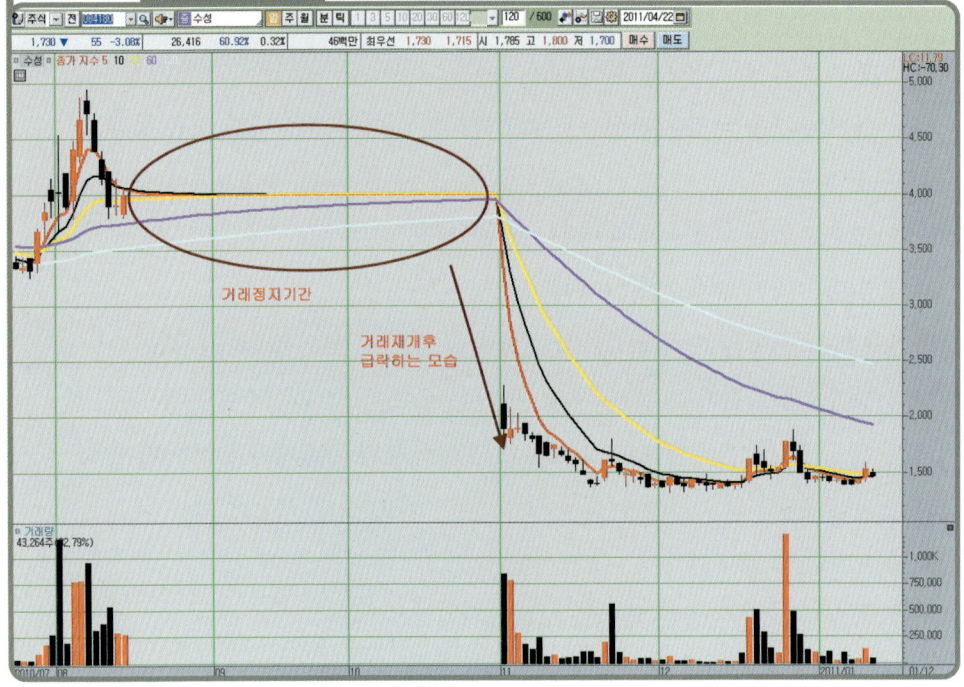

하는 종목일 가능성이 많아서 위험하다.

두 번째는 장중에 윗꼬리가 없이 상승을 하고 있던 종목은 매수세가 강하다는 이야기이고, 더구나 장 막판에 강하게 끌어 올려서 장대 양봉을 만드는 종목이라는 것인데, 이런 종목은 종가주 매매가 아니라도 관심을 가져야 하는 종목인 것이다.

세 번째는 상승을 하던 종목이 5일 이동평균선의 지지 여부를 확인하는 과정에서 음봉을 형성할 수도 있는데, 이런 음봉이 밑꼬리를 단다는 것은 강한 매수세가 유입되는 것이기 때문에 견조한 조정을 받는 모습이다. 이런 종목은 종가주 매매기법이 아니더라도 눌림목 매수 종목으로 봐야 한다.

네 번째는 이동평균선이 수렴했다가 확산하는 종목이 거래량까지 수반되면 당연히 매수 관점에서 대응을 해야 하는 종목인 것이다.

다섯 번째는 다음 날의 주가상승을 예측하라는 이야기인데, 내일 장을 정확히 예측할 수 있는 사람은 없다. 더군다나, 개인들이 장세를 예측한다는 것은 상당히 어려운 일이니 조금은 황당한 조건인 것을 알 수 있다. 특별한 비법이 있는 것 같았는데 별다른 기법이 아니라는 말이다.

필자가 아는 지인은 과거에 종가주 매매를 하다가 큰 곤욕을 치룬 이야기를 들려준 적이 있다. 평소 종가주 추천을 하는 ARS를 듣고 3~5%정도의 수익을 거두고 있다가 【그림 4-4】에서 나오는 종목을 매수해 약 3개월 동안 마음고생을 엄청나게 했다는 이야기이다. 3개월 동안 마음고생이 심했을 뿐만 아니

수성, 200억대 횡령사건에 상장폐지 위기 시총의 61%… 매매 정지

2010.08.16. 서울경제

코스닥기업 수성이 자기자본의 절반에 가까운 대규모 횡령사건으로 상장폐지 위기에 처했다. 수성은 16일 장 시작 전 공시를 통해 "200억 원 규모의 직원 횡령이 발생했다"고 밝혔다. 이는 자기자본(406억 원)의 49.18%에 해당하며 시가총액(328억 원)의 61%에 달하는 금액이다. 이에 따라 한국거래소는 수성 주식에 대해 매매거래 정지와 상장폐지 실질심사 대상 여부 확인 등의 조치를 취했다.
수성의 한 관계자는 "현재 횡령 직원의 신변을 확보해 횡령자금을 회수할 계획이지만 어느 정도 회수가 가능한지는 불확실하다"며 "관련자 고발, 경영 정상화 등 자구대책을 마련할 것"이라고 말했다.

수성의 개인투자자들은 각종 인터넷 게시판을 통해 "전기자동차 테마라더니 횡령이 웬 말이냐" 등의 원성을 쏟아내고 있다. 수성은 중소형 전동지게차·리프트 등 물류장비 전문업체지만 지난 6월 '전기자동차용 급속충전기 개발' 소식을 알리며 증시에서 전기자동차 테마업체로 주목을 받았다. 이후 개인투자자들의 투자가 이어지며 6월 말 이후 현재까지 주가도 9.89% 오른 상황이다.

이와 관련, 거래소 측은 상장폐지 실질심사 대상이 되는지를 결정하기까지 수성에 대한 종합적인 검토를 진행하겠다는 입장이다. 거래소 코스닥시장본부의 한 관계자는 "다음달 6일까지 매매 정지하고 횡령이 회사에 미치는 재무적 손실의 규모를 포함해 기업 경영의 계속성, 재무구조의 안정성, 기업 경영의 투명성 등을 종합적으로 심사할 것"이라며 "그 이후 상장폐지 실질심사 대상 여부가 결정된다"고 설명했다.

수성, 상폐위기 모면 후 이틀연속 '급락'

2010.11.02. 아시아경제

한국거래소 코스닥시장본부로부터 상장폐지기준 미해당 판정을 받아 매매거래가 재개된 수성이 2거래일 연속 급락세를 이어가고 있다.

2일 오전 9시40분 현재 수성은 전 거래일 대비 110원(5.79%) 하락중이다. 수성은 전날에도 220원(10.38%) 급락한 1900원에 거래를 마쳤다.

한편, 코스닥시장본부는 지난달 29일 기업의 계속성 및 경영의 투명성 등을 종합적으로 고려한 결과 수성이 상장폐지기준에 미해당 된다고 밝힌 바 있다.

라 거래가 재개되고 나서도 손실이 컸다고 한다.

이상에서 살펴보았듯이 개미들은 대세상승기에서만 우량주 스윙매매나 중장기투자를 하면서 수익쌓기를 해야 할 것 같다. 자신만의 툴을 개발하고, 자신만의 매매원칙을 지켜나가면 작게 작게 수익을 실현시켜 나갈 수 있는데, 대박을 노리는 심정으로 이 방식, 저 방식을 따라하다 보면 죽도 밥도 안 될 것이다.

단순화된 자기 매매방식을 잘 닦아 나가는 게 중요한 것 같다. 이런 것들을 실천할 자신이 없으면 이 단계에서 그만 포기하라. 자신의 매매방식조차도 확립하지 못한 채, 오늘은 이 방식을 따라해 보고 내일은 저 방식을 쫓아다니다 보면 자신의 계좌가 깡통으로 전락하는 것은 명약관화한 일이다.

Chapter 03

HTS를 다시 공부하고 익히자

　나름대로 주식실전투자에서 성공하기 위해서 해보지 않은 방법도 없는 것 같은데 그다지 효과도 못보고 답답할 뿐인 것이 개미들의 현실이다. 결국은 자신이 스스로 연구하고 노력해서 나만의 매매기법과 원칙을 확립하는 것이 답일 것인데, 그게 말처럼 쉬운 일도 아니다.

　주식실전투자에서 실패하지 않기 위해서는 나만의 매매기법과 나만의 매매원칙을 정립하는 것이 중요하다. 그러기 위해서는 제대로 된 매매툴의 세팅이 우선되어야 한다. 그러나 개미투자자들의 경우 거의 대부분이 자기가 거래하고 있는 증권사의 HTS를 특별한 가공 없이 쓰고 있는 것이 문제이다.

　지금까지 HTS에 대해서는 그렇게 심각하게 생각하여 본 적이 없을 것이다. 증권사에서 제공하는 HTS는 대개 다 비슷하긴 하지만 내 HTS가 어떤 문제점이 있는지, 있다면 어떤 소프트웨어를 갖춘 HTS를 써야 하는지 궁금하지 않은가?

　증권사에서 제공하는 HTS 자체에 심각한 문제점은 거의 없다. 다만, 그것을 제대로 활용할 줄 모르는 것이 문제이다.

　어떤 증권사의 HTS이든 매뉴얼을 보면 그야말로 다양한 기능들을 설명하고 있다. 이러한 기능들 중 자신에게 필요한 기능들을 선별하여 자신만의 특화된 투자기법을 나타낼 수 있는 매매툴로 바꿀 수 있어야만 최신형의 무기로 업그레이드 할 수 있는 것이다. 주식시장에서 최신 무기란 곧 제대로 된 매매툴이다.

　제대로 된 매매툴이 세팅되어야만 거기서 나만의 투자기법을 이끌어 낼 수 있는 것이다. 그러한 투자기법을 바탕으로 나만의 매매원칙을 만들고 이를 실전 매뉴얼화하여 지킬 수만 있다면 주식투자에서 최소한 손실은 보지 않으리라 장담한다.

　증권사 HTS에 대해 공부를 많이 해야 한다. 최근에는 증권사별로 홈페이지에서 자기네 회사 HTS 교육에 관한 동영상 강의가 많이 설치되어 있다.

　K증권의 경우 아예 교육사이트가('하우투 스탁') 별도로 개설되어 있어서 초보자가 접근하기 쉽게 안내하고 있다. 지금 자신이 거래하는 증권사 홈페이지를 방문해 보라.

　그리고 강의에서 다룰 수 없는 다양한 내용들은 HTS를 많이 다루어 봄으로써 해결되는 것이니까, 시간과 노력을 HTS에 투자하라. 역시 그럴 시간과 열의가 없다면 구식소총을 가지고 최첨단전투에 임하는 것과 같음을 명심하라.

Chapter 04
이제 위험한 종목은 관심종목에서 삭제하자

아래의 신문기사를 보자. 한 해에도 몇 십 개씩 투자자들을 울리는 종목들에 대한 기사이다.

증시퇴출 쓰나미… 21사 상장폐지 사유 발생

2011.03.24. 머니투데이

21개 상장사에 상장폐지사유가 발생하는 등 무더기 증시퇴출이 예고되고 있다.
24일 한국거래소에 따르면 이날 5시 30분 현재까지 감사의견 거절, 자본잠식 등 상장폐지사유가 발행한 상장사는 유가증권시장 5개사, 코스닥시장 16개사 등 총 21개로 집계됐다.

무더기 퇴출 현실화

유가증권시장에서는 봉신, 셀런, 성지건설 등 3개사가 자본잠식으로, 아티스, 오라바이오틱스 등 2개사는 감사의견 거절로 상장폐지 사유가 발행했다.

현재까지 감사보고서를 제출하지 않은 유가증권시장 상장사는 다산리츠, 셀런, 알앤알바이오, 이케이에너지, 티엘씨레저 등 5개사다. 12월 결산법인의 감사보고서 제출 시한은 지난 23일이었다.

또한 코스닥시장에서는 무려 16개 상장사에 상장폐지 사유가 발생했다. 자본잠식, 법인세비용차감전 계속사업손실, 감사범위제한 의견거절 등 중복 사유가 발생한 곳이 대부분이다.

중앙디자인, 대선조선, 엠앤에프씨, 스톰이앤에프, 한와이어리스 등은 자본잠식으로 퇴출 명단에 이름을 올렸다. 대선조선과 엠앤에프씨는 법인세비용차감전 계속사업 손실로 인한 사유까지 발생했다.

세븐코스프, 제일창푸, 넥서스투자, 트루아워, 맥스브로, 중앙디자인, 스톰이엔에프, 유니텍전자, 지앤알, 뉴젠아이씨티, 한와이어리스, 엔빅스, 씨모텍은 감사범위제한 의견거절로 퇴출위기를 맞았다.

계속기업존속능력 불확실성으로 인한 감사의견 거절을 받은 상장사는 BRN사이언스, 세븐코스프, 스통이앤에프, 중앙디자인, 맥스브로, 유니텍전자, 지앤알, 한와이어리스다.

코스닥시장에서 현재 감사보고서를 제출하지 않은 상장사는 모두 15개사다. 피엘에이, 지노시스템, 포휴먼, 에코솔루션, 유비트론, 디패션, 선도소프트, 게임하이, 나이스메탈, 엠엔에프씨, 대국, 토자이홀딩스, 알티전자, 금성테크, 엠하이테크 등이다. 히스토스템은 한정의견을 받아 겨우 퇴출을 면했다.

이날 감사보고서 미제출 기업들의 주가는 장 초반부터 하한가로 떨어지는 등 일제히 급락세를 보였다. 이에 따라 이들 기업들은 미제출 사유를 공시하며 진화에 나섰다. 게임하이의 모회사인 넥슨은 "주주총회 전 공시하는데 전혀 문제가 없다"며 "국제회

계기준(IFRS)로 인해 해외부분 집계에 시간이 소요돼 제출이 늦어지고 있다"고 해명했다. 선도소프트도 "외부감사인의 내부심리가 진행중이어서 공시가 지연되고 있다"고 밝혔다.

하지만 제출시한을 넘겼던 유가증권시장 오라바이오틱스, 코스닥시장의 엔빅스와 씨모텍이 이날 의견거절로 퇴출명단에 새로 추가되는 등 미제출 기업중 상당수는 상폐위기에 직면할 가능성이 높은 상황이다.

거래소에 따르면 지난해 감사보고서 제출시한을 넘긴 12월 결산 상장사는 코스피 11개, 코스닥 45개 등 총 56개였다. 코스닥에서는 45개중에서 69%인 31개사가 상장폐지 되었다.

탈출방법 있나?

상장폐지 사유가 발생해도 당장 퇴출되지는 않는다. 상장폐지 사유별로 다소 다르지만, 구제의 길이 있긴 있다. 하지만 퇴출이란 벼랑 끝에 몰린 상장사들의 상황이 상장폐지 사유를 해소하기에는 역부족인 경우가 많아 대부분 퇴출 운명을 맞는다.

감사의견거절 등 상장폐지 사유가 발생하면 통보일로부터 7일 이내에 이의신청을 제기할 수 있다. 물론 이의신청이 없으면 바로 상장폐지 절차가 진행된다.

자본잠식과 법인세비용차감전 계속사업손실로 인한 상장폐지 사유가 발생할 경우 감사보고서 제출 만료일인 이달 31일까지 자구이행 감사보고서와 문제가 해소된 재무제표를 내면 실질심사를 통해 구제될 수 있다.

또 계속기업존속능력불확실성으로 인한 의견거절로 상장폐지 사유가 발생한 경우 사업보고서 제출일로부터 10일 이내로 문제가 해소된 감사보고서를 제출하면 된다.

사업보고서상 필수 첨부서류인 감사보고서가 첨부되지 않았을 경우에는 사업보고서를 미제출한 것으로 간주된다. 이 경우는 4월 1일부터 바로 관리종목으로 지정돼 거래가 정지된다. 이후 10일 이내에 감사보고서를 제출하지 않을 경우 상장폐지사유가 발생하며 이의신청 없이 곧바로 상폐절차에 들어간다.

여러분들도 기사를 보면 이런 종목에 투자한 개인투자자들은 얼마나 속을 썩일까 짐작이 갈 것이다. 필자가 아는 지인이 기사에 나오는 종목을 거래하다 손실을 많이 보고 은둔상태에 들어갔다. 【그림 4-5】와 【그림 4-6】을 보라. 한때는 만 원대에 거래가 형성되던 종목이 지금은 100원 대에서 거래되고 있다. 물론 그분은 600원 대에 거래를 하다가 봉변을 당했지만.

600원대에 매수를 했어도 100원대까지 하락하면 손실률이 엄청난 것이다. 1000원대로만 상승하면 엄청난 수익을 거둘 수 있겠다는 욕심이 저가주를 매

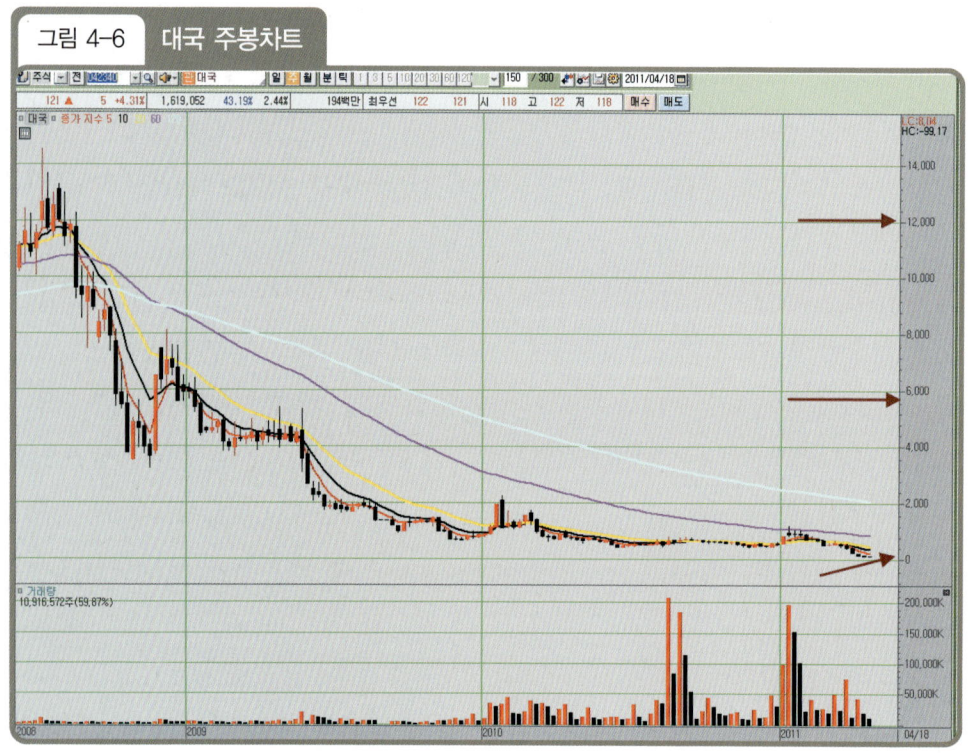

그림 4-6 대국 주봉차트

수하게 되는 이유이다. 600원이던 주식이 1200원이 되기는 쉬워 보인다. 600원만 올라가면 되니까. 반대로 6만 원하던 주식이 12만 원까지 상승하기는 어려워 보인다. 6만 원이나 상승해야 하니까. 하지만 100%상승은 똑같은 것이다. 개인들이 착각하는 것 중 하나가 '주식수의 착각'이다.

같은 자금으로 600원하는 주식은 엄청나게 많은 수량을 살 수 있고, 6만 원하는 주식은 적은 수량을 사니까 고가주를 매입하면 상승률 대비 수익률이 떨어질 것 같은 착각을 하기 쉽다.

하지만 같은 투자금액으로 주식수를 다르게 매수하더라도, 똑같은 상승률

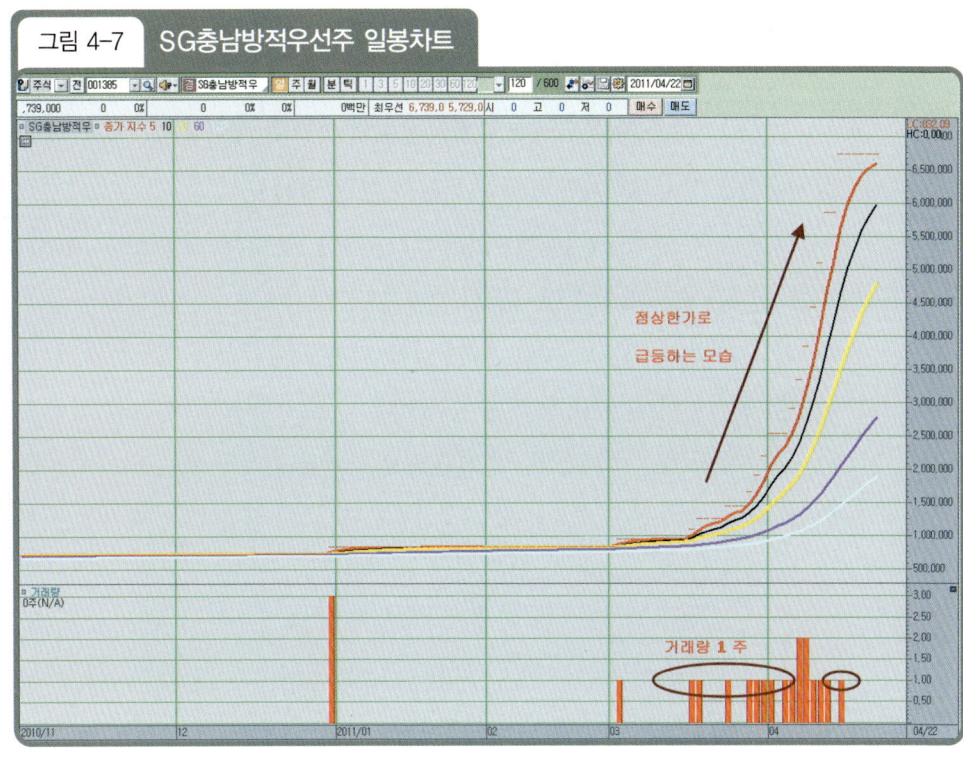

그림 4-7 SG충남방적우선주 일봉차트

이라면 투자자금 대비 수익률은 같은 것이다. 저가주를 많이 산다고 해서 수익률이 올라가는 것이 아니라는 것이다. 저가주는 재무구조가 부실한 경우가 많아 위험한데 대박환상에 대한 착각 때문에 개인들이 선호한다. 거기에 고급정보라는 유혹까지 겹쳐져서 언제 상장폐지 될 지도 모르는 폭탄을 안고 매매를 하는 것이다. 앞으로는 절대 저가주, 부실주, 관리종목, 감리종목, 동전주(동전으로도 한 주를 매수할 수 있다는 의미의 증시속어) 등은 매매해서는 안 된다. 아예 관심종목에서 빼버리자.

그리고 이상 급등하는 우선주도 제외시켜라. 【그림 4-7】을 보라. 1株거래로 상한가 행진을 하는 SG충남방적 우선주의 일봉 차트이다. 실질적인 유통 물량이 10여 주에 불과한 우선주가 투자경고 종목 지정에도 아랑곳하지 않고 상한가 행진을 지속해 600만 원까지 급등한 차트이다.

이런 종목을 우연히 선취매해서 대박의 신화를 쓸 수도 있겠지만, 거꾸로 이런 종목을 잘못 매매했다가 급락할 경우 엄청난 손실을 볼 수 있다는 것은 삼척동자도 아는 사실이다. 이런 종목은 1株 거래로 상한가를 만드는데, 팔려고 하면 하한가에도 안 팔리게 되는 종목이다.

우선주는 통상 보통주보다 몇 십 퍼센트 할인되어 거래가 되는데 이 종목은 엄청난 시세를 형성하고 있다. 하지만 정말로 위험한 종목이다. 필자는 배짱이 없어서 이런 종목을 매수할 엄두도 못 내겠다.

그리고 상장초기의 종목은 최소 6개월은 지나서 관심을 갖기를 바란다. 어떤 종목이 상장되면 그 기업의 성장가능성에 초점을 맞추어 장밋빛 미래를 제시한다. 그래서 시장에서 두각을 나타나기 전에 선취매를 해야 할 것 같은 초조감에 추격매수를 한다. 그런 마음이 어떤 결과를 초래하는지 【그림 4-8】을 보고 생각해 보라.

물론 이 종목은 상장시기가 2007년 종합주가지수가 고점이던 시기였고, 그 뒤로 미국발 금융위기로 종합주가지수가 급락하던 시기가 맞물려 주가가 힘없이 무너지는 양상을 보였던 종목이다.

하지만 시기가 불운했다고 하더라도 시장에서 그 종목에 대한 충분한 기간의 객관적인 평가가 내려지기 전이었기 때문에 성급히 관심종목에 편입시켜서는 안 되는 것이었다. 충분한 기간에 걸쳐 가격이 형성되고 나서 매매를 해

그림 4-8 에코프로 주봉차트

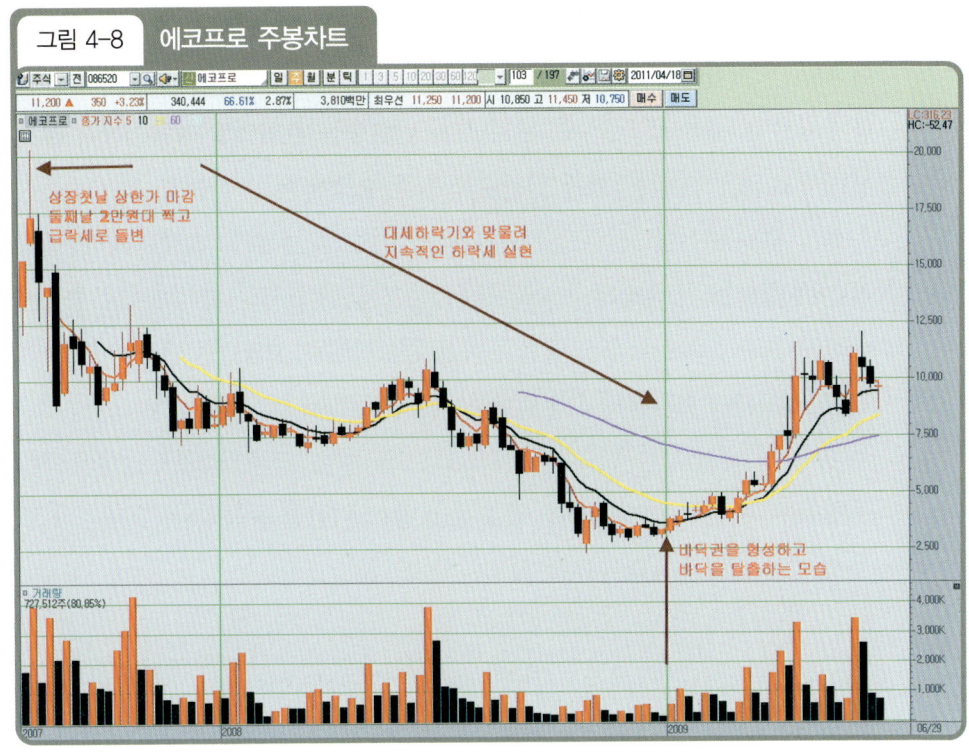

도 늦지 않았는데 욕심이 앞서고 뒤늦은 정보에 현혹되어 선취매를 하였던 것이다.

이 종목은 상장 첫 날 상한가로 마감했고, 그 다음날 2만 원대까지 상승했다. 그때 추격매수한 사람은 엄청난 손실을 보았다. 앞으로 상장초기의 종목들은 시장에서의 냉정한 평가를 거친 후에 관심을 가져야 할 것이다.

우리가 관심에서 제외해야 하는 종목의 조건에 대해 알아보았다. 실전 경험이 적은 투자자일수록 매매 종목을 우량주에 한정해야 한다. 우량주는 변동성이 적어 초보자들도 그 폭을 감내할 정도이고 기관이나 외국인의 보유분이 많기 때문에 저점에서 지지될 확률이 높다.

    우량주만 매매해도 종목은 넘쳐난다. 관심종목에 편입할 종목이 많은데도 불구하고 자꾸 이상한 종목에 눈길을 줘서 깡통을 차곤 하는데 그런 종목은 도움이 되질 않는다. 손실로 이어지는 처절한 경험을 하고 나서야 이런 종목을 매매해서는 안 되겠구나 깨닫지 말고, 지금부터라도 내가 매매할 종목에 대한 가치관을 확실히 확립하기를 바란다. 우량주가 아닌 종목들을 매매하게 되면 여러 가지 부작용이 수반된다는 것을 명심하길 바란다.

    저가주, 부실주, 이상급등주 등 위험한 종목은 관심종목에서 제외시켜라.

05 Chapter

나만의 매매툴로 나만의 매매원칙을 다시 정립하라

　매매툴을 만들 수 있는 도구는 매우 많다. 그러나 기법은 단순할수록 좋은 것이다. 복잡한 기법은 오히려 독약이 되기 쉽다. 기법이 단순하면 매매원칙도 단순해진다. 보조지표를 많이 참고하는 복잡한 기준을 정하면 매수와 청산에 신속하고 명확한 판단을 내리기 어려워 실전에 별 쓸모가 없다. 주식투자는 단순할수록 성공할 확률이 높다. 단순함이 복잡함을 이긴다는 원리를 깨달을 때 비로소 수익구조로 갈 수 있는 매매툴이 만들어진다.

　시장에서 깨져가면서 기법을 만들려고 헤매다 보면 매매툴은 점점 복잡해져간다. 매매툴이 복잡하니 매매원칙 역시 복잡해질 수밖에 없는 것이다.

　개미들은 초기에는 잘 몰라서 매매툴이 간단했는데 나중에 점점 더 알다 보면 복잡해져서 매매에 실패를 경험하고 나서야 결국은 '단순한 게 이기는 것이다'라는 진리를 깨닫게 된다. 결론적으로 단순화된 매매툴을 통하여 '나만의 투자기법'이 만들어질 수 있는 것이 아닌가 하는 생각이 든다.

주식시장에서 전략 내지 전술은 바로 '나만의 투자기법'을 의미한다. 개인투자자는 시장에서 외로운 저격수이다. 저격수는 총알 한 방으로 적을 쓰러뜨려야 한다. 필살의 저격에 실패하면 자신이 죽을 수밖에 없다. 총알 한 방으로 적을 쓰러뜨리기 위해서는 세력들이 사용하는 인해전술식 병법이 아니라 정교하고도 확실한 자기만의 기법이 있어야 한다. 이러한 나만의 투자기법은 바로 잘 짜여진 매매툴을 기반으로 만들어진다.

이 무기를 실전에서 어떻게 활용할 것인가 하는 투자기법과 아울러 매매원칙을 정립해야만 주식시장에서 살아남을 수 있기에 지금부터의 시간들은 매우 중요하다고 할 수 있다.

아시다시피 주식시장에서 승리하기 위해서는 대중의 머리나 어깨 위에 있어야 한다. 즉, 다른 개미투자자와 같아서는 이 시장에서는 결코 승리할 수 없다는 이야기다. 결론적으로 '단순화된 나만의 투자기법'을 가지고 이 투자기법에 따른 '나만의 매매원칙'을 만들 수 있을 때 주식시장에서 진검승부사로 다시 탄생할 수 있는 것이다.

정말로 '나만의 매매원칙'을 만들어 이를 지키고 실천할 수 있을 때 비로소 주식시장에서 성공할 수 있는 길이 열리지 않나 싶다. 여러분들도 투자기법이나 매매원칙을 매뉴얼화할 수 있도록 끊임없이 노력해야 한다. 이러한 길고도 먼 길을 걸어갈 자신이 없으면 지금이라도 늦지 않았으니 주식시장이라는 버스에서 하차하기를 바란다.

투자기법이 완성되기 위해서는 자신의 원칙을 지키는 절제력이 매우 중요하다. 중요한 원칙을 세워놓고 자신을 통제하며 실천해 나가는 것이 무엇보다 중요하다. 이런 점들이 선행되지 않으면 주식투자에서의 성공은 요원할 따름이다.

Chapter 06

대세상승기와 하락기를 구분할 수 있는 안목을 키워라

주식투자에 있어서 현 장세를 파악하는 것이 무엇보다도 중요하다. 지금의 시장이 대세상승기인지, 대세하락기인지를 파악해야 나의 대응 전략이 달라지기 때문이다.

종합주가지수를 예측하라는 것이 아니라 지금의 상황이 어떤 장세인가를 파악하라는 것이다.

시장의 방향을 판단하는 최선의 방법은 종합주가지수나 다우존스지수 등을 통해 시장 전반의 움직임이 매일 어떻게 변하는지를 해석하고, 이해하려고 노력해야 한다. 시장이 앞으로 나아갈 방향을 예측하는 것은 어려운 문제이고, 노력한 것에 비해 효율성도 떨어진다. 하지만 시장의 흐름을 정확히 파악하고 있어야 주식에 대한 비중이나 보유기간의 결정, 관심종목의 범위 등이 달라질 것이다.

그렇다면, 어떻게 대세상승기인지, 대세하락기인지를 파악해야 할까?

종합주가지수의 월봉, 주봉 차트로 큰 흐름을 파악하고, 각 업종 차트로 상승, 하락, 횡보 업종을 파악해야 한다. 그러고 나서 지금의 국면이 대세하락기이면 모든 주식을 정리하고 쉬어야 한다. 대세하락기에는 특별한 종목이 아닌 이상 수익을 내기 어렵다는 것은 아주 명백한 사실이다. 그런 용단을 내릴 수 없는 사람은 대세하락기의 비참한 최후를 경험하고 나서야 뒤늦게 후회를 하게 된다.

하지만 대세상승기라고 판단이 들거나, 대세하락기의 말미라고 생각이 들면 그때부터 주식의 종목을 잘 선정하여 매매에 임하면 된다. 물론 우량주에 한해서이다. 우선 대세상승기로 접어드는 시점에서 또는 대세상승기가 진행 중이라는 판단이 서면 각 업종의 일봉 차트로 상승업종을 점검하여 시장의 큰 흐름과 같은 장세로 진행되는가를 확인해야 한다. 그리고 각 종목의 일봉 차트로 상승 업종 내 주도주가 무엇인지를 찾아내야 한다. 찾은 종목을 가지고 30분 차트로 단기 추세를 확인하여 매수타이밍을 노리면 된다.

대세상승기에도 주식보유비중이 100%를 채우지는 않는 것을 원칙으로 한다. 대부분의 개인들은 현금을 가지고 있으면 주식 상승에 대한 기회를 놓치는 것 같은 불안감에 자꾸 주식을 채우려고 하는데 올바른 투자방법이 아니다. 현금이 전혀 없으면 좋은 기회가 왔을 때 실탄이 없어 구경만 해야 하는 경우가 발생되니까, 절호의 타이밍이 아니라면 현금비중은 최소한 20% 정도 유지를 해야 한다.

그리고 대세상승기에는 보유기간이 좀 경과했어도 종목의 추세가 유지되고 있으면 호흡을 길게 가져가야 한다. 조급한 마음으로 수익을 짧게, 짧게 실현하다보면 대세상승기라는 황금시기에 조그마한 수익만을 향유할 뿐이다. 거꾸로 성급한 청산은 추격매수의 원인이 되기 쉽다.

또한 보유종목의 수도 4종목이 넘지 않도록 해야 한다. 만약에 좋은 종목이 발견되면 기존에 보유하고 있던 종목 중에서 가장 수익률이 약한 종목을 처분하고 새로운 종목을 편입시켜야 한다.

무엇보다 중요한 것은 대세상승기일 때는 반드시 주도업종 위주로 편입시키는 노력을 해야 한다.

종합주가지수의 월봉, 주봉차트와 맥락을 같이 하는 업종의 차트를 점검하여 종합주가지수와 같은 흐름을 보이고 있는 업종의 주도주를 편입시켜야 한다. 그렇게 주도업종을 선택하지 않으면 전체적인 상승세 속에서 나만 소외되기 쉽다.

그리고 선물시장의 흐름도 같이 살펴봐야 한다.

주식시장에서는 별다른 뉴스가 없는데 장이 요동을 치는 경우를 많이 느꼈을 것이다. 특히 선물이나 옵션의 만기일 전이나 만기 당일에 그런 현상이 많이 발생한다.

선물과 옵션의 만기일이 겹치는 날을 왜 '마녀가 춤추는 날(Witching Day)'이라고 표현하고, 이 날 시장이 특히 급등락하는 이유가 무엇인지 궁금하지 않은가?

만기일 날 선물과 옵션은 무조건 청산되어야 하기 때문에 기관이나 외인 등 메이저들은 자신들이 보유하고 있는 선물이나 옵션의 수익을 얻기 위해서 비정상적으로 장을 움직이는 경우가 많다. 즉, 선물과 옵션의 만기가 겹치면서 어떤 일들이 발생할지 아무도 예측할 수 없기 때문이다.

2010년 11월 11일, 도이치뱅크 사건이 대표적인 예이다. 장 마감 동시호가 시간 사상 최대 규모의 프로그램 매도물량인 2조 4000억 원이 출회되면서 코스피 200지수가 급락한 사건이 발생했다. 매물폭탄에 개인과 자산운용사 등이 1400억 원이 넘는 손실을 보았다. 이에 대해 금감원과 한국거래소가 사건 발생 다음 날부터 약 2개월에 걸쳐 조사한 결과 도이치뱅크가 도이치증권 서울지점을 통해 주가가 하락할수록 이익이 나는 파생상품을 사들인 뒤에 현물시장에서 주식을 대거 팔아 지수를 떨어뜨리는 수법으로 수십 배 차익을 챙긴 것이다.

왝 더 독 현상도 같은 맥락이다. '왝 더 독(wag the dog)'이란 '꼬리가 개의 몸통을 흔든다'는 뜻으로, 앞뒤가 바뀌었다는 말이다. 그러니까 선물시장의 가격 변화가 현물 시장을 비정상적으로 흔드는 상황이라고 이해하면 된다.

이는 현물시장에 비하여 선물시장이 비정상적으로 거대해지면서 나타난 일시적 왜곡현상으로 현물시장의 체력이 약할 때 주로 나타난다. 아무튼 이제는 선물시장의 거래규모가 주식시장의 규모를 넘어설 정도로 파생시장의 중요성이 점점 더 커지는 상황이다. 그래서 현물만을 투자하는 사람이라도 주식시장에 미치는 영향이 큰 파생시장의 흐름도 파악하고 있어야 시장의 흐름을 이해할 수 있는 것이다.

그렇기 때문에 일부러 시간을 내서라도 선물 옵션 시장에 대해 공부를 해야 한다. 선물옵션은 시장의 흐름을 파악하기 위해서 꼭 필요한 지식이다. 골치가 아프다, 선물옵션은 어려운 분야다, 또 나는 주식만 하는 사람이라 필요치 않다 등등…. 핑계들도 많다. 하지만 이제는 선물옵션에 대해 공부하기 싫으면 주식투자를 당장 그만두어야 할 것이다. 선물옵션에 대한 지식이 선택이 아닌 필수가 된 현재 시장상황을 거부하는 것은 자멸하는 지름길인 것이다.

07 Chapter

학창시절보다 열심히 공부할 자신이 없으면 그만두어라

우선 기본적 분석을 공부해야 한다. 기본적 분석은 전통적인 증권분석 방법으로 주식의 내재적 가치를 분석하여 미래의 주가를 예측하는 방법이다. 주식의 내재적 가치는 그 주식을 발행한 기업의 재무 요인과 경제요인에 따라 결정되며, 이러한 요인들과 주식의 내재적 가치와의 관계를 찾아내어 예상한 내재적 가치와 그 주식의 시장가격을 비교하여 투자결정을 하게 된다.

주식의 내재적 가치를 분석하는 자료로는 첫째, 자산·유동성·부채비율·유보율 등의 재무구조를 분석하는 것. 둘째, 매출·원가·영업이익·영업외이익·자본 및 매출액 대비 이익률 등의 수익성을 분석하는 것. 셋째, 그 밖의 상품이나 서비스의 질과 수준, 기술 수준 등등 많은 자료가 있다.

그리고 경제요인을 분석하는 자료로는 경기종합지수, 경제성장율, 금리, 물가, 실업률, 국내소비동향, 재고율, 무역수지, 환율, 외환보유고, 국제원자재가 등이 있다. 그런데 이러한 기본적 분석은 근본적인 한계점이 있다.

첫 번째 문제점은 미래예측 기능이 떨어지고 단기간 변화에 대한 예측은 더더욱 약하다는 것이다. 두 번째 문제점은 분석 대상 항목이 너무 많으며, 전문적인 지식이 많이 필요하고, 또한 너무 많은 시간이 소요된다는 점이다. 일반적인 주식투자자 입장에서 이를 제대로 소화하기에는 너무 많은 부담이 되는데 비해 그 효과가 불확실하다는 점도 문제이다.

그렇다면 기본적 분석은 하지 말아야 할까? 그것은 당연히 아니다. 기본적 분석은 간단히 하도록 하며, 대상 기업이 부실하지는 않은지, 앞으로의 발전을 위한 기본적인 역량이나 바탕이 되어 있는 기업인지를 가려내 투자 대상 후보 기업군을 선정하는 수단으로 활용하면 되는 것이다. 즉 3개월 또는 주기적으로 기업의 매출, 손익 등 기본적인 기업의 실적 및 추이를 검토하여 향후 투자의 대상으로 검토할 기업을 선택만 하면 되는 것이다.

그러니까 첫째, 기본적 분석은 기업의 골격과 흐름만 파악할 수 있는 정도로 간단하게 하고 둘째, 일정 기간마다 주기적으로 간단히 재점검만 하고 셋째, 신문·방송 등 주변 자료를 통하여 경제의 흐름은 수시로 체크만 하면 된다.

부담 갖지 말고 그야말로 기본적인 분석만 하면 된다. 절대로 애널리스트가 되려고 하지마라. 공부를 열심히 해서 애널리스트보다 더 정확한 분석과 예측을 한다면 두말할 필요 없이 좋겠지만 그 노력과 시간에 비해 효과가 떨어지기 때문에 종목을 선택할 때 참고할 정도로만 기본적 분석을 하라는 것이다.

종목마다 증권사 레포트가 있다. 그 레포트를 읽고 이해할 수준까지만 공부하고 나머지는 그 종목에 대한 기술적 분석을 심층적으로 공부해야 한다. 기본적 분석에 심취할 시간에 기술적 분석에 대한 공부를 더 하라는 말이다.

같은 날짜에 증권사 레포트들도 서로 상반된 의견을 제시하는 경우를 경험했을 것이다. 같은 종목에 대해 같은 시기에 상반된 논쟁 속에서 초보자들은 어떤 판단을 내려야 하나? 필자 같으면 그 종목에 대해 당분간 관망하는 자세를 유지하겠다. 매매할 종목은 많은데 전문가들도 의견이 달라서 갑론을박 논쟁을 벌이는 종목을 굳이 내가 매매할 필요가 없다.

차라리 그 논쟁에서 벗어나 다른 종목을 매매하는 것이 낫다. 그리고 애널리스트를 비롯한 전문가들은 업체도 탐방할 수 있고 자료도 원하는 대로 수집하기가 쉽겠지만, 우리 같은 개미들은 그 마저도 불가능 하기 때문에 공부하고 연구하는 노력이 적당한 수준에서 그쳐야할 것이다. 증권사 레포트를 보고 이해를 할 수준까지만 공부해도 많이 하는 것이다. 그리고 종목에 대한 재무적인 정보는 'fnguide.com'과 같은 사이트에서 참고만 하면 되는 것이다. 넘치는 정보를 취사선택해서 효율성 있는 공부를 하라.

거시경제에 관한 공부도 마찬가지이다. 우리는 경제학자도 정책입안자도 경제전문가도 아니지 않은가? 취할 수 있는 정보를 보고 경제의 흐름을 이해하면 되는 것이지, 이 자료 저 자료를 취하기 위해 여러 사이트를 방문하고 연구하는 것은 노력에 비해 성과가 떨어진다는 말이다.

우리 개미들은 정말로 시급한 기술적 분석에 관한 공부를 좀 더 심도 깊게 해야 한다. 기술적 분석은 전통적인 증권분석 방법으로, 과거 주식의 가격이나 거래량 같은 자료를 이용하여 주가 변화의 추세를 발견해내어 미래의 주가를 예측하는 방법이다. 주가는 시장의 수요와 공급에 의해서 결정된다는 가정 아래에서 출발하며, 일반적으로 주식거래의 과거자료를 도표(chart) 등의 수단으로 정리하여 주가 변화 추세를 찾아내고 이를 이용하여 미래의 주가를 예측한다.

주가는 항상 반복하여 변화하는 속성이 있기 때문에 재무상태가 나쁜 기업의 주식이라도 주식의 매매시점을 잘 포착하면 투자수익을 올릴 수 있다는 것을 전제로 한 분석이다. 과거의 주가나 거래량 정보를 이용하여 일정한 추세가 시작되는 시기를 결정하는 데 분석 목적이 있다.

아무리 좋은 종목이라도 매수해야 할 타이밍이 적절해야 하는데 그러한 공부가 잘 되어 있지 않으면 필요 이상의 비용을 지불하게 된다.

하지만 기술적분석의 한계점도 있다. 기술적 분석은 과거의 주가 추세나 패턴이 반복하는 경향을 가지고 있다고 하나 과거의 경제상황이나 대중의 심리 변화 등이 미래에도 반복해서 나타난다는 것은 비현실적인 가정이라는 점, 과거의 동일한 주가양상을 놓고 어느 시점이 주가 변화의 시발점인가 하는 해석이 분석가에 따라 다를 수 있다는 점, 투자가치를 무시하고 시장의 변동에만 집착하기 때문에 시장이 변화하는 원인을 정확히 분석할 수 없다는 점 등이 한계점으로 지적되고 있다. 즉 후행성과 해석의 자의성 등이 가장 큰 문제점이다. 그러한 한계점에도 불구하고 기술적 분석을 공부해야 하는 이유는 무엇일까?

첫째, 분석에 의한 적용이 다양하고 신축적이라는 것이다. 기본적 분석은 개별 분석 대상마다 별도의 정보와 지식이 필요한 반면, 기술적 분석은 분석 대상에 관계없이 다양하게 쓰일 수 있다는 점이다. 분석대상이 주식, 환율, 선물이냐에 따라 조금씩 차이가 있을 수는 있으나 근본적인 방법에 있어서 그리 큰 차이가 없을 정도로 간편하고 쉽게 분석을 할 수 있다는 장점이 있다.

둘째, 가격은 수요와 공급이라는 이성적인 요인뿐만 아니라 비이성적인 요인과 심리적 요인까지 매우 다양한 변수에 의해 결정되는데, 이러한 변수들을 포괄적으로 반영시켜 분석할 수 있다는 장점이 있다.

기본적인 분석이 시장 움직임의 '원인'을 연구하는 것이라면, 기술적 분석은 시장 움직임의 '영향'을 연구하는 것이다. 시장 움직임의 원인을 연구하여 가격의 변화를 '예상'하는 것보다 시장 움직임의 영향을 연구하여 가격의 변화에 '대응'을 하는 것이 주식투자의 본질이 아닐까?

필자는 그렇게 생각하고 있기 때문에 기술적 분석에 대한 공부가 중요하다고 생각한다. 기본적 분석과 기술적 분석에 대한 논쟁이 중요한 것이 아니라, 매매타이밍의 포착을 위해서는 기술적 분석에 대한 공부가 선행되어야 한다는 말이다. 많은 시간을 할애해서 기술적 분석을 제대로 공부해봐야 한다.

기술적 분석의 후행성 때문에 기술적 분석을 도외시해서도 안 될 것 같고, 기술적 분석의 유용성 때문에 기술적 분석만을 강조해서도 안 된다.

하지만 기술적 분석의 필요성은 충분히 중요성을 가지니 시간을 내서 공부를 하기 바란다.

그러나 위에서 언급한 최소한의 기본적 분석이나 거시경제 공부를 할 자신이 없으면 과감히 주식시장을 떠나야 한다. 더구나, 기술적 분석에 관한 공부도 엄청난 양의 시간을 필요로 하는데 그 정도의 노력을 할 자신이 없다면 다른 분야에 도전하는 것이 낫다.

아무튼 주식시장에서 성공적인 트레이더로 거듭나기 위해, 아니 주식시장에서 실패를 맛보지 않으려면 끊임없는 공부가 필요함을 거듭 강조하고 싶다.

당부하고 싶은 말들

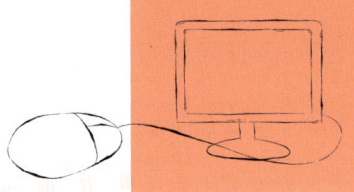

PART 05

Chapter 01

한 종목과 결혼하지 마라

주식투자는 수익을 내는 것이 목적이기 때문에 냉정하게 판단해서 매매를 해야 한다. 그러나 많은 초보자들은 자신이 보유하고 있는 종목에 관해서 긍정적으로만 생각하려는 경향이 강하다. 그래서 "한 종목과 결혼하지 마라", "주식을 짝사랑하지 마라"는 증시격언이 있는 것이다.

종목에 관한 온갖 악재가 튀어나오고 위험하다는 신호를 차트가 말해주는데도, 악재나 신호들을 인정하지 않으려는 사람이 있다. 특히 장기보유하고 있는 종목일수록 그런 경향이 강하게 나타난다. 종목에 대한 애착 때문에 판단이 흐려지게 되는 것이다.

오히려 악재를 교묘한 시나리오로 각색해서 호재로 포장한 뒤, 종목게시판에 열심히 올리면서 매수를 독려하고 스스로를 안심시키고 자위하고 있다. 이러한 심리는 투자자의 정확한 판단과 결정을 가로막는 치명적인 장애물이다.

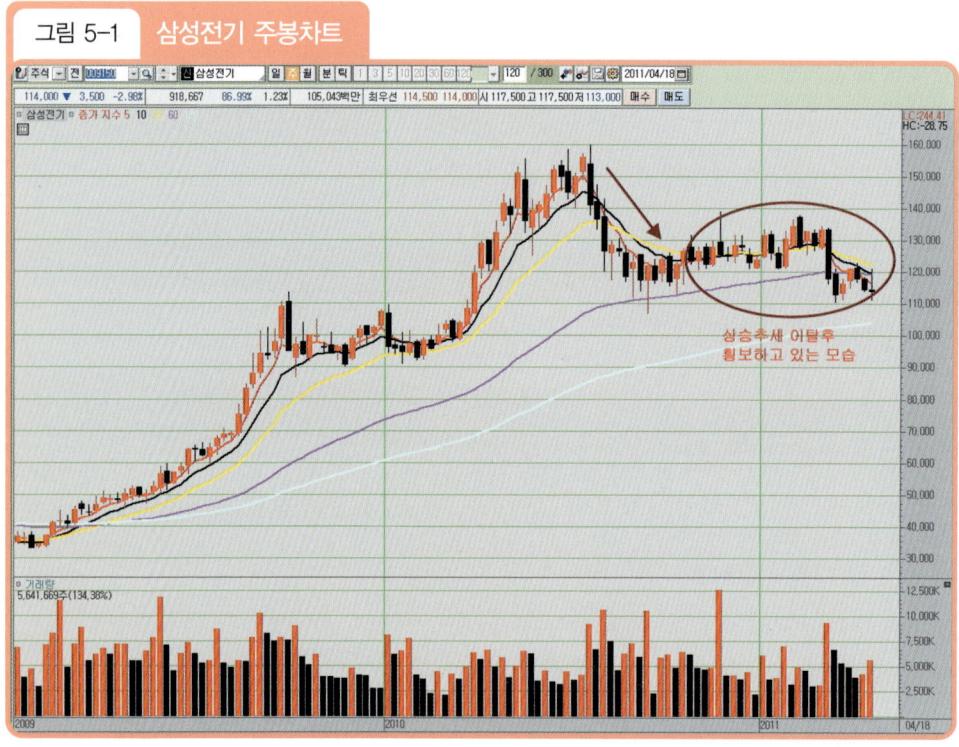

그림 5-1 삼성전기 주봉차트

자신에게 치명적인 손실을 안겨주고 있는 종목을 부여잡고 언젠가는 대박으로 이어질 것이라며 망상에 사로잡혀 있는 것이다.

　기술적 분석상 매도할 타이밍인데도 불구하고 매도하지 못하는 것이 그 주식에 대해 짝사랑으로 눈이 멀었다는 증거가 아닐까? 지극히 객관적이고 냉철하게 종목을 분석해야 하는데 욕심과 자만의 잣대로만 종목을 쳐다보고 있으면, 매매타이밍에 혼선을 초래하고 결국은 배신의 고배를 마시고 좌절의 늪에 빠지게 되는 것이다.

　그리고 이런 측면도 있다. 나에게 스윙매매의 대상으로 여러 번 수익을 가져다 준 종목이라도 어느 순간 관심종목에서 제외해야 하는 시기가 오면 과감하게 관심종목에서 삭제를 해야 한다.

【그림 5-1】을 한번 보라. 2008년 말부터 2010년 7월 초순까지 400%이상의 수익을 달성하며 상승했던 삼성전기의 주봉차트이다.

2010년 7월은 주도주의 변화가 일어날 때였다. 그 시기에 IT주식이 주도권을 다른 업종에 넘기고 있던 시점이었는데 개인들은 떨어질 때마다 물타기를 하고 있었다.

그 당시 증권방송을 보면 종목상담의 대부분은 IT종목에 관한 것이었다. 주봉 상으로는 얼마 안 떨어진 것처럼 보이지만 체감하는 하락폭은 컸던 것으로 기억한다. 더구나 종합주가지수가 오를 때 철저히 소외되고 있었다는 것이 더 심각한 문제였다. 아무리 나에게 수익을 안겨주었던 종목이라도 추세가 꺾인 것이 확인되면 과감하게 버려야 한다. 그리고 그 추세가 다시 살아서 돌아올 때까지는 매매할 생각을 버려야 한다. 아무리 좋은 회사라 해도 우리는 대주주가 아니지 않는가? 자신이 보유한 주식이 잘 되기를 바라는 마음이 지나치면 판단이 흐려질 확률이 높다는 것을 명심하자. 우리는 대주주가 아니니까 수익을 내줄 때만 사랑하면 되는 것이다.

또 이런 측면도 있다. 주식은 순환매하는 경향이 있다. 시장에서 순환매하는 흐름을 잘 타야 하는데, 한 업종이나 한 종목과 결혼하면 그 흐름을 유연하게 탈 수 없게 된다. 한 종목에 대한 짝사랑이 여러 가지 부작용을 야기한다. 주식은 연애의 대상이 아닌 매매의 대상으로만 냉정하게 분석해야겠다.

시장을 섣불리 예상하지 마라

지난 3월 11일, 일본에서 지진과 쓰나미 사태가 발생되었다. 그 날이 금요일이었는데 장중에는 별 영향 없이 장을 마쳤다. 주말 동안 증권방송에서는 일본 사태에 대한 영향이 어떻게 전개될지에 촉각을 세우고 있었다.

대부분의 전문가들은 일본사태가 세계경제에 부정적인 영향을 미칠 것이라고 예상했고, 그에 따라 우리나라 경제에도 좋지 않은 영향을 미치지 않을까 조심스럽게 전망하였다. 그렇다면 그 다음주 월요일인 3월 14일 주가는 어떻게 되었나?

【그림 5-2】에서 보듯이 하락추세 중이었지만 아래꼬리를 달고 양봉 마감했다.

예상보다 종합주가지수가 강하자 언론에서는 6.25전쟁까지 거론하면서 한

국은 일본 사태로 인한 반사이익이 기대된다고 기사를 실었다. 6.25전쟁으로 일본이 부흥했듯이 한국도 자동차, 반도체, 소재산업 등에서 반사이익이 기대될 것으로 외국인들이 전망하는 것 같다고 흥분했다. 니케이 지수는 폭락을 하는데도 우리 증시는 의외로 강한 모습이었다.

그런데 그 다음날 종합주가지수는 어떻게 되었나? 일본사태가 원전사태로 치달은 것이 주원인이었지만 종합주가지수는 장중에 80여 포인트 폭락을 했었다. 개인들은 투매양상까지 보였다.

다행히 장 후반에는 하락폭을 상당히 만회하면서 끝났지만 장중에는 공포

분위기였다. 정말 무섭게 빠지다가 반등도 엄청나게 빠르게 전개되었다. 천당과 지옥이라는 말이 생각나는 하루였다.

그런데 문제는 일봉상 120이동평균선까지 하회하던 종합주가지수가 그 날 이후 가파르게 상승해서 역사적 신고가를 연일 갱신했다는 것이었다.

저점에서는 온갖 악재들이 쏟아져 나왔다. 유럽발 신용위기가 다시 재현될 조짐을 보이고, 리비아를 비롯한 산유국들의 내부진통, 이에 따른 유가급등, 일본발 지진 및 원전사태, 중국의 금리 및 지준율 인상, 국내에서는 치솟는 물가와 부동산 침체에서 유발된 PF대출부실, 상호저축은행의 도산, 금리인상에 따른 가계부채 문제의 심각 등등 지수가 하락하니 악재란 악재는 모두 도출되었다.

거꾸로 주가가 바닥을 벗어나니까 악재란 악재는 다 반영되었기 때문에 이제는 상승할 수밖에 없다는 보도들이 난무했다. 뉴스라는 것의 속성이 무엇인지를 알 수 있었던 사건이었다.

필자가 무슨 말씀을 하려고 하는지 알겠는가? 뉴스나 기타 정보에 의해 시장을 섣불리 예상하면 위험하다는 말이다.

"시장은 예상을 하는 것이 아니라 대응을 하는 것이다"라는 증시 격언을 꼭 인용하지 않더라도, 일반인이나 언론의 장세예측이 틀릴 수 있다는 것을 종종 경험한다. 시장을 예상해서 미리 대응을 하려고 하지 말고 시장이 흘러가는 대로 순응하며 나만의 원칙하에 매매를 하면 되는 것이다. 섣부른 예상으로 투매를 한다든지, 바닥이 확인되지도 않은 상태에서 선취매에 들어간다는 것은 매우 위험한 투자방식이다.

시장을 예상하지 말자. 시장이 안내하는 길대로 따라다니며 매매를 하면 된다. 예상하려는 노력 대신 대응하는 방법을 연마하기 바란다. 너무 비장하게 말했는지 모르겠지만 너무나 중요한 원칙이니 잘 새기길 바란다.

03 Chapter

주도업종과 대장주를 선택하라

혹시 니프티 피프티(nifty fifty)을 아는가? 혹자는 신문기사를 봐서 이미 알고 있을 수도 있겠다. 니프티 피프티(nifty fifty), 즉 니프티50은 미국에서 기관투자자들이 가장 선호하는 50개 종목을 말한다. 또한 '니프티 주식'이라 하면 안전성이 높은 우량주를 뜻하기도 한다. 니프티(nifty)는 구어체로 '멋진, 맵시 있는' 이란 뜻을 가진 영어 단어이다.

미국의 기관투자가들이 60년대 말부터 영향력이 커지면서 이들이 선호하는 '멋진 종목'이 시장 평균치를 훨씬 상회하는 수익률을 내자 확립된 개념이다. 한번 사놓고 고민할 것 없이 계속 보유하고 있으면 높은 배당수익과 주가 상승이 보장된다는 뜻에서 원 디씨전(One Decision)주식이라고도 불린다.

코스피 한 달 새 15% 급등…
'니프티 피프틴 장세' 개인들은 재미 못 봤다
실적 좋은 20~30개 종목 중심. 외국인이 끌고 연기금이 밀어

2011.04.21. 중앙일보

최근 주가 상승 흐름은 세계 주요국 증시의 공통적 현상이지만 한국 증시가 유독 강한 면모를 과시한다. 그러나 많은 사람의 눈에는 강 건너의 '신기한 일'로 비치는 것 같다. 주변에 주식 투자로 재미를 봤다는 이들을 찾아보기 힘들다. 어느 종목이나 펀드에 돈을 넣어야 좋은지 수군거리는 소리도 들리지 않는다. 2007~2008년 국내 증시가 사상 최고치 행진을 벌일 때와 전혀 딴판이다. (중략)

하지만 어디까지나 '그들만의 잔치'다. 증시에도 양극화의 짙은 그늘이 드리워져 있는 것이다. 되는 업종 및 종목과 그렇지 않는 쪽의 주가 차별화가 갈수록 심해지고 있다. 예컨대 올 들어 LG화학이 40%, 현대자동차가 34% 각각 오른 데 비해 KB금융은 거꾸로 8.6% 떨어졌다. 상승률이 코스피지수에 못 미치는 종목이 수두룩하다. 그렇다 보니 50~100개의 많은 종목을 끌고 가는 일반 주식형 펀드의 수익률은 코스피지수를 따라가기가 벅차다. 〈그래프 참조〉

시장을 끌고 가는 종목은 사실상 20~30개 정도로 압축된다. 나머지는 버림받은 자식 처지다. 잘나가는 종목은 역시 외국인들이 끌고 간다. 그리고 자문형 랩들이 가세해 기름을 붓는 형국이다. 너무 오르다 보니 개인투자자들은 살 엄두를 내지 못한다. 전망은 엇갈린다. 그래도 가는 종목만 계속 갈 것이란 진단이 한쪽이다. 1970년대 미국 증시에서 실적 좋은 50여 개 대형주만 줄기차게 오르던 '니프티 피프티(Nifty

Fifty)' 장세가 한국에도 엇비슷하게 재현될 것이란 전망이다. 한국은 시장이 작은 만큼 종목이 더 좁혀지는 '니프티 피프틴(Fifteen)'이 될 거란 예상도 나온다.
하지만 일부 종목의 단독 플레이는 이제 한계에 다다르고 있다는 시각도 강하게 대두되고 있다. (이하 생략)

주도업종을 매매해야 하는 이유를 절실히 느낄 것이다. 기사에서 언급된 종목들의 2010년 5월 말부터 주가추이를 차트로 살펴보자.

그림 5-3 LG화학 주가추이

그림 5-4   현대자동차 주가추이

우리는 최근 주가상승을 견인하는 주도업종을 모르지는 않는다. 하지만 너무 많이 오른 것 같은 부담감에 계속 쳐다만 보고 있고 소외감만 느끼고 있기가 쉽다. 종합주가지수가 몇 백 포인트가 올라도 내 종목은 제자리걸음을 하다 종합주가지수가 악재에 의해 출렁거리면 내 종목이 먼저 하락하는 것을 많이 경험했을 것이다. 자신의 머릿속에 있는 종목에 대한 가격수준을 자꾸 되새기면 안 된다. 외국인과 기관이 왜 그 업종의 주식들을 매매하는지를 잘 관찰해서 주도업종이 조정을 받을 때 매수 동참을 해야 하는 것이다. 단 대세상승기에서만.

그림 5-5 KB금융 주가추이

2009년 초부터 꾸준히 상승하고 있는 현대모비스의 주봉차트를 보라.

주봉차트에서 상승폭이라 더욱 대단해 보인다. 개인들은 7만 원대에 거래되던 종목이 15만 원대가 되면 부담스러워서 매매할 엄두를 못 낸다. 100%나 상승한 종목을 어떻게 매매하냐고 오히려 반문한다. 그러던 주가가 또다시 상승하면 허탈감에 빠져 상승하는 주가만 쳐다보고 있기만 한다. 솔직히 필자도 좋은 주식이라는 것은 인정하지만 어느 시점부터는 못 쫓아갔다. 그러한 심정은 이해하지만 상승하는 이유가 무엇인지 분석을 해서 그 종목의 추세가 꺾이는 것이 확인될 때까지는 매수관점으로 임해야 한다. 신고가를 연일 갱신하는

그림 5-6 현대모비스 주봉차트

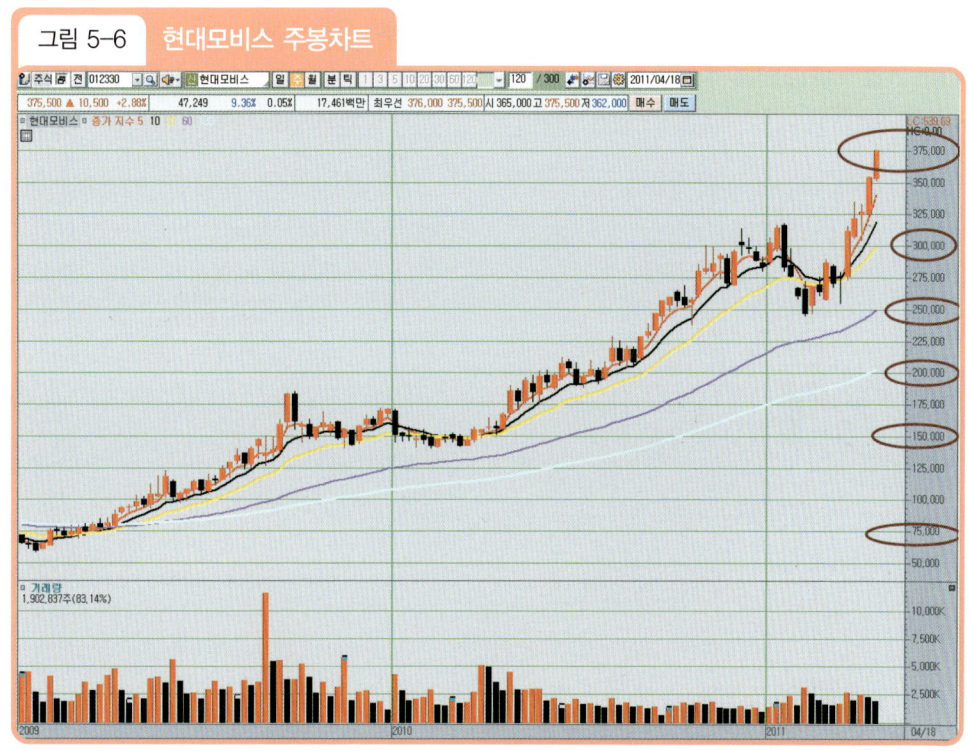

종목을 자꾸 무섭고 두려워만 하는데, 일단은 그 고정관념부터 버려야 한다. 신고가를 갱신하는 종목을 오버슈팅의 관점에서 바라보면 안 된다는 말이다.

주도업종을 선택하는 게 얼마나 중요한지에 대해 느꼈을 테고 그 다음으로는 대장주를 선택해야 한다. 필자는 대장주를 반드시 1등주라고 생각하지 않는다. 1등이냐 2등이냐가 중요한 것이 아니라 주도업종 내에서 그 업종을 견인하는 주도종목을 말하는 것이다.

앞에서 살펴본 자동차부품주의 대장주인 현대모비스의 주가 추이를 보고 상대적으로 비교해서 한국프랜지의 주봉차트를 보라.

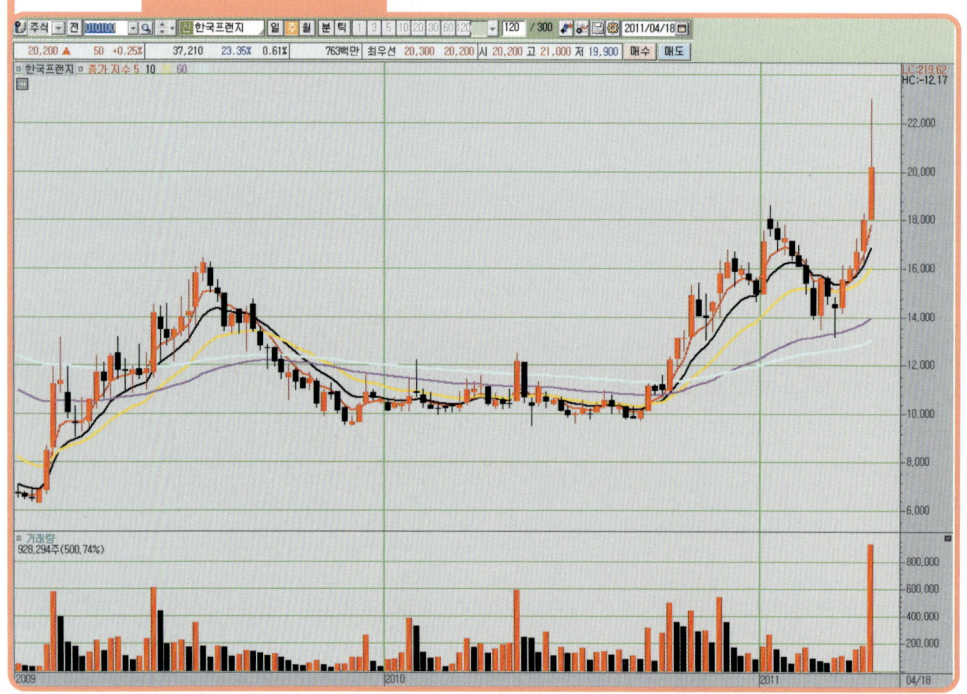

그림 5-7 한국프랜지 주봉차트

2010년에 만 원대에 횡보하던 주가가 최근에야 겨우 두 배 정도 상승한 것을 볼 수가 있다.

몇 십만 원씩 하는 현대모비스를 매수하기에는 부담스럽고 만 원대에서 움직이는 한국프랜지는 만만해 보이니까 개인들은 저가주만 공략하게 된다. 하지만 이제는 생각을 바꿔야한다.

요즘 증권방송을 보면 개인들도 많이 현명해지고 있다는 것을 알 수 있다. 상담하는 종목들이 고가주가 많아졌다. 예전에는 액면가 이하 종목들이나 비싸봐야 1~2만 원대의 종목들이 대부분이었는데, 최근에는 고가 우량주에 대한 보유비중이 점점 커지고 있는 것 같다. 대세상승기에는 나의 관심종목에 반드시 주도업종의 종목들을 편입시켜서, 가격대하고는 상관없이 주도하는 대장주를 공략하도록 전략을 수정해야 한다. 한국프랜지가 나쁜 회사라는 말은 아니다. 상승을 해도 대장주가 먼저 상승하고 조정을 받을 때도 대장주가 가장 먼저 회복한다는 말을 하고 싶은 것이다. 비싸다는 이유로 주도주와 대장주를 외면하던 매매습관을 과감히 바꿔야 한다.

Chapter 04
추세선을 이탈하는 종목은 철저히 버려라

　경제분석상 특수용어인 추세는 경제변동 중에서 장기간에 걸친 성장, 정체, 후퇴 등 변동경향을 나타내는 움직임을 말한다.
　주식시장에 참여하면서 가장 많이 듣는 용어 중의 하나가 바로 추세이다. 추세란 일정한 방향을 갖는 가격의 흐름이다. 구체적으로 추세란 가격이 일정한 방향을 가질 때를 말한다. 가격이 일정한 방향을 가지는 형태는 상승추세, 하락추세, 횡보추세의 세 가지로 구분할 수 있다. 혹자는 횡보추세를 비추세라고 표현하기도 한다. 뜻만 통하면 되니까 소모적인 논쟁은 하지 말자. 또한 추세선은 추세를 선으로 나타낸 것이다. 추세선은 추세의 방향을 나타내고, 단기파동의 고점과 저점을 보여준다. 또한 추세선은 매매 의사결정의 판단기준이 되며, 지지와 저항으로 작용한다. 그럼 이러한 추세의 종류를 정의해보고 각각의 추세선을 긋는 방법을 알아보자.

1) 상승추세

상승추세란 가격흐름의 방향이 위로 향하는 경우를 말한다. 즉 가격흐름의 고점과 저점이 모두 점차적으로 높아지는 현상을 말한다. 상승추세의 추세선은 각 파동의 '저점'을 연결하여 그린다.

2) 하락추세

하락추세란 가격흐름에 있어서 파동상의 고점과 저점이 차례로 낮아지는 현상을 말한다. 하락추세의 추세선은 각 파동의 '고점'을 연결하여 그린다. 【그림 5-8】은 상승추세선의 작도법과 하락추세선의 작도법을 나타낸 것이다.

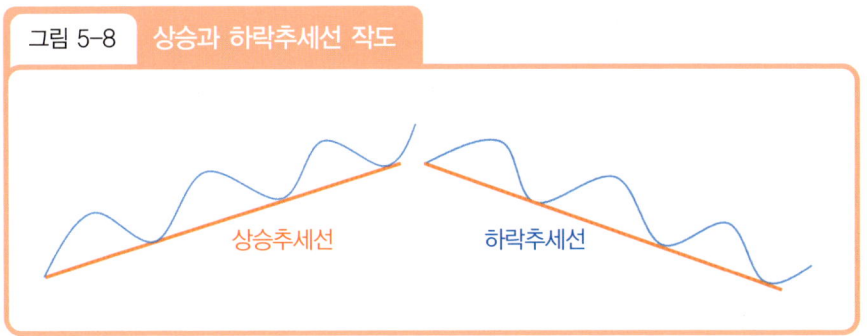

그림 5-8 상승과 하락추세선 작도

3) 횡보추세

횡보란 가격흐름상 파동의 고점과 저점이 일정 수준에서 고정되어 옆으로 이어지는 현상을 말한다. 가격흐름의 방향이 수평이라는 것이다. 횡보의 추세선은 상황에 따라 달라지는데, 상승추세가 진행되던 중 나타나는 횡보 반전의 경우는 상승추세와 같이 '저점'을 연결한 선이 추세선이 되며, 하락추세가 진행되던 중 나타나는 횡보 반전은 하락추세와 같이 '고점'을 연결한 선이 추세가 된다. 【그림 5-9】는 두 가지 경우의 횡보추세선을 작도한 예이다.

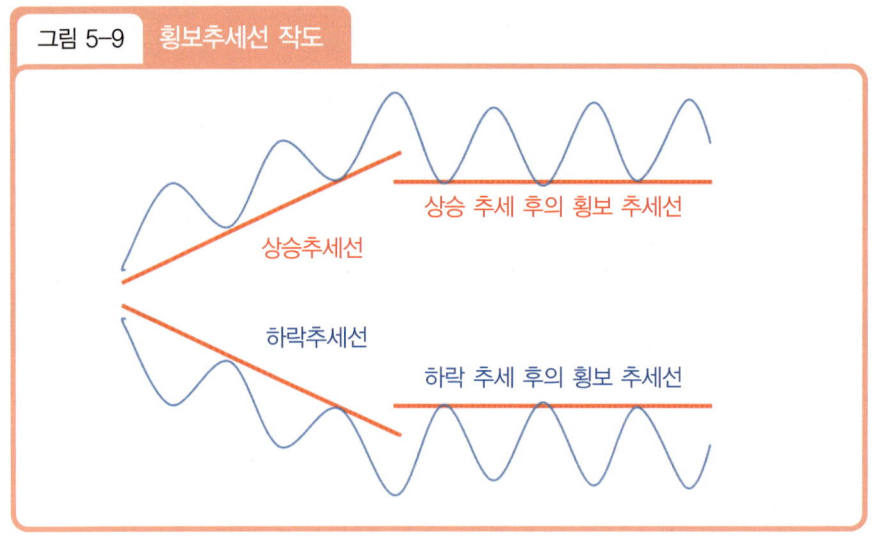

그림 5-9 횡보추세선 작도

필자는 추세에 관한 더 깊은 이론을 말하고 싶지는 않다. 부채살 작도법이니, 추세의 라이프 사이클(life cycle)이나 추세의 강화와 약화 같은 내용을 언급하자는 것이 아니다. 추세에 관해 좀 더 공부하고 싶으면 책과 자료를 찾아보면 자세히 알아볼 수 있을 것이다. 또 추세에 대한 해석은 자의적인 면이 많아 추세를 공부하는 것이 유용하냐, 무용하냐를 따지기는 어렵다.

다만, 대량의 거래를 수반하며 상승추세선을 종가로 이탈하거나, 장중에 회복할 기미가 없이 이탈을 하면 그 주식은 판단 즉시 던지라는 것이다. 몇 달 들고 있었더니 회복되더라는 식의 억지는 쓰지 말고 자신만이 세운 엄격한 기준 하에 거래량을 수반하며 이탈하는 종목은 일단 청산하고 보는 것이 유리하다는 것이다. 필자가 경험했던 종목을 차트로 살펴보자.

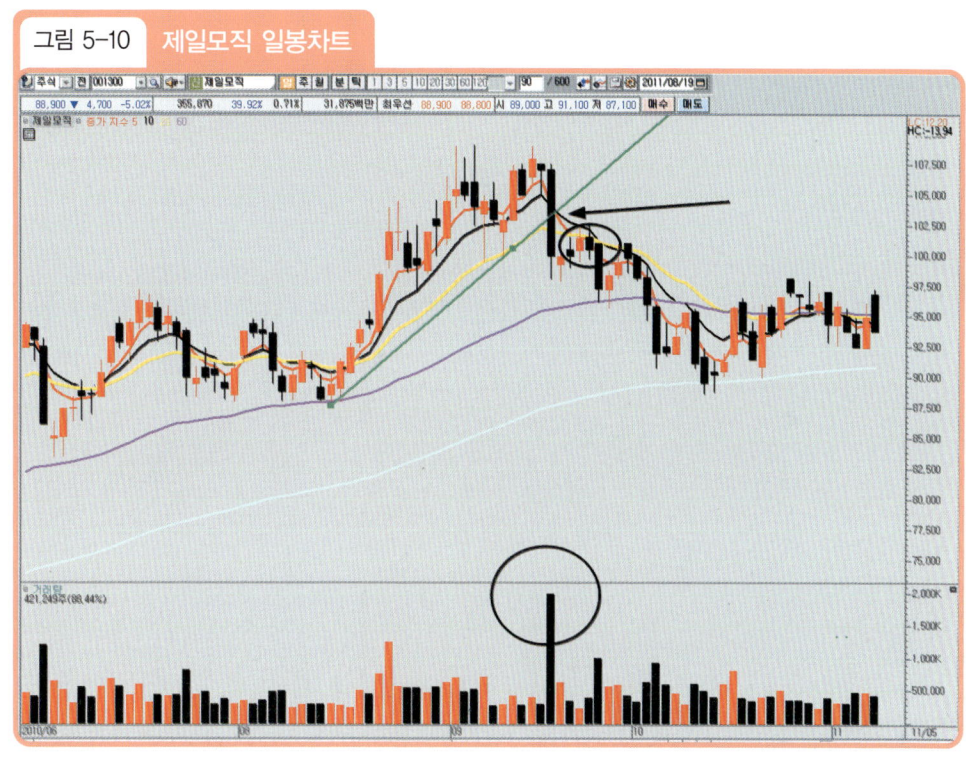

그림 5-10 제일모직 일봉차트

【그림 5-10】은 제일모직의 일봉차트이다. AMOLED의 수혜주로 또 업종 변신에 따른 실적상승으로 주가는 상승행진을 벌이고 있었다. 2010년 9월 15일 대량거래를 수반하며 주가는 추세를 이탈했고, 20일 이동평균선까지 하회하며 주가를 마감했다. 필자는 상승추세에서 여러 차례 수익을 실현했던 종목이라 방심하고 있다가 미리 손을 못 쓰고 그날 필자가 그려 놓은 추세선을 깨고 내려올 때 익절을 했다. 비록 익절은 했지만 미리 고점에서 청산을 했으면 좀 더 큰 수익을 거둘 수 있었던 종목이었다. 그 후 주가는 2개월 정도의 횡보와 조정을 거친다. 그 다음날부터 반등을 시도했지만 전일의 대량거래를 회복

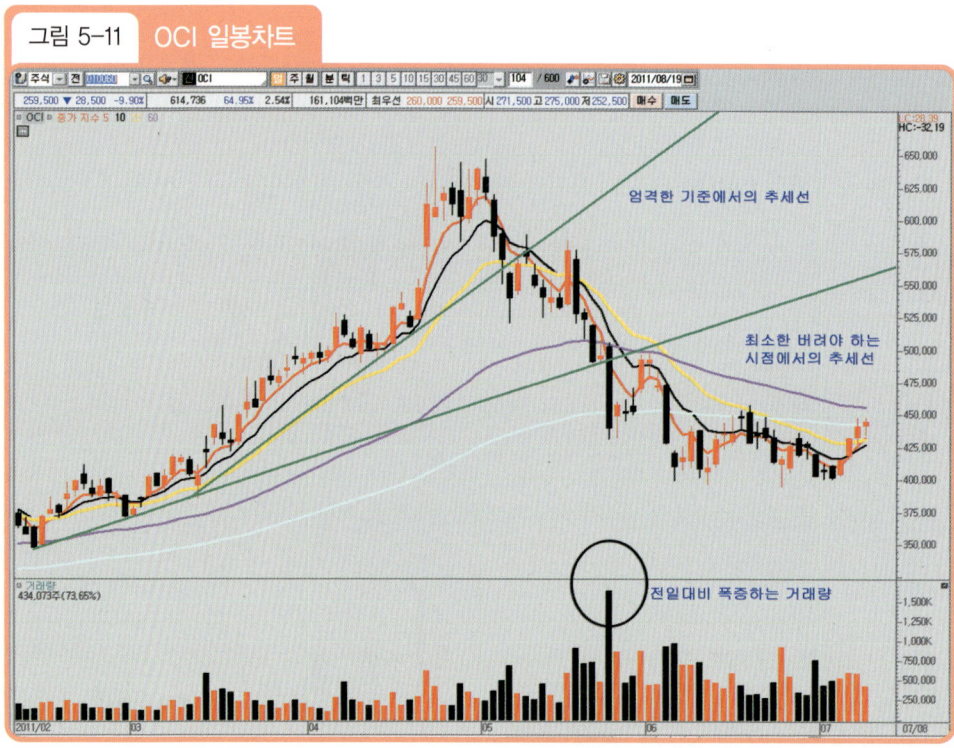
그림 5-11 OCI 일봉차트

할 만큼 매수세가 유입되지 않자 추세선까지의 반등도 시도하지 못한 채 하락으로 돌아섰다. 상승하던 주가가 조정에 들어가면 시간적으로 충분한 조정을 거치던지, 가격적으로 조정을 거쳐야 된다. 추가적인 하락에 따른 손실가능성도 중요하지만 주가를 회복하는데 소요되는 많은 시간으로 마음고생이 심하니 대량거래를 수반하는 추세이탈 종목은 아무리 좋은 종목이라도 일단은 버려야 하는 것이다. 추세선은 꼬리를 포함해야 한다, 안 한다는 논의는 그리 중요하지 않고 내가 청산하는 기준이 중요한 것이다.

대량거래량의 여부는 경과시간대비 전일거래량과의 거래량을 비교해보면 누구나 알 수 있다. 그렇기 때문에 오전부터 하락하기 시작한 그날의 제일모직 주가는 추세선 위로 회복하기 어렵다는 판단을 할 수 있었다.

【그림 5-11】의 OCI도 마찬가지이다. 동양제철화학 시절에도 우량한 회사였지만 태양광 사업의 추가변신으로 2010년을 뜨겁게 달군 화제주였다. 이 주식도 이미 고점에서 추세를 이탈할 때 매도를 해야 했지만, 적어도 두 번째 추세선을 대량거래를 수반하며 이탈을 할 때는 미련 없이 던져야 한다. 그 이후에 주가는 태양광 사업의 성장 불투명과 맞물려 깊은 하락의 늪으로 빠졌다. 대량거래가 수반되는 추세선 이탈종목은 개인이 만들어내는 산물이 아니다. 시장의 큰손이 무자비하게 던져서 커다란 음봉을 만들 때 우두커니 지켜보고 있는 것은 미련하기 짝이 없는 바보짓이라는 것을 명심하기 바란다. 추세선을 대량거래 수반하며 이탈하는 종목을 버리는 것은 주식시장의 상식중의 상식이다.

Chapter 05

심법을 연마하고 생활을 건전하게 유지하라

필자가 아는 부산에 사는 지인은 잘 다니던 직장을 어느 날 불현듯 그만두고 선물옵션을 시작했다고 한다. 과거 3년 동안 약 10억 정도의 손실을 보고 올해부터 수익이 나기 시작한다고 한다. 올해부터 수익이 나는 이유가 무척 궁금해졌다. 지인이 말해주길 첫째로, 배팅금액을 대폭 줄여서 많이 배팅을 해야 2~3계약으로 운용을 한다고 한다. 두 번째로는 특별한 기법의 향상은 없었는데 그동안 연마해 온 심법이 드디어 자리를 잡는 것 같다고 너털웃음을 지었다. 그러면서 필자에게도 박재희 교수가 지은 《3분 고전》이라는 책을 선물해 주면서 주식에 투자하는 사람들은 고전을 꼭 읽어야 한다고 강조를 하였다. 그 책 내용의 일부를 보여주며 지인은 추가적인 말을 덧붙였다.

물은 낮은 곳으로 임하기에 강이 되고 바다가 된다.

노자는 물처럼 다투지 말고 겸손하게 살라고 하면서
물의 정신을 시처럼 읊고 다녔다고 한다.
물은 낮은 곳으로 임한다.
물은 연못처럼 깊은 마음을 가지고 있다.
물은 아낌없이 누구에게나 은혜를 베푼다.
물은 신뢰를 잃지 않는다.
물은 세상을 깨끗하게 해준다.
물은 놀라운 능력을 발휘한다.
물은 얼 때와 녹을 때를 안다.
물처럼 산다는 것,
어쩌면 세상의 변화와 한 호흡으로 사는
자연스러운 인생의 방법인 듯하다.

저자는 덧붙여 "물처럼 산다는 것은 쉬운 일이 아닙니다. 남들이 싫어하는 낮은 곳이 가장 높은 곳일 수 있습니다"라고 교훈을 준다.

지인은 이 글을 읽으면서 시장에 순응하고 나를 겸손하게 낮춰야 한다는 것을 깨달았다는 것이다. 자기 잘난 맛에 오만하게 배팅하던 금액을 시장에 순응하면서 대폭 낮춰서 배팅을 하니 수익이 나기 시작하더라는 것이다.

"배팅 수가 줄어들면 감질나지 않던가요? 더구나 그동안 손실 본 금액이 커서 수익이 나기 시작하면 배팅 수를 늘리고 싶은 유혹을 받지 않습니까?"라고 물었다.

지인은 대답하였다. "내가 은행에 10억을 예금해 놓으면 월 3~400만 원 정도의 이자를 받을 것입니다. 그런데 요즘은 한두 계약 배팅으로 하루 100만 원 정도의 수익을 거둡니다. 은행에 예금해 놓은 금액보다 훨씬 많이 찾아오고 있는데 뭐가 불만이겠습니까? 10억 원을 시장에 예금해 놓았다 생각하니 억울할 것도 없고 한탄스럽지도 않고 본전심리에 초조하지도 않게 되더군요. 마음이 편해지니 진입이 편해지고 적절히 수익이 나면 이익 챙기고 혹시 잘못 들어가면 바로 손절하고 나옵니다. 요즘은 게임을 하는 것처럼 즐겁습니다. 이렇게만 되어도 행복한 것 아닌가요?" 하고 대답했다. 순간 나는 할 말을 잃고 지인이 펴준 책의 소제목 '물처럼 사는 인생이 가장 아름답다' 만 쳐다보고 있었다.

지인이 앞으로 엄청난 부를 쌓게 될지 아니면 지금처럼 계속 연속행진을 쌓아 갈지는 모르겠다. 하지만 분명한 사실은 결코 불행한 삶은 살지 않을 것이라는 확신이 들었다. 아니 행복한 삶으로 진입을 하였구나 하는 생각이 든다.

기법을 믿고 실천하는 것이 심법인데 대부분의 투자자들은 내가 만든 기법조차도 잘 지키지를 않는다. 그렇기 때문에 심법의 중요성을 이야기한다. 심법을 완성하기 위한 구체적인 방법은 각자 알아서 잘 찾아봐야 한다. 명상을 하든, 산책을 하든, 운동을 통해 카타르시스를 느끼든, 고전과 같은 좋은 책을 읽든 각자가 추구하는 방식에 따라 마음을 잘 다스려 나가는 것도 매매에 도움이 많이 된다.

아울러 몸의 건강도 중요하니 운동도 게을리하지 말아야 하고 생활의 절제도 반드시 필요한 덕목이다. 성공한 고수들은 주중에 술 약속을 잡지 않는다. 술과 담배를 끊은 사람도 많고 설령 술을 좋아해도 주말에나 회포를 풀지, 주중에는 다음날 전투에 지장이 있다는 이유로 약속을 아예 잡지 않는다. 건강한 몸에서 올바르고 정확한 상황 판단이 수반되는 것이다.

Chapter 06

가장 중요한 덕목은 자금관리이다

대부분의 사람들이 기법을 완성하려 엄청난 시간과 노력을 기울인다. 그리고 더 나아가서 심법까지 완성되면 갖춰야 할 것은 다 구비한 것처럼 착각하는데 근본적으로 중요한 것이 있다. 그것은 자금관리이다. 투자자금은 항상 여유자금 범위에서 해야 하고, 자금운용계획을 철저히 세워 계획성 있는 투자를 해야 하는데 대부분의 투자자는 주먹구구식으로 자금을 관리한다.

필자는 신용이나 미수, 차입한 돈으로 투자를 하는 사람치고 성공한 사람을 못 보았다. 오히려 깡통 차는 것이 다반사고 빚에 시달리는 사람도 많이 보았다. 머피의 법칙처럼 급한 돈으로 투자를 하면 꼭 자금이 필요한 시기에는 손실구간이라 고민하게 하다가, 처분하고 나면 그 때야 주가가 반등한다. 참으로 이상하다. 아마 여러분들도 다 공감할 것이다.

자기 돈이 아니거나 여유자금이 아닌 상태에서 투자를 하면 심리적으로 쫓기게 된다. 심리적인 압박감이 심하니까 무리한 욕심을 부리게 되고 판단이 흐려지게 된다. 역동적인 시장 상황에 냉철하게 대응을 해야 하는데, 흐려진 이성으로 대응을 하게 되면 백전백패일 수밖에 없다. 그래서 남의 자금을 가지고 해서도 안 되고 곧 써야하는 자금으로 투자를 해서도 안 되는 것이다. 필자가 알던 사람은 자식 결혼자금을 몇 달만 운용하자고 했다가 실패하는 사람도 봤고, 전세자금 올려줄 돈으로 잠깐만 투자하자고 했다가 곤란함을 겪는 사람도 봤다. 종잣돈이 여유자금이 아니면 절대 투자해서는 안 된다. 사람들을 유혹하는 스탁론(stock loan)과 같은 제도가 사라졌으면 좋겠다. 스탁론은 주식매입자금을 대출해주는 것을 말한다.

생활비나 용도가 정해진 자금들을 동원해서 투자했다가 손실을 입게 되면 나중에 큰 어려움에 부딪혀 후회하기 마련이다. 급한 자금은 매매를 서두르게 만들고, 결국 깡통에 더 접근시키게 한다. 혹 운 좋게 주식에 입문해서 초기에 수익을 거둬 성공에 도취되어 자기 자금의 범위를 벗어나 무리하게 배팅금액을 키우다가 낭패를 겪는 경우도 많다.

수익이 생기면 수익금을 인출하여 안전한 예금통장에 따로 모아두어야 한다. 계좌에 남아 있는 돈은 언제 어떻게 될지 모르는 돈이고, 계좌에서 인출한 돈이야말로 비로소 내 돈이 되는 것이다.

아무리 철저한 기법과 심법으로 무장한다고 해도 자금관리가 제대로 되지 않으면 한순간에 무너질 수 있음을 명심하자. 이 부분은 간과하기 쉽지만 어쩌면 가장 중요한 부분이라고 할 수 있겠다.

이러한 자금 및 위험관리의 가장 중요한 목적은 시장에서 살아남기 위함이다.

수익인출을 계속하면 어느 날 손실이 나도 다시 재충전할 수 있는 기회를 갖게 된다. 재충전으로 다시 일어서면 되는 것이다. 수익금이 초기자금을 넘어서지 않는 한 무리하게 투자금액을 늘리지 않아야 한다. 한 방에 돈을 잃더라도 견딜 수 있는 수준에서 매매를 해야 한다. 주식시장은 돈을 잘 벌다가도 한 번의 잘못된 판단으로 엄청난 손실을 입을 수 있기 때문에 항상 조심하고 리스크관리를 철저하게 해야 한다. 그러기 위해서는 자금관리가 가장 중요한 덕목인 것 같다.

그리고 자기만의 기법이 완성되지 않은 사람은 반드시 모의투자를 통해 면허증을 취득해야 한다. 모의투자는 일단 재산상 손실이 없는 상태에서 여러 기법을 시도해 볼 수 있는 장점이 있다. 그러나 단점은 모의투자를 너무 오래 하다보면 손실에 무뎌지고, 잘못된 매매습관이 형성될 여지가 있다는 점이다. 예를 들면 모의투자 시 물타기를 하거나 잦은 매매를 하게 되는 점이다.

어떤 제도이건 이용자의 마음가짐에 따라 약이 될 수도 있고 독이 될 수도 있다. 모의투자의 좋은 점을 살려서 충분히 연습을 하고 실전에 돌입하자. 모의투자를 통해 자신의 기법을 활용해보고 자신만의 투자원칙을 발견한다면 실전투자에 대비한 좋은 경험이 될 것이다. 수익률이 좋은 사람들에게 시상을 하는 모의투자대회도 좋은 연습이 될 수 있다. 모의투자에서 수익이 쌓이지 않으면 주식을 포기한다는 각오로 임해야 할 것이다. 그리고 모의투자를 할 때 쓸데없이 이것저것 시도하는 것은 의미가 없다. 자신이 추구할 매매원칙에 부합되도록 진입하는 연습을 해야 한다. 모의투자니까 이것저것 시도해보다가 나쁜 매매습관만 키울 여지가 있다. 모의투자에서도 기다리는 연습도 필요하다. 필요 이상으로 진입시도를 하다보면 습관화되기 쉽다. 하여간 모투는 실전처럼, 실전은 모투처럼 해야 한다.

물론 모의투자에서 수익이 생겼다고 실전에 바로 써먹을 수 있는 것은 아니다. 겨우 면허증만 획득한 사람이 운전이 익숙해지기까지는 또 넘어야 하는 산이 있다는 것을 우리 모두는 알지 않는가?

끊임없이 공부하고 연구하면서 자신만의 툴을 갈고 닦고, 자신이 확립한 매매원칙을 목숨처럼 잘 지켜나가면 성공하는 트레이더로 거듭날 수 있다.

주식투자를 그만두든지, 아님 독하게 마음먹고 실천해 보든지 선택은 여러분의 몫이다.

Chapter 07

아직도 **일임매매를** 하고 있는가?

HTS의 보급이 일반화되기 전에는 증권사직원에게 전화를 걸어 주문을 넣는 방식으로 주식투자를 했다. 그러나 최근 HTS의 보급이 널리 확산되면서 인터넷만 되면 본인이 알아서 주문을 실행하기 때문에 증권사 직원에게 맡기는 일임매매의 피해는 많이 없어졌을 것이라고 생각했다. 그러나 최근 보도자료를 보고 아직도 일임매매의 피해사례는 지속되고 있다는 것을 알고 깜짝 놀란 적이 있다. 더구나 선물 옵션 투자도 일임매매 한다는 기사를 보고 더욱 더 놀랐다.

증권·선물업계 분쟁 작년보다 23.5% 늘어
전산장애 증가 탓, 부당권유·임의매매 등은 감소세

2011.07.25. 프라임경제

올해 상반기 증권·선물업계 민원과 분쟁이 지난해 같은 기간보다 23.5% 늘어난 것으로 조사됐다. 25일 한국거래소 시장감시위원회(위원장 김도형)가 발표한 현황 분석에 따르면 올해 상반기 발생한 민원·분쟁 건수는 총 910건으로 지난해 같은 기간 737건보다 23.5% 늘어난 것으로 나타났다.

원인은 일부 증권사의 HTS 업그레이드 과정에서의 장애 등 전산장애 관련 민원이 늘어났기 때문으로 분석됐다.

거래소에 따르면 전산장애 관련 민원과 분쟁이 총 297건으로 전체의 32.6%를 차지해 가장 빈번했으며 간접투자상품 관련 분쟁이 171건으로 18.8%, 부당권유가 57건(6.3%), 일임매매가 51건(5.6%), 임의매매 32건(3.5%), 주문집행 관련 분쟁 31건(34%) 순이었다.

부당권유, 일임매매 등 전통적인 분쟁유형은 지난해 상반기 165건, 하반기 141건에 비해 지속적으로 감소하는 추세였다. 반면 전산장애 관련 민원은 늘어나고 있는 것으로 조사됐다. (이하 생략)

필자의 상식으로는 도무지 이해가 안 되지만, 증권사 직원은 오히려 초를 다투는 선물 옵션매매라서 고객에게 일일이 전화를 할 수가 없다는 항변을 한다. 개장 전 기본적 전략을 상의하고, 장 종료 후 사후보고 하는 선에서 고객의 동의를 구하므로 사실상 일임매매에 가까울 수밖에 없다는 얘기다.

금감원 관계자도 "일임 거래로 문제가 생기면 증권사가 내부적으로 고객 계좌를 조사하고 고객자금을 일임하는지 준법감시인이 수시로 살피고 있지만, 현실적으로 영업 부정행위를 제대로 잡아내지 못하고 있다"며 단속에 어려움을 호소했다고 한다.

은밀하게 이뤄지는 그릇된 영업 관행은 근절될 기미를 보이지 않고 있다고 한다. 실제로 상당수 영업직원이 고객의 자금을 일임해 관리하면서 잦은 매매로 수수료를 올리는 행위가 일선 영업점에서 버젓이 벌어지고 있음에도 단속에 걸려든 사례는 거의 없다고 한다.

일임매매(discretionary transaction)란 고객으로부터 유가증권의 매매거래에 관한 위탁을 받은 경우에 그 수량, 가격 및 매매의 시기에 한해서 결정을 일임 받아 매매거래를 하는 것을 말한다. 증권회사가 일임매매를 하고자 할 때에는 사전에 일임매매 위임자로부터 유가증권의 종류, 종목 및 매매의 구분과 방법을 결정 받아 당해 위탁자와 약정기간을 1년 이내로, 종목 수는 5종목 이내로 하는 일임매매약정을 체결하고 위탁자와 동의를 얻어 당해 영업소의 임직원 중에서 당해 일임매매의 관리에 적합하다고 인정되는 자를 일임매매 관리자로 지명하여야 한다.

자본시장과 금융투자업에 관한 법률 제71조는 투자판단의 전부를 위임받는 금융투자상품 취득 및 처분 행위를 원칙적으로 금지하고 있다. 그럼에도 투자자들은 증권사 직원의 유혹을 뿌리치지 못하고 일임하는 경우가 많아 손실이 날 경우 분쟁이 발생한다. 하지만 법원판결을 살펴보면 일임매매 관련법을 무시한 채 투자자의 과실로 치부해버려 결국 증권사의 손을 들어준 판례가 허다하다.

때문에 의사결정을 증권사 직원에게 넘기게 되면 손실이 발생해도 투자자는 구제를 받기가 어렵다.

가장 좋은 방법은 자신의 책임 하에 HTS로 매매를 하는 것이다. 하지만 이미 발생한 경우에는 다음의 방법을 취해야 한다.

첫째, 주문정황과 통화내용을 녹취해야 한다.

둘째, 증권사를 상대로 먼저 손해배상 요구를 한다. 손해배상요구는 해당증권사 감사실에 거래 정황과 경위 날짜, 시간 등을 상세히 기록하고 증권사 직원이 답변한 내용도 상세히 적어서 내용증명 등기우편으로 감사실에 정식 민원을 제기한다.

셋째, 감사실의 답변이나 민원처리에 만족하지 못한다면 금융감독원 민원실에 다시 민원을 접수하라. 감사실에 제시한 내용과 감사실의 민원처리 답변도 첨부하고 증권사의 대응이 부당하거나 억울하다면 검찰에 동일한 내용의 고소장을 작성하여 증권거래법 위반으로 거래담당 직원과 증권사를 고발해야 한다.

증권사의 이런 횡포와 비도덕적인 거래관행은 실적위주의 일선영업현장이 만든 결과이다. 공소시효가 있기 때문에 빨리 민원을 접수하고 민원접수 전에 해당 증권사 지점 대표전화를 통해 그동안 있었던 내용을 상세히 대화하여 자동 녹취될 수 있도록 한다.

금융당국은 일임매매 관련 법령 자체를 좀 더 세심하게 정비해 분쟁의 여지를 최소화하는 노력을 기울여야 한다. 더불어 증권사도 투자자의 입장을 고려해 지나치게 잦은 매매는 지양하고, 투자자는 증권사 직원의 임의매매를 방관하는 입장에서 벗어날 필요가 있다. 그리고 시간이 없다는 이유로, 또 HTS조작이 미숙하다는 이유로 일임매매를 하면 안 된다. 법을 통해 해결은 할 수 있지만, 하다 보면 지치고 힘든 것은 나 자신이다.

임의매매도 마찬가지이다. 증권사 직원이 고객 동의 없이 유가증권을 매매하는 행위를 임의매매라 한다. 고객이 주식의 종류, 종목 및 방법에 관하여 일임한 바가 없음에도 불구하고 증권회사 직원이 고객의 결정 없이 임의로 매매한 경우에는 증권회사 및 직원을 상대로 손해배상을 청구할 수 있다. 다른 사항들도 앞에서 설명한 일임매매의 방식과 같다.

이렇게 성공하면 금융창업도 괜찮다

PART 06

Chapter 01

발상의 전환이 필요하다

필자도 주식투자를 본격적으로 시작하기 전에는 주식투자는 너무나 위험하기 때문에 쳐다보지도 말아야 하는 영역이라 생각했었다. 하지만 사회생활을 시작하면서 우리사주와 같이 본의 아니게 주식을 접하게 되면서 '공부를 열심히 하면 가능성이 있지 않을까' 하는 막연한 생각으로 본격적인 투자를 시작해 보았다. 또 '하다가 너무 힘들고 어려우면 그때 가서 포기하면 되지 뭐' 하는 얄팍한 생각으로 주식투자를 시작해 보았다.

그러나 주식투자는 앞에서도 언급했듯이 그렇게 만만하고 호락호락한 대상이 아니었다. 특히 주가가 상승기임에도 불구하고 주식을 보유하고 있는 것이 그렇게 유쾌하지 않고 항상 불안한 마음이 상존했다. 주가가 올라야 수익이 나고 며칠씩 보유하고 있어야 이익의 가능성이 열리는 주식투자는 무엇인가 불리한 게임이라는 생각을 지울 수가 없었다. 특히 한밤중이나 새벽에 미국장의 동태를 살피고 폭락이라도 하면 잠이 안 오는 너무나 가혹한 상황이 자주 연출될수록 마음고생은 심해졌다.

그래서 오버나이트를 하지 않는 주식단타에 관심을 갖고 공부를 하기 시작했다. 하지만 단타는 성공하기도 힘들지만 수익이 자주 발생해도 여러 가지 문제점이 있다는 생각이 들었다.

앞에서 설명했듯이 내가 고른 종목의 갑작스런 악재를 예상할 수 없다든지, 종목과는 상관없이 시장상황에 따라 개별종목의 주가가 연동될 수밖에 없다든지, 매일 종목을 필터링해야 한다든지, 많은 한계점이 있었지만 가장 중요한 이유가 있었다.

주식은 레버리지 효과가 없기 때문에 단타로 얻는 짧은 수익으로는 가끔 발생하는 손실을 커버하고도 만족할만한 이익이 발생되기 힘든 구조라는 것을 알았다. 주식도 미수나 신용, 스탁론과 같은 차입을 동원하면 레버리지 효과를 누릴 수 있다고 말하는 억지 주장은 뒤로 하자.

그래서 선물 옵션 투자에 관심을 갖기 시작했다. 처음 접하는 선물 옵션은 혼란스러움과 두려움의 표본이었다. 일단 선물의 경우, 호가단위가 2만 5000원씩 움직이니까 몇 틱만 움직여도 변동금액이 크게 확장되는 것이 무서웠다. 또 선물 1계약을 매매하려고 해도 1000만 원이 넘는 금액이 소요되는 것이 부담스러웠다. 옵션은 선물에 비해 투자금액을 조정할 수 있다는 메리트가 있는 반면, 개별 종목과 같이 호가의 움직임이 선물보다 더 급변하여 무서움 그 자체였다.

'아~ 이래서 선물 옵션은 위험하구나.' 하는 마음에 관심을 접고 다시 주식투자를 하게 되었다. 하지만 국제금융환경이 점점 나빠지는 것이 눈에 보이고, 국내 경제의 펀더멘탈도 필자의 눈에는 자꾸 악화되고 있는 것처럼 보이니까 오버나이트를 해야 수익이 나는, 또 가격상승만이 유일한 해결책이어야 하는 주식투자는 점점 부담으로 다가왔다. 그리고 주식시장을 좀 더 정밀하게 파악하기 위해서는 선물옵션 시장의 생리를 아는 것이 필수라는 생각이 들었다. 선물옵션 시장의 중요성을 실감하고 선물옵션을 좀 더 공부해보기로 마음을 다시 먹게 되었다.

필자는 선물옵션을 공부하고 난 다음 이런 점들을 느꼈다.
첫째, 선물옵션의 호가가 비록 빠르게는 움직이고 있지만, 적응하기 나름인 것이고, 본인이 리스크나 자금관리를 엄격하게 하면 주식보다 덜 위험할 수 있다.
둘째, 높은 레버리지 효과로 깡통의 가능성도 크지만, 적은 투자금액으로도

알아두면 좋은 상식

레버리지(leverage) : '지렛대'라는 의미로 금융계에선 차입을 뜻한다. 차입금을 지렛대로 투자 수익률을 극대화하는 것으로 경기가 호황일 때 효과적인 투자법이다. 이는 상대적으로 낮은 비용(금리)으로 자금을 끌어와 수익성 높은 곳에 투자하면 조달비용을 갚고도 수익을 남길 수 있기 때문이다. 선물투자에 있어서 거래대금의 13.5%의 증거금만 필요로 하기 때문에 현물투자에 비해 6~7배의 레버리지 효과가 있는 것이다. 즉 13.5%의 자금으로 100%에 해당하는 금액의 주문을 넣어 매매를 할 수가 있기 때문에 투자금액 대비 높은 수익률을 달성할 가능성이 있다는 것이다. 물론 같은 비율로 당연히 손실을 초래할 수도 있다는 점이 레버리지의 함정이라 할 수 있다.

큰 수익을 얻을 수 있는 가능성이 열려 있는 것이 선물옵션이다.

셋째, 현물투자나 선물투자를 하기 위해서는 옵션의 가격움직임이 가장 중요하다는 것과 손실무한대의 가격구조를 가진 옵션매도가 옵션매수보다 유리한 게임이라는 것을 알게 되었다.

자 그럼 필자가 주장하는 역발상을 지금부터 천천히 살펴보자.

Chapter 02

역발상의 실체를 파헤쳐 보자

1) 리스크에 노출시키는 금액이 더 중요하다

우선 선물옵션은 주식처럼 일방적인 게임이 아님은 주식투자자도 알고 있는 사실이니 많은 설명을 하지 않겠다. 선물옵션은 양방향 게임을 할 수 있는 도구이다. 지수가 상승할 것이라 생각되면 선물매수를, 지수가 하락할 것이라 판단되면 선물매도를 하면 되는 것이다. 옵션은 거기에다 2가지의 수단이 더 확장된다. 지수가 상승할 것이라 생각되는 투자자는 콜옵션 매수와 풋옵션 매도를, 지수가 하락할 것으로 판단하는 투자자는 풋옵션 매수와 콜옵션 매도를 할 수가 있다.

방향성을 제대로 타면 양방향의 수익을 거둘 수 있는 매력이 있는 상품이다. 물론 방향성을 잘못 예측하면 양쪽에서 깨질 수 있는 최악의 수단이 되기도 한다. 하지만 짝사랑의 가슴앓이보다는 두 사람이 같이 좋아하는 양방향

사랑이 더 행복하지 않을까?

　최고의 전문가 집단으로 이루어진 국민연금 기금운용본부가 2011년 들어 6월말까지 약 30조의 자금을 주식에 직접 투자해 2.28%의 저조한 성적을 냈다고 한다.(2011.08.21 한국경제신문 기사) 하물며 개인투자자들이 주식시장의 일방성 속에서 수익을 내기는 너무나 힘들 것이다. 선물옵션의 양방향성에 관심을 가져보자.

　둘째, 레버리지가 높기 때문에 고수익이 보장될 수도 있지만 주식보다는 위험한 선물옵션을 추천하는 것은 무리가 있지 않을까? 선물은 증거금율이 13.5%(예전에는 15%였음)이기 때문에 주식보다 레버리지가 6~7배가 높다고 한다. 선물의 승수금액 50만 원에 비해 옵션은 승수금액이 10만 원에 불구하기 때문에 옵션의 레버리지 효과는 주식에 비해 30~40배에 이른다고 한다. 분명히 주식보다는 선물이, 선물보다는 옵션이 위험하다고 해도 부인할 생각은 없다.

　하지만 역설적으로 생각하면 낮은 레버리지 때문에 하루 일정수익을 내기 위해서 주식에 투자해야 할 금액은 선물옵션보다 더 많아지게 되는 것이 문제이다.

　필자는 레버리지 숫자도 중요하지만 투자자가 쏟아 붓는 '금액'에 대한 리스크가 더 중요하다고 생각한다. 즉 리스크에 노출되는 1억이 100만 원보다 훨씬 위험할 수 있다. 위험률도 중요하지만 위험에 노출되는 절대금액도 중요하다. 주식투자로 일정수익을 거두기 위해서는 필요로 하는 금액이 많아지는 데 반해, 선물 옵션은 50~100만 원만 있어도 가능해지기 때문에 내 계좌에 돈이 많이 필요하지 않다는 것이다. 다소 안전하지만 투자금액이 많아져 위험의 가능성이 열리는 것이나, 다소 변동성은 크지만 투자금액이 적다면 큰 위험을 감당해낼 수 있는 정도가 될 수 있다.

선물옵션시장에는 대여계좌 제도가 있다. 대여계좌를 이용하면 투자금액이 50만 원만 있어도 매매를 시작할 수 있다. 최근 들어 선물옵션 투자자들은 증권사의 HTS에 돈을 쌓아놓고 거래를 하지 않는다. 대부분의 파생투자자들은 대여계좌를 이용하여 본인의 투자금액은 최소화해서 매매를 한다.

대여계좌란 정식적인 금융기관은 아니고 사적인 자금대여업체이다. 내가 50만 원을 입금하면 선물 1계약을 주문할 수 있는 1950만 원을 내 계좌에 입금 해준다. 자금을 공여하는 대신 거래에서 발생하는 수수료를 징수할 뿐이다. 즉 내 돈 50만 원만 있으면 선물 1계약을 매매할 수가 있다는 것이다. 투자가 실패하여 계좌가 깡통이 나도 50만 원만 손실을 보면 된다. 물론 내 돈 기준으로 10만 원이 되는 순간 강제적으로 반대매매가 나가서 50만 원도 다 손실을 보지는 않는다. 대여계좌업체 자신들의 위험을 관리하기 위해 회원들의 잔고가 본인이 입금한 금액기준으로 10만 원이 되는 순간 강제 청산하는 것으로 대비를 하고 있기 때문이다.

다만 대여계좌업체는 사설업체이기 때문에 간혹 금융사고가 발생한다. 하지만 업력이 오래되고 자본력이 튼튼한 업체를 선택하면 이러한 위험도 거의 없기 때문에 많은 파생투자자들은 대여계좌업체를 이용한다. 수수료율도 몇 년 전까지는 무척 높았는데 최근에는 대여업체끼리의 과당경쟁으로 증권사 HTS사용 수수료와 대등한 수준으로 낮아졌다. 필자가 사용하는 대여업체의 선물수수료가 0.0022%이다.

파생세계에서는 높은 위험성 때문에 투자자 본인의 기법과 심법에 자만을 하지 않는다. 즉 내 자신은 항상 비합리적일 수 있고, 비이성적인 존재일 수 있다는 가능성을 열어놓고 생각하기 때문에 종잣돈이 몇 천만 원 이상 있어도 매매계좌에는 최소한의 금액만 넣는 것이다. 그러한 특성을 잘 활용할 수 있는 것이 대여계좌이다.

이러한 대여계좌를 활용하면 100만 원 정도의 자금투입으로 선물은 2계약, 옵션은 20만 원짜리 4~5계약을 매수할 수 있고, 더 적은 수량이지만 옵션매도도 가능하다. 필자도 200만 원을 대여계좌에 넣어 놓고 수익이 발생하는 대로 돈을 인출해서 내 계좌에는 항상 최초의 금액만 유지시키고 있다. 조금 손실이 발생해도 추가로 납입을 하지 않고 좀 더 신중한 매매로 200만 원을 회복하려 노력한다. 최악의 경우에도 내 돈이 사라질 범위는 200만 원인 것이다.

다시 말해 위험한 투자에 투여되는 금액이 조금 더 위험률은 높지만 내가 감내할 수 있는 금액수준으로 적은 금액이 투입된다면 어느 것이 더 안전한 것일까?

내가 실력이 향상되어 계약수를 늘리기 위해 투자금액을 더 늘리는 것은 논외로 하자. 아직 완벽하게 실력검증이 되지 않은 사람들은 특히 매매하는 돈의 절대금액이 중요하다. 지금부터라도 50만 원만 대여계좌에 넣고 선물 1계약 또는 20만 원대 옵션 1~2계약으로 매매하는 실력을 키워나가자. 실력이 향상된 후에는 각자 알아서 자금관리와 위험관리를 하면 되는 것이다.

이상에서 살펴보았듯이 필자는 주식의 일방성을 극복하려는 시간에 선물옵션에 대한 공부를 해서 양방향을 즐기자는 것이고 오히려 선물옵션이 자금관리만 수반되면 더 안전할 수 있다는 것을 말하고 싶은 것이다. 대여계좌업체를 홍보하고 싶은 생각은 없다. 하지만 현 실정에서 대부분의 투자자들이 이용하고 있고 그 제도의 장점이 있는데 망설일 필요가 없다는 생각이 들어 공식적인 지면에서 언급하게 되었다. 오해 없기를 바란다.

2) 옵션도 매수보다는 매도가 유리하다

선물투자의 손익그래프를 그려보자. 【그림 6-1】은 선물가격이 상승할 때와 하락할 때의 손익그래프이다. 직선의 단순한 손익구조이기 때문에 이해하기 쉽다. 선물지수 250에 매수를 하면, 지수가 상승해 260에 청산할 때 +10포인트 이익이고, 지수가 하락해 240에 손절하면 -10포인트 손해이다. 마찬가지로 선물지수 250에 매도를 하면, 지수가 하락해 240에 청산할 때 +10포인트 이익이 나고, 지수가 상승해 260에 손절하면 -10포인트 손해인 것이다.

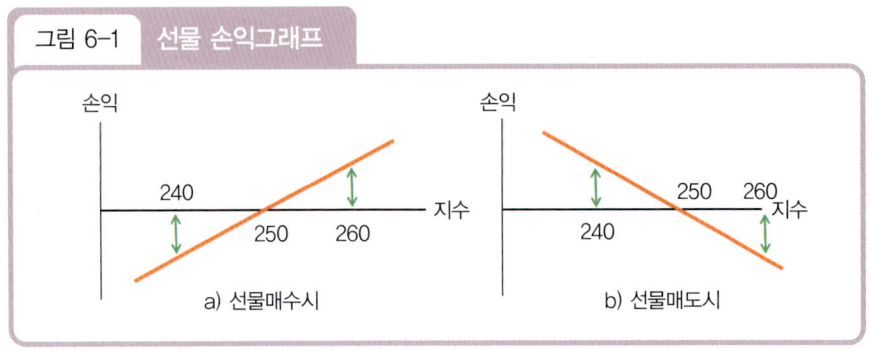

그림 6-1 선물 손익그래프

옵션투자의 손익그래프를 살펴보자. 옵션은 선물에 비해 약간 복잡하다. 먼저 옵션매수의 손익그래프를 【그림 6-2】를 통해 살펴보자. 중간에 꺾인 부분이 옵션의 행사가격이고 수평선 부분이 옵션을 사고팔 때의 '프리미엄'이다. 콜옵션과 풋옵션을 매수한 후 만기일까지 보유하였을 때의 손익그래프이다.

옵션매수는 무한대의 이익과 프리미엄으로 한정된 손실의 수익구조를 갖는다. 즉 콜옵션을 매수하면 지수의 상승 시 이익이 무한대이지만, 지수 하락 시의 손실은 내가 이미 지불한 프리미엄으로 한정된다. 반대로 풋옵션을 매수하면 지수의 하락 시 이익이 무한대이지만, 지수의 상승 시에는 손실이 내가 이미 지불한 프리미엄으로 한정된다.

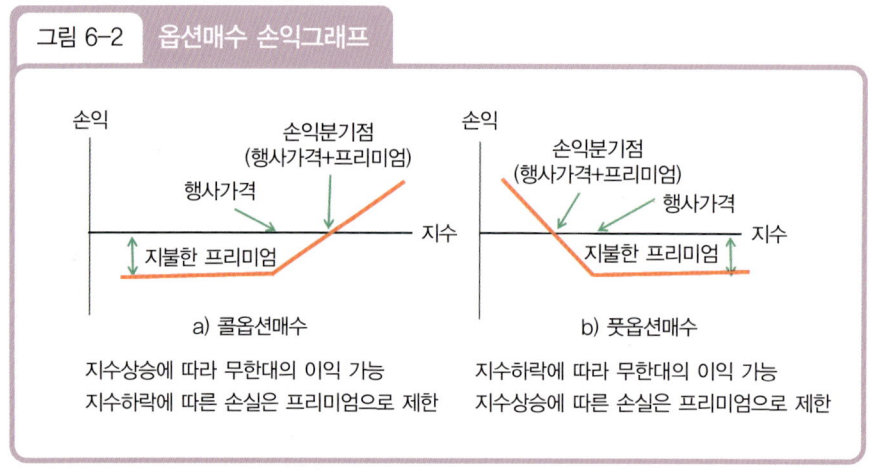

그림 6-2 옵션매수 손익그래프

옵션매도의 손익그래프는 옵션매수의 그것과 정반대이다. 【그림 6-3】을 보자. 옵션매도는 무한대의 손실과 프리미엄으로 한정된 이익의 수익구조를 갖는다. 즉 콜옵션을 매도하면 지수의 하락 시 이익은 프리미엄에 한정되지만, 지수 상승 시에는 손실이 무한대가 된다. 반대로 풋옵션을 매도하면 지수의 상승 시 이익이 프리미엄에 한정되지만, 지수의 하락 시에는 손실이 무한대가 될 수 있다.

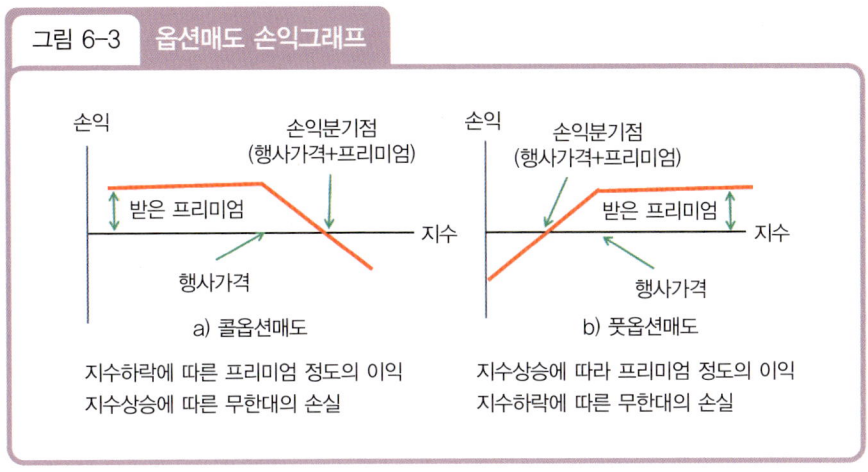

그림 6-3 옵션매도 손익그래프

a) 콜옵션매도
지수하락에 따른 프리미엄 정도의 이익
지수상승에 따른 무한대의 손실

b) 풋옵션매도
지수상승에 따라 프리미엄 정도의 이익
지수하락에 따른 무한대의 손실

결론적으로 옵션매수는 무한대의 이익과 한정된 손실로, 옵션매도는 무한대의 손실과 한정된 이익으로 귀결된다. 그럼 당연히 옵션매도는 불리하지 않은가? 그렇다. 그래서 개인들은 옵션매도를 선호하지 않는다. 옵션매도는 거대자본을 가진 기관이나 외국인들이 안정적인 프리미엄 수취이익을 누리기 위해서 하는 것이지, 소규모의 개인들은 접근하기 힘든 대상인 것이다.

그리고 옵션은 매수와 매도 증거금이 다르다. 매수는 현재 가격대로 그대로 주문을 넣어 매매를 할 수 있다. 즉 현재가격이 2.50인 옵션을 매수하려면 25만 원과 수수료가 있으면 매수가 된다. 하지만 옵션매도 시에는 복잡한 계산에 의해 증거금이 약 10배 이상 필요로 하게 된다. 같은 금액으로 옵션을 매수하는 것에 비해 훨씬 많은 금액이 필요로 하게 되어 방향성만 생각한다면 굳이 옵션매도로 방향성을 따라갈 필요가 없는 것이다.

> **알아두면 좋은 상식**
>
> **옵션매매 증거금 :**
>
> 1) 옵션매수 : 위탁금액(주문가격×주문수량×승수) 전액을 현금으로 징수한다.(수수료 별도)
> 2) 옵션매도주문: 다음 중 큰 금액(전액 대용증권 가능)
>   ① 주문수량 × 승수 × (기초자산 전일종가 ± 15%적용 최대이론가격 − 주문종목 옵션 전일종가)
>   ② 주문수량 × 승수 ×{(기초자산 전일종가 15%변동폭의 25% = 기초자산 전일종가 × 위탁증거금율(15%) × 25%)}
>
> *KOSPI 200 옵션거래 및 주식옵션거래의 매도주문에 대한 위탁증거금은 상기 ①과 ②중 큰 금액이고, 15%(위탁증거금률)와 25%는 최저율이며 회사는 그 이상에서 자율적으로 정할 수 있다. 옵션매도는 최종거래일에 권리배정을 받는 경우에만 현금이 필요하므로 과도한 금융기회비용이 발생하지 않도록 전액을 대용증권으로 납부할 수 있도록 하고 있다.
>
> *「대상자산 전일종가 ±15%적용 최대이론가격」이라 함은 KOSPI 200 옵션거래의 경우 대상자산인 KOSPI 200의 전일종가지수가 100P라면 콜옵션은 전일종가지수보다 15%상승한 115P를 적용하여 산출한 이론가격을 말하고, 풋옵션은 15% 하락한 85P를 적용하여 산출한 이론가격을 말한다.
>
> *「대상자산 전일종가 15% 변동폭의 25%」라 함은 KOSPI 200 전일종가지수(100P)의 15%의 25% 인 3.75P를 말하는데, 이는 대상자산의 전일종가에 위탁증거금률(15%) 및 25%를 곱한 수치를 의미한다. 이는 ITM 종목과 ATM 종목은 최대증거금이론가격으로 산출되나, 과외가격옵션(Deep OTM)은 최대증거금이론가격이 낮아 현물지수가 급격히 변동할 경우에 대비하여 징수하는 증거금이다.

그렇다면 옵션매도가 옵션매수가보다 손실가능성 여부나 주문가능수량의 불리에도 불구하고 왜 옵션매도를 해야 한다는 것일까?

이것은 가격의 움직임의 측면에서 말하는 것이다. 즉 매매를 하는 데 있어서 유리한 것이 어떤 것이냐의 문제이다. 선물과 달리 옵션은 매매가격에 프리미엄이 형성되어 있다. 이러한 프리미엄은 일종의 미래 가격흐름에 대한 예상치 또는 기대치가 반영된 결과이다. 그런데 프리미엄은 하루 장중에도 지속적으로 감소하는 구조일 뿐만 아니라 옵션만기일로 가면 갈수록 프리미엄은 축소될 수밖에 없는 것이 옵션거래의 생리이다.

통상 개인들은 무한대의 손실가능성과 증거금의 불리함 때문에 옵션매수를 선호한다. 하지만 무한대의 손실가능성이라는 것은 오버나이트를 하는 사람들에게 적용되는 손익구조이지 데이트레이더에게는 치명적으로 적용되는 약점이 아닌 것이다. 위에서 설명한 옵션의 손익구조는 내가 매매한 옵션을 만기일까지 보유하고 있다가 결제를 받을 때 적용되는 논리이고, 매일 매일 청산을 하는 데이트레이더는 해당사항이 없는 이론적인 것에 불구하다. 옵션의 매수나 매도는 방향성이 다를 때 손실을 본다는 것은 본질적으로 같다. 하지만 내가 만기결제를 받지 않고 더구나 당일 청산을 할 때는 손익구조의 그래프는 아무 상관이 없고, 얼마에 진입하고 얼마에 청산하느냐의 문제일 뿐인 것이다.

이러한 가격의 문제에서 시간이 경과하면 할수록 프리미엄이 감소하는 옵션매수게임이 매도보다 구조적으로 불리한 것이다. 데이트레이더에게는 옵션매도의 무한손실 가능성은 없는 것이다. 지난해 도이치뱅크 사건 때 엄청난 손실을 본 개인이나 기관투자가들은 만기결제를 받으려 했기 때문에 위험에 노출되었던 것이지, 동시호가 전에 옵션을 청산한 사람들에게는 아무 상관이 없었던 것이다.

다음으로 트레이딩의 관점에서 매도가 매수보다 유리하다는 말을 하고 싶다. 증시격언에 "매수는 차곡차곡 벽돌을 쌓아 올리는 것이고 매도는 한 번에 무너뜨리는 것"이라는 말이 있다. 즉 매수는 상방향으로 끌고 가는데 시간이 많이 소요되지만 고점에서 무너지는 가격붕괴는 순식간에 일어난다는 것이다. 물론 방향을 잘못 탓을 때 꾸준한 상승세도 무섭기는 하다. 하지만 급락하는 가격의 흐름은 공포를 느끼게끔 빠른 시간에 진행이 된다. 【그림 6-4】를 보라. 같은 시간대의 콜옵션과 풋옵션의 변동폭을 비교해보자.

먼저 동그라미 친 부분은 시초가에 갭이 다르게 형성되어 풋옵션이 콜옵션과의 조정폭을 맞추기 위해서 급상승을 한 것이니 그 부분은 일반적인 비교대상이 아니다. 양 옵션의 네모친 부분에서 콜옵션은 5.55를 고점으로 하락하기 시작하고, 풋옵션은 6.80을 저점으로 상승하기 시작한다.

하락하는 풋옵션 : 5.55 → 4.10 = − 1.45 : 26% 하락
상승하는 콜옵션 : 6.80 → 7.95 = + 1.15 : 17% 상승

콜옵션의 상승폭보다 풋옵션의 하락폭이 크다는 것을 알 수 있다.

양옵션은 그 이후 횡보를 거듭하다 종가 무렵 좀 더 시세를 이어간다. 풋옵션의 당일 저가와 콜옵션의 당일 고가를 비교해보자.

하락한 풋옵션 : 5.55 → 2.92 = − 2.63 : 47% 하락
상승한 콜옵션 : 6.80 → 9.45 = + 2.65 : 39% 상승

비교하는 시점부터 종가까지의 시세도 상승폭보다는 하락폭이 크다는 것을 알 수 있다.

그림 6-4 하락과 상승폭 비교

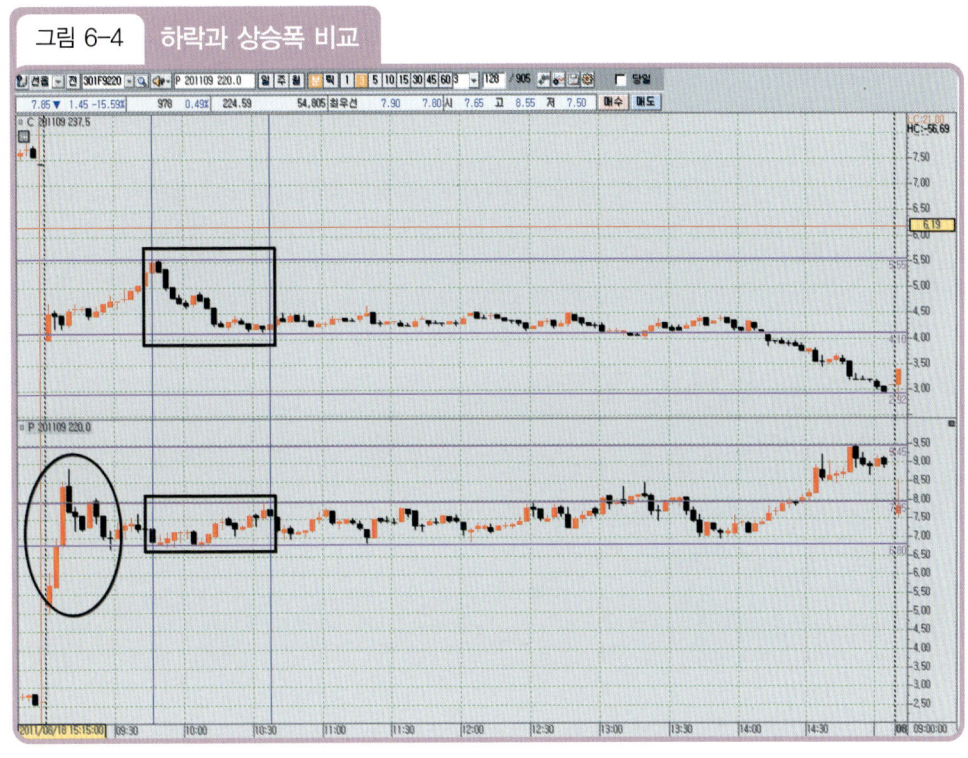

 또 일반적으로 상승을 하던 가격은 눌림이 오면 깊을 때가 많다. 깊은 눌림 후에 꾸역꾸역 상승을 계속하기 때문에 지속적인 상승세도 무섭다. 그런데 하락을 하던 가격은 반등이 와도 약할 때가 많다. 매도세가 워낙 강하기 때문에 반등이 약해 곧바로 추가적인 매도로 전환하는 모습을 많이 경험했을 것이다.
 즉 매수는 눌림이 깊어 쉽게 청산의 유혹을 느끼기 때문에 큰 수익을 내기 어렵지만, 한번 진행된 매도의 흐름은 반등이 약할 때가 많아 더 큰 수익을 낼 가능성이 많다는 것을 매매를 해본 사람은 잘 알 것이다.

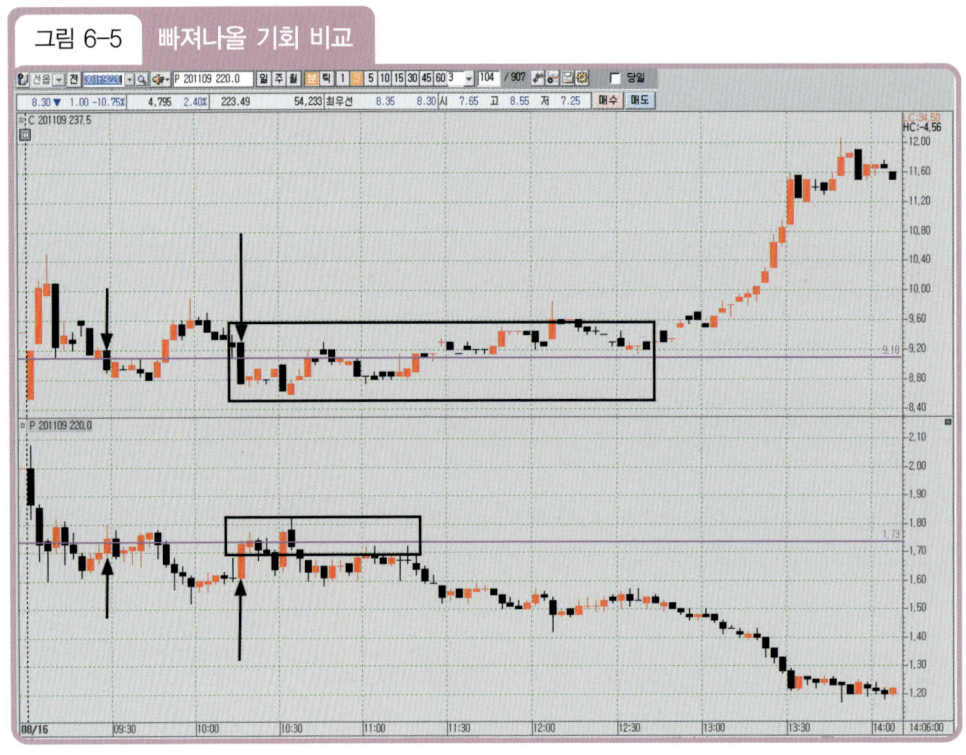

그림 6-5 빠져나올 기회 비교

또한 눌림과 반등 시 잘못 진입한 경우에 적용해도 마찬가지이다. 만약에 매수를 잘못 진입하면 시세의 반전에 따른 손실의 폭이 크지만 잘못 진입한 매도는 시세가 상승으로 전환해도 눌림이 깊어 본절 정도에 청산할 기회를 줄 때가 많다. 【그림 6-5】를 보라. 콜옵션의 화살표 캔들에서 직전봉의 저점을 깰 때 매도진입을 성급하게 하였다고 하자. 그 이후 횡보를 거듭할 때 본절로 빠져나올 기회가 몇 시간 지속될 정도로 많이 연출된다. 하지만 똑같은 시점에서 풋옵션 매수를 진입하였다고 하자. 역시 직전봉의 고점을 돌파할 때 진입을 잘못했는데 그 이후 본절에 빠져나올 기회는 매도하는 경우보다 훨씬 적음을 알 수 있다. 매매를 조금이라도 해본 사람은 이런 경험을 많이 했을 것이다.

이제 필자는 다음과 같이 결론을 말한다.

첫째, 옵션의 데이트레이더에게 옵션매도의 손익구조는 아무 상관이 없다는 것이다. 즉 100원에 사서 150원에 청산을 하여 이익을 누리는 것이나, 150원에 매도를 해서 100원에 청산을 하여 이익을 누리는 것이나 똑같다는 것이다. 손실을 볼 경우에도 마찬가지이다.

둘째, 옵션 프리미엄의 속성상 매수게임은 만기일까지 불리한 게임이다.

셋째, 매도 시 한꺼번에 쏟아지는 힘이 꾸준히 유입되는 매수의 힘보다 강할 때가 많기 때문에 옵션매도로 수익을 낼 확률이 높다.

넷째, 잘못 진입한 매수는 회복하기 힘들지만, 잘못 진입한 매도는 본절에 빠져나올 기회를 줄 때가 많기 때문에 옵션매도가 유리하다.

따라서 실력이 붙을 때까지는 20만 원대 옵션 1계약으로 매도 게임을 연습해서 위험관리 및 자금관리가 수반되는 트레이딩 연습을 해야 하는 것이다.

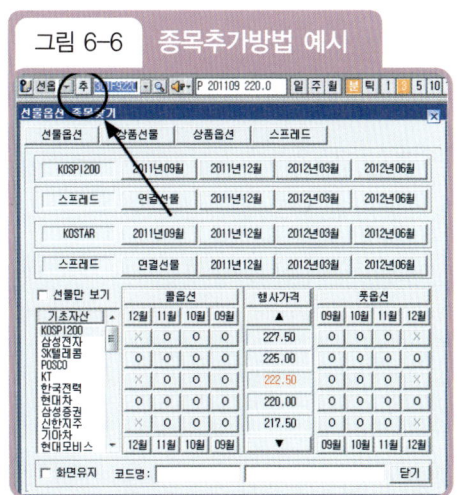

지금 등장한 2단차트의 작성은 매우 쉽다.【그림 6-6】을 보자.

맨 위 상단의 메뉴바에서 '선

옵' 이라는 글자 옆에 '전' 이라는 글자를 클릭하면 '추' 자로 바뀐다. 그리고 나서 돋보기를 누르면 종목을 선택하는 메뉴가 나온다. 그 메뉴에서 하단에 같이 볼 종목을 클릭하면 위아래로 차트가 펼쳐진다. 콜옵션, 풋옵션, 선물 3종목을 3단차트로 볼 수도 있다. 종목추가만 하면 되는 것이다.

03 Chapter

매매에 필요한 최소한의 지식은 알고 하자

여기에서는 매매를 하는데 꼭 필요한 내용만 기술하고자 한다. 좀 더 세세히 알고 싶은 분은 시중에 나와 있는 이론서를 참고하기 바란다.

주가지수선물

선물거래 중 증권시장에서 매매되는 전체 또는 일부 주식의 가격수준인 주가지수를 매매대상으로 하는 선물을 말한다. 즉, 주가지수선물거래는 미래의 주식가격을 예측하여 일정한 날에 매매를 행할 것을 정해두는 것으로, 보통 3개월 또는 6개월 후의 주가지수를 예상하여 그 주가지수를 사고파는 거래를 말한다.

우리나라에서는 1996년 5월에 주가지수선물시장이 개설되었다. 주가지수선물거래의 대상이 되는 지수는 증권거래소가 선정한 KOSPI 200 지수가 사용되고 있다.

KOSPI200(Korea Stock Price Index 200)

한국을 대표하는 주식 200개 종목의 시가총액을 지수화한 것이다. 이들의 시가총액이 1990년 1월 3일 기준으로 얼마나 변동되었는지를 나타내는 것으로, 증권거래소가 1994년 6월 도입하였다.

200개 종목은 시장 대표성, 유동성, 업종 대표성을 고려하여 선정하는데, 전체종목을 어업·광업·제조업·전기가스업·건설업·유통서비스업·통신업·금융서비스업·오락문화서비스 등 9개 업군으로 분류하여 시가총액과 거래량 비중이 높은 종목들을 우선 선정한다. 연 1회 선물·옵션주가지수 운영위원회에서 정기심의를 거쳐 종목을 새로 구성하여 7월 1일부터 적용한다. 상장이 폐지되거나 관리종목으로 지정 또는 인수합병 등이 발생하면 대상에서 제외되고 미리 정해진 순서에 따라 새 종목이 자동으로 합류된다.

상장종목수의 20%밖에 되지 않으나 전종목 시가총액의 70%를 차지하여 종합주가지수의 움직임과 일치한다.

주가지수 옵션

기초자산인 주가지수(KOSPI 200 혹은 KOSDAQ 50)를 특정시기(만기일)에 미리 지정된 가격(행사가격)으로 매입(콜옵션) 또는 매도(풋옵션)할 수 있는 권리를 말한다.

풋옵션(팔 수 있는 권리)이든 콜옵션(살 수 있는 권리)이든 옵션을 사는 사람(옵션 매수자)은 대상 자산을 행사가격으로 팔거나 살 수 있는 권리를 보유하게 되며, 권리행사여부는 옵션 매수자의 자유선택에 달려 있다.

옵션을 파는 사람(옵션 매도자)은 매수자로부터 프리미엄(옵션가격)을 받는 대신 기초자산을 행사가격에 팔 의무를 지게 되며, 매수자의 요구가 있으면 즉시 권리행사에 따른 의무를 이행해야 한다.

따라서 옵션 매수자의 경우에는 이미 지불한 프리미엄 수준으로 손실이 한정되지만 매도자의 경우에는 무제한적인 손실을 볼 수도 있다.

선물옵션의 거래단위

선물은 1계약을 기준으로 거래되기 때문에 1계약을 거래했을 때 얼마만큼 거래대상을 인수도할 것인지를 정하게 되는데 이러한 계약의 크기를 거래단위라고 한다. KOSPI200 선물의 경우에는 'KOSPI200 지수×50만 원'이 1계약 당 거래단위가 된다. 거래단위에 계약수를 곱하면 약정금액(투자금액)이 되는 것이다.

그렇다면 코스피200 지수가 200P(포인트)일 경우 코스피 선물 10계약을 거래하고자 할 때 1계약 당 거래단위와 약정금액은 어떻게 될까? 1계약 당 거래단위는 200P×50만 원=1억 원이니까 10계약을 거래하기 위해서는 약정금액은 1억 원×10계약=10억 원이 된다.

옵션은 1포인트 당 10만 원이다. 따라서 옵션의 프리미엄이 5포인트라면 1계약 당 50만 원이 되는 것이다. 마찬가지로 거래단위에 계약수를 곱하면 약정금액이 된다.

선물 약정금액 = KOSPI200 지수 × 50만 원 × 계약수
옵션 약정금액 = 옵션 프리미엄 × 10만 원 × 계약수 이다.

선물 · 옵션의 호가단위

호가단위(Tick size)는 선물이나 옵션계약의 매입, 매도 주문 시에 제시하는 가격의 최소가격 변동 폭을 말한다. 거래소에서는 각 선물·옵션상품별로 가격대에 맞는 호가의 크기를 표준화시켜 놓고 있다. 여기에 계약단위를 곱하면 최소호가단위의 1단위 변동할 때의 계약 당 손익변동금액이 산출되며 이를 한 틱의 가치(Tick value)라고 부른다.

선물에서는 0.05포인트가 1호가단위가 된다. 따라서 1호가단위 당 2만 5000원(0.05P×50만 원)의 가격변동이 생기게 된다. 만약 1P 움직이게 되면 50만 원의 수익 또는 손실이 발생하게 되는 것이다.

옵션의 경우에는 프리미엄이 3포인트 이상일 때에는 선물과 마찬가지로 0.05포인트가 1호가단위가 된다. 그러나 프리미엄이 3P 미만일 때에는 0.01포인트가 1호가단위가 된다.

선물 · 옵션의 가격제한폭

선물의 경우는 전일의 정산가격(종가) 대비 ±10%를 가격제한폭으로 하고 있다. 따라서 상한가의 경우는 전일의 종가에 1.1을 곱한 값이 상한가가 되는데, 만약 계산 값이 호가단위에 해당되지 않는 경우에는 계산 값보다 바로 아래 호가단위에 해당하는 값으로 하게 된다.

하한가의 경우는 전일의 종가에 0.9를 곱한 값이 하한가가 되는데, 만약 계산 값이 호가단위에 해당되지 않는 경우에는 계산 값보다 바로 위 호가단위에 해당하는 값으로 하게 된다.

예를 들어 선물 전일 종가가 220.05P로 마감되었을 때 당일 선물시장에서 상한가와 하한가는 어떻게 될까?

상한가는 전일 종가에 1.1을 곱한 값이므로 220.05P×1.1=242.055P가 되나, 계산 값이 호가단위에 해당되지 않으므로 바로 아래 호가단위에 해당하는 242.05P가 상한가가 된다. 또한 하한가는 전일 종가에 0.9를 곱한 값이므로 220.05P×0.9=198.045P가 되나, 계산 값이 호가단위에 해당되지 않으므로 바로 위 호가단위에 해당하는 198.05P가 하한가가 된다.

한편 옵션의 경우에는 상하한가 제도가 따로 없다. 즉, 가격제한폭을 두지 않는 것이다. 그러나 입력착오로 인한 불의의 피해를 방지하기 위하여 코스피200 지수가 ±15% 변동(코스피200 전 종목 상한가 또는 하한가)할 때의 옵션의 이론가격을 벗어나는 호가는 주문접수를 하지 않게 된다.

주의할 것은 선물의 경우 10%이지 '10포인트가 아니다' 라는 것이다. 착각하는 사람들이 많다.

선물 수수료 및 매매손익 계산방법

조건 : 선물지수 280에 매도진입, 279에 청산 (1계약), 수수료율 0.003%

① (280.00 − 279.00)×500,000 = 500,000 매매이익

② 280.00×500,000×0.003% = 4,200 매수수수료

③ 279.00×500,000×0.003% = 4,185 매도수수료

④ 실제이익 : 500,000 − 4,200 − 4,180 = 491,620

옵션 수수료 및 매매손익 계산방법

조건 : 프리미엄 2.00에 매수진입, 2.30에 청산 (1계약), 수수료율 0.15%

① (2.30 − 2.00)×100,000×1 = 30,000 매매이익

② 2.00×100,000×0.15% = 300 매수수수료

③ 2.30×100,000×0.15% = 345 매도수수료
④ 실제이익 : 30,000 - 300 - 345 = 29,355

선물·옵션의 만기 및 결제월

선물과 옵션투자에서는 주식의 경우와는 달리 만기라는 개념이 있다. 주식은 그 회사가 망하여 상장폐지가 되지 않는 한 투자자가 원하면 얼마든지 장기보유가 가능하지만 선물과 옵션은 만기일 즉 결제일이 도래하면 매수 또는 매도포지션을 청산하여야 한다. 선물은 미래의 특정시점에 거래대상을 주고받는 계약이므로 언제 인수도할 것인지를 정해 놓아야 한다. 선물은 3개월을 만기로 하여 청산하게 되므로 코스피200 선물의 경우 결제월이 3·6·9·12월로 각 분기별로 만기일이 돌아오게 된다. 만기일인 최종거래일은 해당 분기별로 결제월의 '두 번째 목요일' 이다.

옵션은 1개월을 만기로 하여 청산하기 때문에 매월 '두 번째 목요일' 이 만기일인 최종거래일이 된다.

이때 주의할 것은 둘째 주 목요일이 아니라는 것이다.

옵션의 행사가격

우리가 공부하고자 하는 KOSPI200 주가지수 옵션거래를 예로 들어 설명하도록 하자. 지금 현재 KOSPI200 지수가 200P라고 하자. 한 달 뒤에 만기가 돌아오는 행사가격 220인 콜옵션의 가격이 5포인트라 하자.

행사가격 220인 콜옵션의 가격(프리미엄)이 5포인트라는 말은 만기에 KOSPI200 지수를 220에 살 수 있는 권리가 5포인트, 즉 50만 원(5P×10만 원)이라는 뜻이다.

행사가격이란 옵션계약에서 옵션매수자가 만기일 또는 그 이전에 권리를 행사할 때 적용되는 가격, 즉 사거나 팔기로 약속한 기준가격이다.

KOSPI200 지수가 한 달 뒤에 230P가 되면 콜옵션을 행사해서 230P인 KOSPI200을 220P에 살 수 있으니까 10P 만큼의 차익이 생기는 것이다. 10포인트면 포인트 당 10만 원이니까 100만 원의 이익이 발생하는 것이죠. 여기서 옵션가격인 5포인트 50만 원을 제하면 순수익은 50만 원이 되는 것이다.

이와 같이 콜옵션은 주가지수가 올라갈수록 이익이 커지니까 가격도 비싸진다.

그렇다면 풋옵션의 경우는 어떻게 되나? 콜옵션과는 반대가 된다.

행사가격 220P인 풋옵션의 가격(프리미엄)이 2포인트이고 한 달 뒤 만기에 KOSPI200 지수가 230P가 될 경우 어떻게 될지 설명해보자.

풋옵션은 팔 수 있는 권리이니까 행사가격 220P인 풋옵션의 가격이 2포인트라면 1계약 당 20만 원을 주고 살 수 있는 것이다. 이를 한 달 뒤 만기에 230P에 팔면 10포인트나 손해보고 팔게 된다.

이런 경우 행사권을 포기하고 원금 20만 원을 날리면 된다. 즉 풋옵션을 매수했을 때 지수가 행사가격 이상이 되면 풋옵션을 사느라고 들어간 프리미엄 만큼 손실을 볼 수밖에 없는 것이다.

옵션은 비교적 적은 프리미엄으로 살 수가 있지만 수익률이 높은 만큼 손실을 볼 확률도 높다. 즉, 옵션의 경우 방향성을 잘못 맞추어 만기 때에 콜옵션의 경우 지수가 행사가격 이하가 되거나 풋옵션의 경우 지수가 행사가격 이상이 되면 옵션을 사느라고 지불했던 프리미엄은 휴지조각이 되는 것이다.

서킷브레이커(circuit breakers)

주식시장에서 주가가 급등 또는 급락하는 경우 주식매매를 일시 정지하는 제도이다. 전기 회로에서 과열된 회로를 차단하는 장치를 말하듯, 주식시장에서 주가가 갑자기 급락하는 경우 시장에 미치는 충격을 완화하기 위하여 주식매매를 일시 정지하는 제도로 '주식거래 중단제도' 라고도 한다.

1987년 10월 미국에서 사상 최악의 주가 대폭락사태인 블랙먼데이(Black Monday) 이후 주식시장의 붕괴를 막기 위해 처음으로 도입되었다. 뉴욕증권거래소의 경우 10%, 20%, 30%의 하락 상황에 따라 1~2시간 거래가 중단되거나 아예 그날 시장이 멈춰버리기도 한다.

한국에서는 증권거래소가 하루에 움직일 수 있는 주식의 가격제한 폭이 지난 1998년 12월 종전 상하 12%에서 15%로 확대되면서 손실을 입을 위험이 더 커진 투자자를 보호하기 위해 도입하였다. 코스닥시장에는 2001년에 도입되었는데, 현물주식과 선물옵션의 모든 거래를 중단시키는 현물 서킷브레이커와 선물옵션 거래만 중단시키는 선물 브레이커로 구분된다.

현물 서킷브레이커는 현물주가가 폭락하는 경우에만 발동하며, 선물 서킷브레이커는 선물가격이 급등하거나 급락할 때 모두 발동된다.

종합주가지수가 전일에 비해 10% 이상 하락한 상태가 1분 이상 지속되는 경우 모든 주식거래를 20분간 중단시킨다. 서킷브레이커가 발동되면 30분 경과 후에 매매가 재개되는데 처음 20분 동안은 모든 종목의 호가접수 및 매매거래가 중단되고, 나머지 10분 동안은 새로 호가를 접수하여 단일가격으로 처리한다. 선물·옵션시장에서는 선물가격이 상하 5%, 괴리율이 상하 3%인 상태가 1분간 지속되면 5분간 매매를 중단하고, 10분간 호가를 접수하여 단일가격으로 처리한다.

주식시장 개장 5분 후부터 장이 끝나기 40분 전인 오후 2시 20분까지 발동할 수 있고, 하루에 한 번만 발동할 수 있다. 한 번 발동한 후에는 요건이 충족되어도 다시 발동할 수 없다.

사이드카(Side Car)

사이드카는 선물시장의 급등락이 현물시장에 과도하게 파급되는 것을 막기 위한 장치이다. 즉, 선물의 가격이 급격하게 오르거나 떨어질 때 현물시장에 미치는 충격을 완화하기 위해 일시적으로 현물 프로그램매매 체결을 지연시켜 시장을 진정시키고자 하는 것이 사이드카 조치의 목적이다.

예를 들어 선물이 전날보다 급하게 오르면 현물시장에 '프로그램 매수 물량'이 쏟아지게 된다. 반대로 선물이 심하게 떨어질 경우 현물시장에 '프로그램 매도 물량'이 쏟아진다.

프로그램 매매는 컴퓨터에 일정한 조건에서 매도나 매입을 판단하도록 짜여진 프로그램을 입력해 주식을 일정 가격대 안에서 거래하는 것이기 때문에, 조건만 맞으면 하루에도 몇 번이고 대량의 매매주문을 현물시장에 내놓는다.

이런 프로그램 매매 때문에 현물시장의 가격변동이 심화될 수 있으므로 현물시장에 들어오는 프로그램 매매 주문의 처리를 5분 동안 보류시키는 게 바로 '사이드카'이다. 5분이 지나면 사이드카는 자동으로 풀리고 주문 순서에 따라 다시 프로그램 매매가 체결된다.

KOSPI선물시장의 경우 전일의 거래량이 많은 종목의 선물가격이 기준가격(전일종가) 대비 5% 이상 변동해 1분 이상 지속될 때 주식시장의 프로그램 매매 호가는 5분간 효력이 정지된다.

코스닥시장에서는 코스닥50 지수선물 종목 중 전날 거래량이 가장 많았던 종목이 전일대비 6% 이상 상승 또는 하락한 상태가 1분 이상 지속될 경우, 프로그램 매매 호가가 5분간 정지된다.

사이드카는 하루에 한 번만 쓸 수 있다. 또 주식시장 매매거래 종료 40분 전 이후, 즉 오후 2시20분 이후에는 발동되지 않는다.

등가격, 내가격, 외가격

등가격이란 옵션거래에서 콜옵션이든 풋옵션이든 간에 옵션의 행사가격과 그 옵션의 기초가 되는 자산의 시장가격이 같은 경우를 일컬으며 이때의 옵션을 등가격옵션이라고 부른다. 이렇게 볼 때에 선물옵션의 경우에 있어서의 등가격은 옵션의 행사가격과 그 옵션의 기초가 되는 선물의 시장가격과 같은 경우이다. 이러한 등가격옵션을 즉각적으로 행사한다면 이익도 손해도 나지 않을 것이다.

내가격이란 옵션거래에 있어서 콜옵션의 경우에는 기초자산의 현재가격이 그 옵션의 행사가격보다 훨씬 높은 상태, 그리고 풋옵션의 경우에는 기초자산의 현재가격이 그 옵션의 행사가격보다 훨씬 낮은 상태를 일컫는다. 이러한 상황 하에서 즉각적으로 그 권리를 행사한다고 가정하면 큰 이익을 보게 될 것이다.

외가격이란 옵션거래에 있어서 콜옵션의 경우에는 기초자산의 현재가격이 그 옵션의 행사가격보다 훨씬 낮은 상태, 그리고 풋옵션의 경우에는 기초자산의 현재가격이 그 옵션의 행사가격보다 훨씬 높은 상태를 일컫는다. 이러한 상황 하에서 즉각적으로 그 권리를 행사한다고 가정하면 큰 손실을 보게 될 것이다.

이상에서 우리는 선물옵션의 데이트레이딩을 위해서 반드시 알고 있어야 하는 용어를 설명하였다. 선물옵션 입문서를 보면 공부해야 할 내용이 많다. 하지만 매매를 하는 데는 아무 쓸모없는 이론적인 부분이 대부분이고 위에서 언급한 내용들조차도 어쩌면 사고파는 데는 큰 도움이 안 될 수도 있다. 매매는 매매일 뿐이다. 싸게 사서 비싸고 팔고, 비싸게 팔고나서 싸게 사들이면 되는 것이다. 특히 이론서에 나오는 합성전략부분들 같은 경우 개인들이 선물옵션을 트레이딩하는 데는 아무 도움이 되지 않으니 어렵다고 고민하지 말고 책을 덮어라.

선물옵션 매매는 어려운 것이 아니다. 잘못했을 때 위험할 뿐이고 절제력이 수반 안 되면 큰일이 나는 것일 뿐이다. 또 데이트레이딩을 설명할 것이기 때문에 만기결제에 관련된 부분들도 앞에서 설명한 행사가격이나 옵션의 손익구조정도만 알아두자.

Chapter 04

소액으로 대응방법을 익혀라

1) 대박은 나의 몫이 아니다

"선배 말 듣고 풋옵션 매수…1700만 원이 나흘새 13억"
폭락장에 코스피200지수 매수, 나흘만에 76.5배 대박

2011.08.18. 머니투데이

30세를 갓 넘긴 미혼 직장 여성이 최근 증시 폭락 때 풋옵션에 투자해 76.5배의 '초대박'을 터뜨렸다. 1700만 원의 투자 원금이 나흘새 13억 원이 된 것.
17일 증권업계에 따르면 여의도에서 직장생활을 하는 김아름씨(31·가명)는 지난 3일 친분이 있는 선배의 권유로 행사가격이 242인 코스피200지수 풋옵션을 1700만 원

어치 샀다. 김씨가 풋옵션을 매수한 날은 코스피지수가 이틀 연속 50포인트 이상 급락, 지수가 5% 이상 내려간 상태였다. 모 경제일간지 기자로 일하고 있는 과거 직장 선배가 "폭락장에서는 풋옵션을 사야 수익을 낼 수 있다"고 조언하자 곧바로 실행에 옮겼다.

풋옵션이란 주식을 정해진 가격에 팔 수 있는 권리를 사고파는 것으로 주가가 떨어질수록 돈을 번다. 매수인의 입장에서 주식 가격이 하락하면 무한정의 이익을 얻을 수 있고, 주식가격이 상승하더라도 프리미엄만 포기하면 되므로 손해는 한정된다.

하지만 레버리지가 크기 때문에 개미들이 투자하기에 부적합한 투자대상으로 인식되고 있는 것도 사실이다.

증권사도 아닌 일반 기업에 다니는 직장인이 하루 종일 홈트레이딩 시스템(HTS)을 바라볼 수도 없는 일. 바쁜 업무에 매몰돼 주가 시세도 챙겨보지 못하다 어느 순간 계좌를 열어본 김 씨는 입이 벌어졌다. 계좌평가액이 1700만 원에 '0' 몇 개가 더 붙어 10억 원대로 불어나 있었던 것. 4거래일을 보유한 후 김씨는 코스피지수가 전 저점을 갱신한 9일 풋옵션을 매도했다. 1700만 원을 투자해 김 씨가 번 돈은 13억 원. 수익률로 계산하면 765%에 달한다. 평범한 직장인이 일만 해서는 평생 만져볼 수 없는 돈을 김 씨는 단 5일 만에 벌었다.

김씨에게 풋옵션 투자를 권유한 선배인 모 경제지기자는 조언만 해주고 정작 본인은 주식을 사지 않은 것으로 확인됐다. 그는 "농담처럼 한 말이었는데 진짜 샀다는 얘기를 듣고 나중에 놀랐다. 오히려 투자에 능숙한 전업투자자였더라면 쉽게 저지르지 못했을 것"이라고 밝혔다.

여의도의 한 증권사 직원은 "마냥 부럽고 한편으론 배짱이 대단하다는 생각이 든다"고 혀를 내둘렀다.

이런 기사를 읽고 선물옵션을 인생역전의 기회로 삼으려는 사람들이 많아 우리나라 파생시장이 활기를 띠고 있다고 해도 무리가 없을 듯하다. 선물옵션을 조금이라도 아는 사람은 이런 기사를 읽으면 별 감흥이 없다. 왜냐하면 이런 일은 무식함과 무모함의 결과이고 다만 그 결과가 좋았을 뿐이다. 9·11테러 때의 시세 급변동으로 500배의 대박이 터져서 기사화되자 일반인들의 관심이 파생시장으로 쏠렸다. 그때 이후 이런 사건들은 심심치 않게 신문지상을 장식한다.

기사에 보면 옵션매수는 손실은 한정되어 있지만 이익은 무한대라는 구절이 나온다. 선물옵션을 모르는 일반인들이 보면 위험하긴 하지만 투자의 매력이 넘쳐나는 상품으로 오인되기 쉬운 글귀이다. 하지만 그 미혼여성에게 1700만 원이 없어져도 되는 돈인지는 모르겠지만 손실이 한정되어 있다는 말이 원금이 고스란히 날아갈 수도 있다는 부연설명을 달면 파생상품이 매력적인 상품으로만 다가올까?

필자에게 1700만 원은 엄청나게 큰돈이기 때문에 옵션을 사서 4~5일씩 오버나이트 할 수 있는 배짱이 없다. 아마 그 여성분도 선물옵션의 무서움을 알게 되면 될수록 지난날의 행적이 소름 돋을 것이라 생각한다. 이제 이런 대박기사는 재물복이 따르는 몇 안 되는 행운아의 몫으로 돌리자.

선물옵션의 매매기술을 연마해서 적은 돈이지만 꾸준히 벌 수 있는 방법을 모색해보자. 대박만을 추구하는 사람은 언젠가는 깡통의 비참함을 맛볼 것이다. 때론 살면서 "저 일은 나에게는 일어날 수 없는 일이야"라고 체념하는 것도 도움이 될 때가 많다. 이 세상 좋은 일들의 주인공을 모두 내가 할 수는 없는 것 아닌가. 부러움은 부러움일 뿐이고, 안정적이고 꾸준한 수익을 내면 오히려 남이 나를 부러워 할 것이다.

이제 우리는 내가 감내할 수 있는 금액으로 꾸준히 수익을 내는 매매법을 익혀보자. 그 기술들이 발전되고 안정화되면 계약수를 조금씩 늘려나가는 방법으로 부를 쌓아 가면 되는 것이다.

2) 이동평균선의 지지와 저항을 이용하자

차트분석에서 이동평균선(이하 '이평선')은 핵심 중의 핵심이다. 거의 모든 보조지표는 이평선을 바탕으로 만들어진다. 이평선은 일정기간 동안의 가격이나 거래량 등의 평균수치를 선으로 연결해 놓은 것이다. 필자가 언급하고자 하는 이평선은 가격이동평균선으로 가격의 과거 평균수준과 현재를 비교하여 장래의 움직임을 미리 알아보고자 하는 데 목적이 있다.

이평선은 일정 기간 동안의 가격의 평균수치이므로 기간을 어떻게 설정하느냐에 따라 이론적으로는 무수히 많다. 개인적인 취향에 따라 특수한 기간 동안의 이동평균선을 설정하기도 하나, 보편적으로 많이 사용되는 이평선은 5·10·20이평선과 같은 단기이평선과 60·90이동평균선과 같은 중기이평선 및 120·240이평선과 같은 장기이평선이다.

이 중에서도 주로 5이평선, 20이평선, 60이평선, 120이평선을 실전에서 많이 사용한다. 일봉차트에서는 5일 이평선은 심리선, 20일 이평선은 생명선 또는 세력선, 60일 이평선은 수급선, 120일 이평선은 경기선이라고 부르기도 한다.

이평선은 각각 나름대로 의미가 있다. 특히 20일 이평선이 가장 중요한데 그 이유는 20일이 한 달간의 거래일을 의미하기 때문이다. 따라서 20이평선을 생명선 또는 세력선이라고 부른다. 많은 투자자들이 20이평선을 주이평선으로 활용하기 때문에 20이평선 근처에서 지지와 저항이 가장 강력하다고 볼 수 있다.

　우리가 차트분석을 하고자 할 때 무엇보다도 이평선의 성질을 잘 이해하여야 한다. 이평선은 일단 방향을 정하면 그 방향으로 진행하려는 관성의 법칙이 작용하게 된다. 일단 관성의 법칙에 의해 방향성을 갖게 되면 캔들은 이평선에서 점점 멀어지게 되는 확산의 법칙이 작용하게 된다. 확산과정에서 가속도의 법칙이 작용하게 되면 캔들의 길이가 빠른 속도로 길어지게 된다. 캔들과 이평선과의 이격이 충분히 벌어지게 되면 이제는 이평선으로 다시 회귀하고자 하는 회귀의 법칙이 작용하게 된다. 즉, 캔들이 이평선에서 멀어지면 다시 평균값인 이평선에 가까워지려고 하는 것이다. 회귀과정에서 캔들은 이동평균선 방향으로 일정기간 횡보(보초) 후 수렴하게 된다.

　이평선에 수렴 후 일정기간 진통을 거쳐 돌파하게 되면 다시 반대방향으로 일련의 과정이 진행되게 된다. 이러한 일련의 진행과정에서 각각의 법칙이 작용되는 구간에는 차이가 있으므로 실전에서 이평선의 성질을 상황에 따라 적용시킬 필요가 있다. 캔들이 이평선에서 멀어지다가도 결국은 이평선에 가까워지게 되는 것이 이평선과 캔들과는 마치 중력의 법칙이 작용하는 것 같다.

　자 그럼 이동평균선의 기본적인 이해가 되었다면 매매연습을 어떻게 해야 할지 생각해보자. 상승을 거듭하던 지수가 고점에서 추세전환의 움직임을 보일 때 누구나 최고점에서 매도를 하고자 한다. 하지만 최고점의 가격을 맞출 수 있는 사람은 아무도 없다. 추세의 끝이 꺾이는 것을 보고 매도진입을 해야지 섣부른 예측으로 매도 진입을 할 수는 없는 것이다. 일반적으로 많은 사람들이 20이평선을 붕괴로 그 신호를 잡고 있다. 반드시 20이평선을 기준으로 잡아야 한다는 주장을 하고 싶은 것이 아니라, 20이평선을 기준으로 잡았을 때 비교적 안전하게 확인하고 매도진입을 하고 싶다면 다음과 같은 매매를 연습해 보라.

상승하던 지수가 먼저 5이평선을 붕괴하면 첫 번째 신호로 받아들이고, 다음으로 10이평선이 붕괴되면 마음의 준비를 하고 있어야 한다. 그리고 20이평선을 붕괴하는 음봉이 나올 때 매도진입하는 것이 아니라, 붕괴후 반등 시에 그 반등의 힘이 모자라서 꺾여가는 20이평선을 못 넘어서는 것이 보이는 음봉초기에 진입을 하는 것이다.

【그림 6-7】을 보라. 가파른 상승세를 보이던 지수가 a에서 처음 5이평선을 몸통으로 훼손한다. 그러나 바로 반등을 하고 b에서 10이평선까지 위협을 하기 시작하다가 c지점에서 수평으로 눕기 시작하는 20이평선 아래로 기어들어간다. 그 후 20이평선을 몇 차례에 걸쳐 넘어보려 하지만 결국은 직전 저점(분홍색 선)을 깨고 강한 하락세가 구현된다. 이때 가장 보수적인 사람은 흔들림이 적은 최적의 타이밍에 진입을 할 것이고, 조금 더 욕심을 부리는 사람은 c지점부터 시작된 반등 시 20이평선 근처에서 매도를 진입하고 20이평선을 넘어서면 손절(손실이 수반되는 청산을 말함)을 할 생각을 하고 있을 것이다. 또는 10이평선을 중요시 하는 사람은 c직전에 10이평선을 깨고 내려와 10이평선을 넘어서지 못하고 음봉이 시작하는 시점에서 매도진입을 일찍 할 것이다. 어느 것이 정석이다 하는 것은 없다. 그 사람의 취향과 기법에 따라 달라지는 것이다. 이런 관점에서 매도진입을 연습을 해보는 것이다. 선물차트와 같이 보면서 콜매도를 진입해 보는 것이다. 이미 수평으로 누운 20이평선을 상방으로 강하게 뚫고 올라가면 짧게 손절하면 되는 것이고 진입한 방향으로 시세가 진행되면 자신의 청산기준에 의해 익절(이익인 상태에서의 청산을 말함)을 하면 된다.

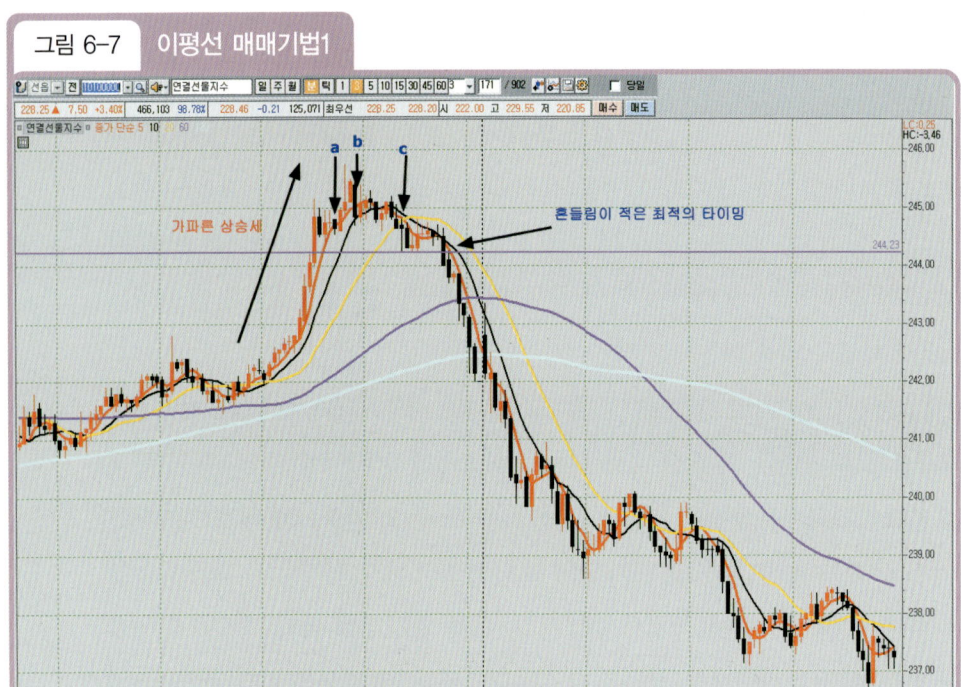

반대의 경우는 【그림 6-8】을 통해 알아보자. 갭하락 출발한 지수는 급반등을 하지만 a부근에서 20이평선의 저항을 맞고 떨어진다. 다시 바닥 다지기를 한 지수는 b캔들에서 20이평선을 강하게 몸통으로 돌파한다. 그 다음 캔들 c에서 아랫꼬리 부분이 처음에는 음봉이었는데 20이평선의 지지를 받고 꼬리를 형성한다. 꼬리로 말아올린 후 검은색 수평선을 넘으면서 상승세를 이어간다. 이때 보수적인 매매자라면 꼬리를 말고 b캔들의 고가를 넘어서는 검은색 수평선에서 선물 매수 또는 풋옵션 매도를 진입해 보는 것이다. 손절라인은 다시 20이평선을 붕괴된다고 보는 라인을 잡으면 되는 것이다. 하루에도 몇

그림 6-8 이평선 매매기법2

번씩 이런 기회는 온다.

　물론 중요지지와 저항선을 반드시 20이평선으로 보라는 말은 아니다. 자신의 기준이 그러하면 그 지지와 저항선을 중심으로 옵션의 매도로 진입과 청산을 연습하라는 것이다. 단, 20이평선을 돌파하거나 붕괴한 후 제대로 된 눌림이나 반등없이 시세가 지속되면 '가는 말은 보내준다' 는 심정으로 관망을 하면 된다. 다음 기회는 다시 찾아오니까 절대 추격진입을 하면 안 되는 것이다. 이외에도 자신이 지속적인 공부와 관찰로 터득한 기법을 옵션 1계약 매도로 연습을 해봐야 실력이 향상되는 것이다.

3) 어제의 고가 저가는 중요한 지지 저항선이다

가격이론자들의 이론을 빌리지 않더라도 전일의 고가와 저가는 중요한 지지 저항선임을 우리는 경험으로 알고 있다. 차트 설정을 할 때 전일 저가와 고가를 기준선으로 설정을 하라. 지수가 그 부근에 왔을 때 지수를 예측하라는 것이 아니라 돌파를 하면 돌파 후 눌림목에 상방향 진입을 하거나, 붕괴를 하면 붕괴 후 반등 시 하방향 진입을 연습하라. 단 돌파와 붕괴는 캔들의 몸통이어야 한다. 꼬리로 터치한 것은 예비신호 정도로만 생각하자.

전일의 고가와 저가는 어제 장이 심각한 박스 장이 아니었으면 이미 어제 추세의 전환점 역할을 담당한 가격이다. 전일의 고가를 돌파한다는 것은 추세를 상방향으로 한 번 더 분출하겠다는 의지이고, 전일의 고가에서 돌파를 못하고 저항이 심하면 그 지점이 오늘의 변곡점일 가능성이 높아지는 것이다. 그림 【그림 6-9】를 보자. 2011년 8월 17일 선물지수의 5분차트이다. 시초가부터 3번에 걸쳐 전일 고가에서 저항을 맞는다. 이때 손놀림이 빠른 사람들은 매도로 단타수익을 챙길 수도 있겠지만 추세가 상승추세중이라 다소 위험하다. 하지만 4번째 시도에서는 몸통으로 전고점을 돌파한다. 그 다음 캔들이 처음에는 음봉을 살짝 형성하다가 바로 꼬리로 전환하면서 한차례의 시세를 구현한다. 지루한 박스권 장에서 처음으로 시세다운 시세를 준 그림인데 이때만 노리고 노려서 진입을 하면 2~3포인트의 수익을 실현할 수 있다. 전일 고가는 중요한 저항선이지만 그 저항벽을 돌파하고 다시 지지하면 한차례의 시세를 얻을 수가 있는 것이다. 물론 종가에 다시 원위치로 돌려놓았지만. 돌파한 캔들 다음 캔들에서 선물매수 또는 풋옵션매도를 연습하라. 이런 모양은 자주 출현한다.

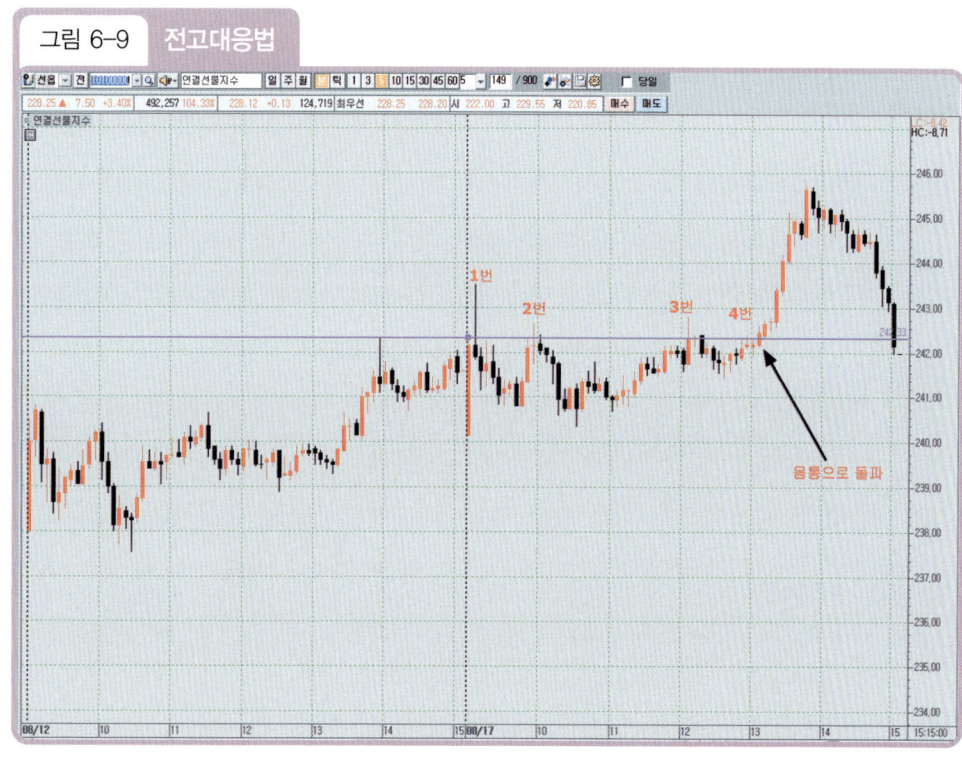

그림 6-9 전고대응법

 이제는 전일의 저점을 기준으로 대응법을 살펴보자. 전일의 저점도 중요한 지지와 저항의 자리이다. 전일의 저점을 몸통으로 붕괴하고 나서 전저점을 회복하지 못하는 모습이 보이면 선물매도 콜옵션 매도의 자리인 것이다.

 【그림 6-10】을 보자. 2011년 8월 18일의 선물지수 5분차트이다. 시초가부터 하락한 지수는 전일저점을 바로 붕괴하고 내려가는 듯하지만 꼬리가 말해주듯 강한 지지에 직면한다. 하지만 그러한 저항도 잠시일 뿐, A캔들에서 몸통으로 전저점을 붕괴시킨다. 이때 추격진입을 하는 것이 아니라 화살표 지점에서 반등을 하나 전저점을 넘지 못한 후 음봉이 출현될 때가 흔들리지 않는

진입의 자리인 것이다. 진입이 성공적이었다면 한차례의 시세를 구현한다. 손놀림이 빠른 사람은 전저점 지지 시 조그마한 수익을 챙길 수도 있을 것이다. 하지만 추세가 하락추세인데 그런 위험한 매매는 가급적 지양을 하고 중요한 전저선이 붕괴된 후 회복을 하지 못하는 것이 확인될 때 선물매도, 콜옵션매도를 연습해 보는 것이다. 청산은 자신의 기법에 따라 여러 가지로 실현될 수 있다.

그림 6-11 전고의 저항

이상에서 우리는 전일 고점과 전일 저점이 중요한 지지와 저항의 자리이고 또 그 자리들이 돌파되고 붕괴될 때 한차례의 시세가 분출되는 것을 살펴보았다. 위에서 언급은 못했지만 전일고가를 넘지 못하고 추세가 하락반전하는 경우도 있고, 전일저가의 강력한 지지를 받고 상승반전하는 경우도 있다.

【그림 6-11】은 전고를 돌파하지 못한 후유증으로 하락반전하는 경우이다. 동그라미 친 부분에서 선물 매도, 콜옵션 매도를 진입했으면 그 날의 시세를 다 얻을 수 있었다. 2011년 8월 12일의 선물지수 5분차트이다.

【그림 6-12】는 2011년 7월 27일의 선물지수 5분차트이다. 전일 저점에서 지지를 확인한 후 강력한 시세 분출을 하는 예이다.

이상에서 단순하게 어제의 고점과 저점이 강력한 지지와 저항선으로 작용하는 예를 살펴보았다. 가격론자의 이론까지 들먹이지 않더라도 선물옵션 매매를 조금이라도 해본 사람들은 이미 이런 사실을 다 알고 있다. 하지만 알면서도 잘 대응을 못하는 것이 현실이다. 이런 매매팁을 통해 본인이 최소한의 리스크로 대응하는 법을 연습하다 보면 자신만의 기법이 완성될 것이다.

4) 시초가는 그날의 방향을 암시한다

그날의 장이 시작하기 전에 동시호가로 접수된 가격들의 집합체인 '시가'는 그날의 방향을 암시한다. 혹자는 그날의 추세를 판단하는 아주 단순한 근거로 '시가'를 제시하는 이도 있다. 즉 시가위에 지수가 있으면 상승방향만 봐야 하고, 시가아래에 지수가 있으면 하락방향만 봐야 한다는 것이다. 일리가 있는 말이라고 할 정도로 시가가 상징하는 의미는 그날 장에서는 크다고 할 수 있다.

그림 6-13 시가고가로 끝난 날

그림 6-14 시가저가로 끝난 날

시가만을 놓고 보면 크게 5가지 종류로 나눠 볼 수 있다.

첫째, 시가고가이다. 즉 그날의 시가가 당일의 고가로 끝나는 날이다. 하루 종일 하락만 거듭하는 날이라는 것이다. 【그림 6-13】은 2011년 7월 28일의 선물지수 3분차트이다. 장시작 캔들 2개 이후로는 시가 근처도 못 오는 하락장이었다.

둘째는 시가저가이다. 즉 그날의 시가가 당일의 저가로 끝날 정도로 하루 종일 상승만 지속하는 날이다. 【그림 6-14】는 2011년 7월 29일 선물지수 3분차트이다. 큰 폭의 갭상승 이후 시가 근처에도 오지 않을 정도로 강력한 상승세를 구현한 날의 차트이다.

하지만 시가 고가와 시가 저가는 흔히 발생되는 상황은 아니다. 대부분은 시가를 등락하기도 하는 혼조세를 보이는(세 번째) 경우나 【그림 6-15】처럼 시가에서 강력한 저항을 보여서 하락추세가 지속되는 네 번째의 경우, 【그림 6-16】처럼 시가에서 지지를 형성하여 상승추세를 지속하는 경우가 많은 비중을 차지한다.

그림 6-15　시가의 강력한 저항

그림 6-16 시가의 강력한 지지

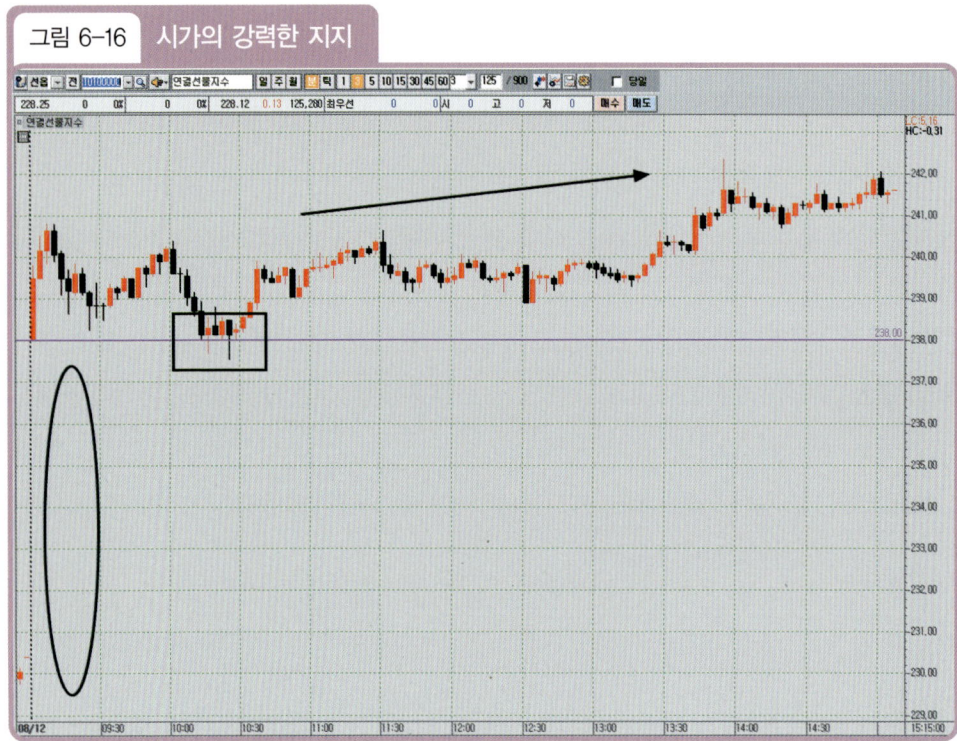

【그림 6-15】는 2011년 8월 18일의 선물지수 3분차트이다. 갭하락 후 무서운 하락세가 급히 멈추고 반등을 해보지만 네모박스 부근에서 시가의 저항에 직면해 바로 꼬리를 내리고 도망가는 모습이다.

【그림 6-16】은 2011년 8월 12일의 선물지수 3분차트이다. 이번에는 반대로 큰 폭의 갭상승 이후 등락을 거듭하는 듯하다가 시가의 강력한 지지를 받고 꾸역꾸역 상승하는 모습의 차트이다. 시가를 건드려보지만 꼬리만 형성될 뿐 몸통을 훼손하지 않는 모습에서 시장의 상방으로의 강력한 의지를 알 수

있는 날이었다.

　이상에서 시가로 인해 파생되는 경우의 수를 5가지로 나눠 살펴보았다. 시가를 중심으로 치열한 싸움을 벌일 때 발 빠른 판단과 대응으로 매매하는 연습을 해보자. 시가의 저항과 지지를 예상해서 미리 진입하라는 것이 아니라 시가를 돌파하는 강력한 상승세일 때 시가돌파 후 눌림목에서 선물매수, 콜옵션매수, 풋옵션매도를 노리자. 그리고 시가를 강력하게 붕괴시키면서 하락할 때 붕괴 후 약한 반등을 노려서 시가위 바로위를 손절라인 설정하고 선물매도, 콜옵션매도, 풋옵션매수를 노려보자.
　부담 없는 금액으로 짧은 손절 잡고 과감히 진입해서 자신만의 기법을 완성해 나가자.

5) 옵션은 2.50에서 대응만 잘해도 된다

　옵션가격에 있어서 2.50이 지지와 저항으로 작용할 때가 많다. 행사가가 2.50포인트 간격으로 행사되는 것에서 연유된다고 막연하게 추측을 해본다. 가격론자들도 의미가(意味價)라 해서 기본적으로 중요하게 생각해야 하는 가격으로 추천을 한다. 이러한 2.50이 붕괴된 후 2.25마저 붕괴되면 시세의 마지막 급락이 나올 때가 많다. 특히 만기주에 2.25마저 붕괴한 종목은 결제되기 어렵다는 것을 경험적으로 알고 있다.

　반대로 죽어가던 종목이 2.25를 바닥으로 반등을 하여 2.50을 회복한 후 또다시 붕괴되지 않고 지지되는 모습을 보이면 강력한 시세분출의 계기가 되는 것을 자주 본다. 필자는 가격론자가 아니기 때문에, 또 실전대응법만을 말하

고 있기 때문에 여기에서는 왜 2.50이어야 하는지 설명할 수는 없다. 하지만 2.50에서 지지와 저항을 보일 때 대응하는 법을 알면 수익을 낼 수 있다는 경험치가 쌓여 있기 때문에 2.50을 중심으로 매매하는 대응법을 익혀나가기 바라는 마음 뿐이다.

【그림 6-17】은 2011년 8월 23일 풋옵션 207.5의 5분차트이다. 전저의 저항을 뚫지 못하고 시세가 하락하던 풋옵션은 2.50에서 치열한 싸움을 전개하다 무너진다. 비실비실 내려가던 가격은 2.25마저 붕괴되자 1.50까지 하락한

그림 6-18 2.50의 돌파

다. 각자 언제 매도 진입을 해야 할지 작전을 잘 구사해보라.

【그림 6-18】은 2011년 8월 23일 행사가 232.5 콜옵션의 5분차트이다. 시초가에서 하락시세가 2.50과 2.25를 완전히 붕괴시키지 못한 후 2.50의 강력한 지지를 확인, 그 이후 이전의 고점을 돌파하는 강력한 양봉이 발생하자 폭발적인 시세분출이 생기는 모습이다. 왜 2.25와 2.50이었을까? 신기할 뿐이다. 이런 법칙성을 잘 습득하고 있다가 고도의 훈련된 조교처럼 기계적인 대응을 하면 옵션 1계약을 가지고도 엄청난 수익을 낼 수 있다. 이때 콜옵션 매

수, 선물매수도 좋지만 반대종목인 풋옵션을 매도하는 것도 좋은 방법이다.

이상에서 우리는 옵션의 2.50의 가격이 아주 중요한 변곡점이 되는 사례를 통해 어떻게 대응을 해야 할까를 고민해 보았다. 기법은 자신이 만들어 가는 것이다. 그리고 시행착오를 통해 확립된 기법을 신뢰하며 충실히 따르는 것이 올바른 대응법인 것이다. 20만 원대의 옵션차트를 띄워놓고 2.50을 중심으로 대응하는 연습을 해보자.

6) 패턴매매도 연습해 보자.

선물옵션 매매에서 즐겨 사용하는 패턴은 쌍봉형(이중 천정형), 삼봉형(삼중 천정형, 헤드앤숄더형), 역V자형, 원형천정형, 쌍바닥형(이중 바닥형), 삼중 바닥형(역헤드앤숄더형), V자형, 원형바닥형, 삼각형 패턴, 쐐기형 패턴, 깃발형 패턴, 패넌트형 패턴, 다이아몬드형 패턴 등이 있다.

이 중 하나만 예를 들어보자. 【그림 6-19】는 2011년 8월 3일의 선물지수 3분차트이다. 등락을 거듭하던 혼조세가 오후까지 지속되다가 A캔들에서 시세의 폭발이 일어나는 전형적인 삼각패턴의 모습이다. 삼각형 모양으로 고점은 낮아지고, 저점은 높아지면서 수렴되고 있다가 삼각선의 하단을 붕괴시키며 시세를 발산시키는 모습이다. 붕괴시점에서 손 빠르게 진입을 하거나 붕괴 후 삼각선의 하단근처를 향해 반등 시 진입시점을 노리는 것도 좋은 방법일 수 있다. 선물매도, 콜옵션매도, 풋옵션매수를 노리면 되는 것이다. 손절라인은 삼각패턴의 하단선을 넘어서는 것으로 판단되는 지점에 설정해 놓는다.

사실 패턴매매는 선물옵션 매매에서는 다소 위험성이 있다. 워낙 속임수가

그림 6-19 삼각수렴패턴

많은 시장이기 때문에 Fail(실패)로 끝날 때도 종종 발생한다. 하지만 쌍바닥 패턴이나 쌍봉패턴처럼 시세의 대반전이 나오는 시점에서 진입을 성공하게 되면 제법 큰 수익을 누릴 수 있기 때문에 자신의 기법으로 잘 개발해 볼 필요는 있다. 또 그런 패턴에서는 시세의 끝자락에서 진입을 하기 때문에 손절라인이 짧다는 장점도 있다.

하지만 잘못 진입하게 되면 마지막 남은 시세분출의 소용돌이에 휘말릴 수도 있는 위험성이 있다. 그렇기 때문에 짧게 손절라인을 설정하는 것이 중요하다. 그 대신 성공만 하면 큰 수익을 실현할 수도 있다.

트레이딩은 확률게임을 즐기는 것이다. 100%맞는 기법은 이 세상에 없고, 진입 때마다 수익을 내는 고수도 없다. 실패할 수도 있고 성공할 수도 있는데 확률이 높은 자리에서는 짧은 손절라인을 설정하고 과감하게 진입해서 큰 수익을 노리는 연습을 해야 하는 것이다.

7) 중요가격 돌파(이탈)시 대응법

이상에서 우리는 중요 지지선 및 저항선의 매매 방법을 알아보았다. 지지와 저항의 자리에서 매매를 할 때 공통되는 사항이 있다. 손이 빠른 사람들은 돌파와 붕괴의 시점에서 바로 대응할 수도 있지만 그렇게 쉬운 방법도 아니고 속임수에 속을 수 있다는 단점이 있다.

필자가 계속 강조하듯이 강력한 저항선들을 돌파한 후에는 반드시 눌림을 주고 다시 그 저항선의 지지를 확인하러 올 때, 지지여부를 면밀히 관찰한 후 진입을 하는 것이 안전하면서도 정석적인 플레이가 되는 것이다. 반대로 중요 지지선을 붕괴시키면 반발세력이 들어와서 저항선으로 바뀐 그 선을 확인하러 올 때 그 힘이 약해지면 진입을 해야 하는 것이다.

그림으로 정리를 하면 【그림 6-20】과 같이 나타낼 수 있다. 화살표지점에서 진입하는 것은 권하고 싶지 않다. 미리 확인하고 최적의 진입자리로 표시된 곳에서 진입하는 연습을 하라. 물론 시세라는 것이 내가 원하는 만큼의 눌림이나 반등이 오지 않고 날아갈 수도 있다. 그런 경우는 이미 떠난 말을 보내주는 느긋함을 가지고 돌아오지 않는 말을 원망하지 말자. 조금만 기다리면 기회는 다시 온다. 하루에도 몇 번씩의 찬스는 오게 되어 있다. 노리고 노려서 안전한 자리에 진입하는 연습이 필요한 것이다. 이미 달려가고 있는 말을 올라타려면 위험도가 엄청 상승한다. 잘못 올라타다가 떨어지기라도 하면 큰 부상을 입을 수 있다. 시세를 분출하고 나서 쉬고 있는 말을 조용히 잘 달래서 올라타기 바란다. 지속적으로 미친 듯이 달려가는 말은 내 마음속에서 편안하게 보내주자. 뒤늦게 추격진입을 하는 우를 범하지 말자.

또한 눌림목 진입을 노릴 때는 반대종목을 함께 보고 매매를 해야 한다. 풋

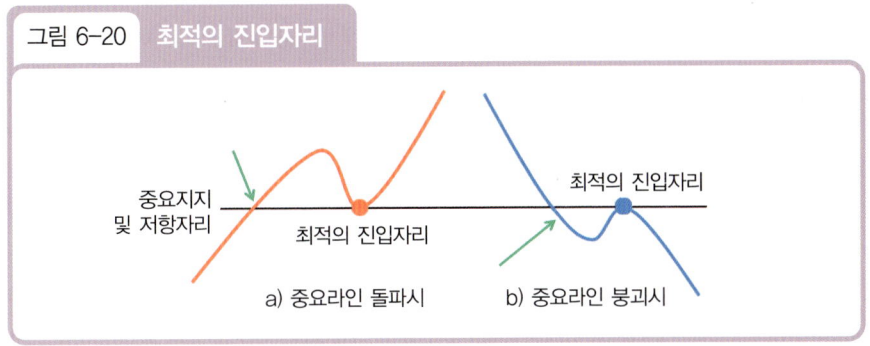

그림 6-20 최적의 진입자리

옵션과 콜옵션의 2단차트를 띄워놓고 내가 매도하려는 종목이 풋옵션이라면 풋옵션이 중요라인을 붕괴 후 회복하지 못할 때 콜옵션은 반대로 중요라인을 돌파 후 적절한 눌림을 통해 중요라인의 지지가 확인될 때 확신을 갖고 풋옵션 매도를 진입하는 것이다. 항상 반대종목의 움직임에서 확인을 하고 매매를 해야 하는 것이다. 어느 한쪽만 보면 판단을 하기 어려울 때가 많다. 반대편의 종목도 같은 원리로 움직이고 있으면 그것이 옵션의 매수이건 옵션의 매도이건 상관없이 안심하고 진입할 수 있는 근거가 생기는 것이다.

선물매매만을 하는 사람들은 특히 이 점을 유의해야 한다. 옵션가격의 움직

임이 선물가격의 움직임보다 빠를 때가 많다. 양 옵션이 서로 조화를 이루면서 시세를 펼치고 있는데 선물차트만 쳐다보면서 매매를 하는 것은 눈 뜬 장님과 같다. 마치 주식투자하는 사람이 선물옵션에 대해 무지한 상태에서 주식만을 바라보며 매매하는 것과 같다.

선물만 매매하는 자는 이제 양옵션의 시세를 같이 봐야 한다. 옵션을 코스닥 잡주처럼 경시하는 습관을 버려야 한다. 시세 변동폭이 커서 마치 코스닥의 가벼운 주식처럼 위험하다고 생각하는 것은 이해는 된다. 하지만 옵션도 20만 원대의 종목이라든지, 거래량이 많은 종목은 코스닥 잡주처럼 종잡을 수 없는 수준은 아니다.

큰 세력은 옵션에서의 시세를 거두기 위해서 움직인다는 것을 명심하길 바란다. 양옵션과 선물차트를 동시에 관찰하여 진입자리를 노리는 내공을 키우기 전에는 선물매매는 중단해야 한다. 옵션 1계약으로 능숙하게 대응할 수 있는 실력이 키워지기 전에는 선물 매매를 해서는 안 된다. 반드시 선물만 매매하는 사람이라도 양옵션의 움직임을 자기만의 툴을 통해 살펴봐야 한다.

8) 교차차트로 대응하는 방법도 있다

양옵션의 움직임을 살펴보는 방법 중 교차차트처럼 편리한 것이 없다. 교차차트는 양옵션의 행사가들을 한눈에 알아보기 쉽게 차트를 구성한 것을 말한다. 양옵션이 교차하는 시점에서 변곡을 보일 때가 많기 때문에 교차차트를 보며 매매를 하는 것도 유용하다.

우선 교차차트를 설정하는 방법을 살펴보자. 이미 우리는 앞에서 2단차트와 3단차트의 작성법을 살펴보았다. 거기에서 한 가지만 추가해서 설정하면

그림 6-21 교차차트 작성법

된다. 먼저 기준이 되는 종목을 설정하여 차트를 띄운다. 그리고 맨 위 상단메뉴의 '전'을 클릭하면 '추'로 변한다는 것은 이미 설명하였다. 종목을 추가하면 2단차트처럼 하단에 다른 종목의 차트가 형성된다. 하단의 차트이름을 클릭해서 상단으로 끌고 오면(드래그 앤 드롭) 다음과 같은 창이 뜬다.

'Y축 표시 방법'이라는 창이 뜨면 맨 아래 '다음 지표와 Y축 공유'란을 클릭하고, 이어 박스내의 기준종목을 클릭하고 확인 버튼을 누르면 된다. 종목을 좀 더 추가하고 싶으면 계속 이런 방법으로 추가하면 된다.

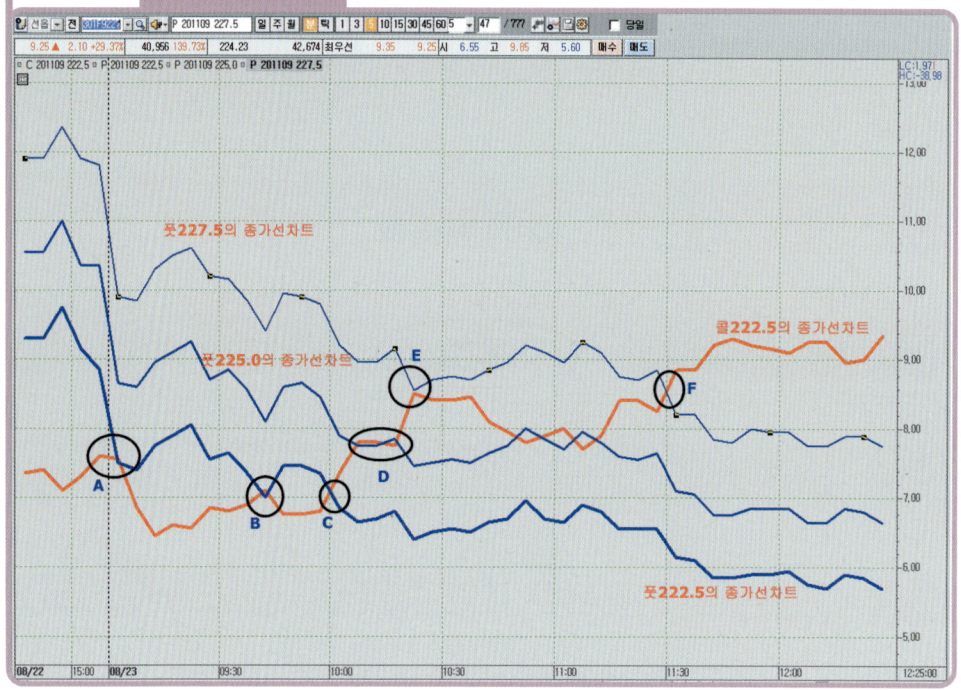

그림 6-22 작성된 교차차트

【그림 6-22】는 콜옵션 222.5 행사가를 기준으로 풋옵션 222.5, 풋옵션 225.0, 풋옵션 227.5를 교차차트로 작성한 예이다. 그리고 차트의 종류는 종가선 차트로 수정해주는 것이 보기가 편하다. 종가선 차트는 꼬리가 안 나타나기 때문에 미세한 가격의 흐름을 보기 위해서는 시간을 '1분'으로 설정하는 것이 좋다.

시초가에 A지점에서 콜 222.5가 풋 222.5를 만나서 승부에 져 하락을 한다. 다시 하락을 멈추고 반등을 시도해보지만 B에서 다시 풋 222.5에 지는 모습을 보인다. 그러나 C에서 풋 222.5를 이기고 1차 목표가격인 풋 225.0과 만

나는 자리인 D까지 상승을 하여 숨고르기를 한다. 이후 다음 목표치인 풋 227.50을 만나는 E까지 상승을 하나 더 이상의 시세를 분출하기에는 역부족이다. 그 후 하락과 횡보를 거듭하다 F지점에서 풋 227.5마저 크로스하며 상승시세를 이어간다.

그럼, 작성된 교차차트를 통해 매매기술을 익혀보자. 먼저 교차시점에서 교차에 실패하는 경우와 교차에 성공하는 두 가지 경우로 나뉜다. 교차에 실패하는 경우를 혹자는 바운드(bound)라고 하는 사람도 있다. 이때는 양옵션이 꺾쇠모양을 하며 시세가 빨리 움직인다. 달려온 거리가 멀 때는 꺾이는 시점에서 청산을 하거나 반대진입을 단타의 개념으로 노려본다.

다음으로 교차에 성공을 하여 그림에서처럼 콜옵션이 시세를 이어가면 추격해서는 안 되고(손이 빠르면 가능할 수도 있지만) 반드시 눌림목 진입을 노리거나 다음 목표치까지 기다려야 한다. 이 경우에는 다다음 목표치까지 가서 조정을 보였는데 시세가 약할 때는 한행사가 정도에서 조정을 보일 때도 많다. 물론 3개 이상의 행사가까지 분출하는 경우도 종종 발생한다.

그리고 교차지점이 아닌 중간지역에서는 철저히 관망한다는 것이다. 교차지점에서의 양옵션의 승부를 유심히 관찰한 후 각각에 대응하는 기술을 노려라. 교차차트를 보고 매매하는 사람들은 철저히 교차지점에서만 진입과 청산을 한다. 교차에서 실패를 하는지 성공을 하는지를 잘 보고 대응하는 방법을 연마해 보자.

그리고 진입을 한 상태라면 흔들리지 말고 다음 교차 승부처까지 기다리는

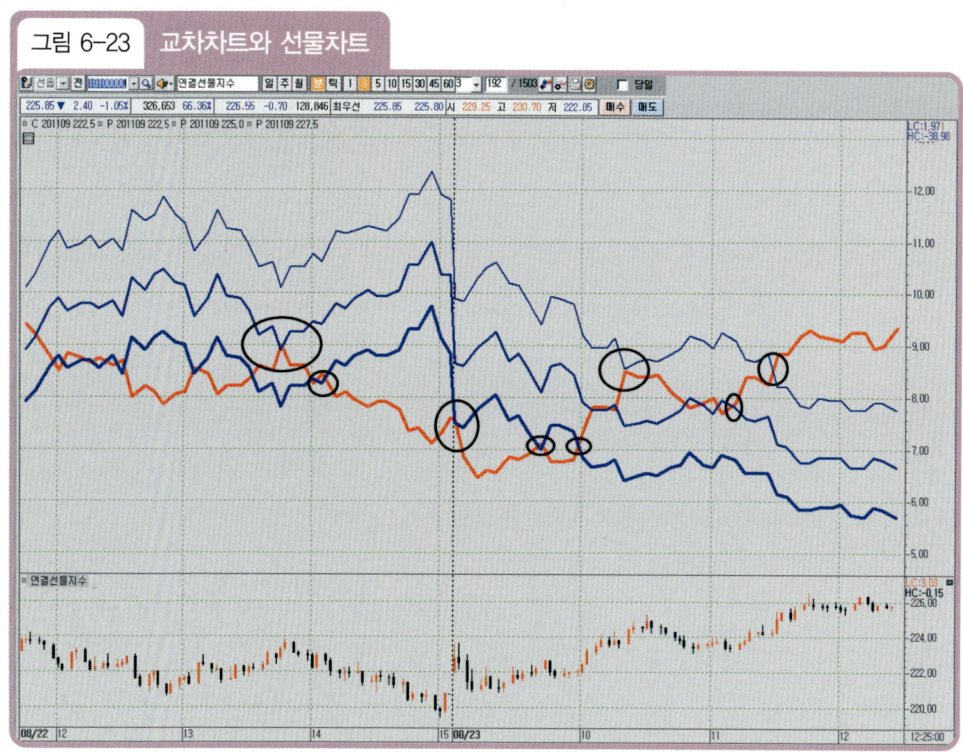

그림 6-23 교차차트와 선물차트

자세도 중요하다. 특히 중요한 팁은 교차지점이 중요한 가격(예 : 시가, 전일고가, 전일저가, 2.50 등등)과 만나는 지점에서는 추세의 변곡을 보일 수도 있는 가능성이 높아지니까 확률 높은 매매가 가능해진다. 교차차트에 선물차트를 하단에 설정해서 봐도 공간을 덜 차지하고 동 시간대에 가격의 움직임을 함께 볼 수 있어 편리할 수 있다.【그림 6-23】은 교차차트와 선물차트를 함께 설정한 차트의 예이다.

지면관계상 캔들을 크게 보여 줄 수가 없는데 자신이 차트를 설정해 놓고 수직선으로 교차차트와 선물차트를 연계해서 관찰해 보라. 옵션의 움직임이 선물보다 간발의 차이라도 앞서는 것을 자주 목격할 것이다. 이러한 면밀한 관찰을 바탕으로 교차와 교차실패 시 매매방법을 잘 연구해 보기 바란다.

9) 옵션의 가격흐름이 이상할 때 변화가 온다

일반적으로 선물이 상승하면 콜옵션이 상승하고 풋옵션이 하락한다. 반대로 선물이 하락하면 콜옵션이 하락하고 풋옵션은 상승을 한다. 또 각각의 변화율도 비슷하게 움직인다. 그런데 선물과 옵션의 가격움직임이 다를 때가 있

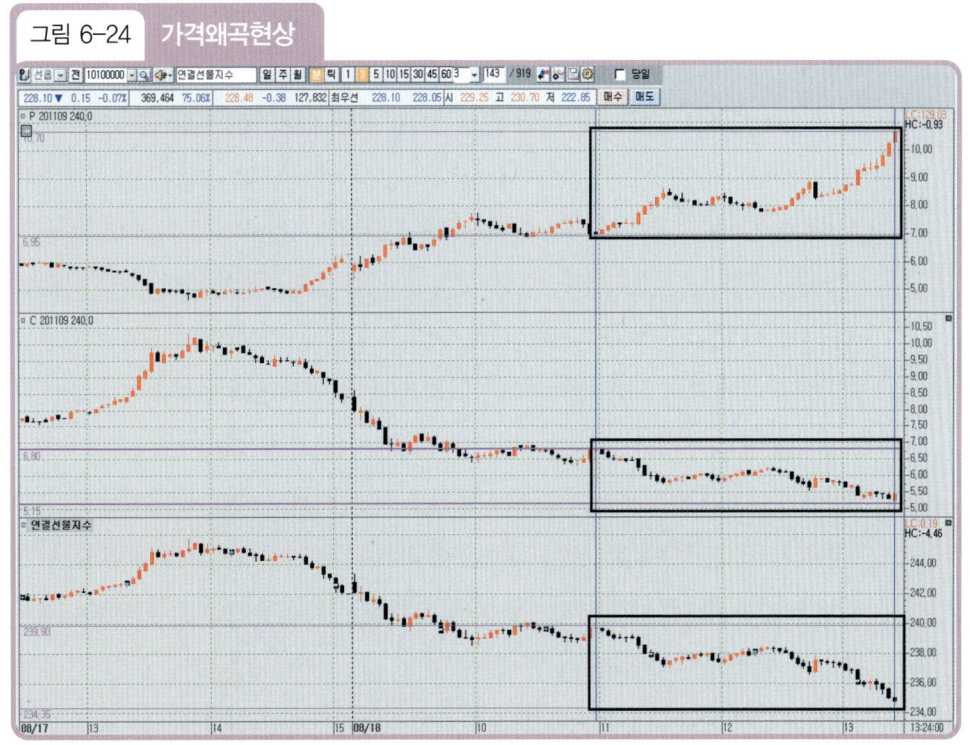

그림 6-24 가격왜곡현상

그림 6-25 왜곡현상후 모습

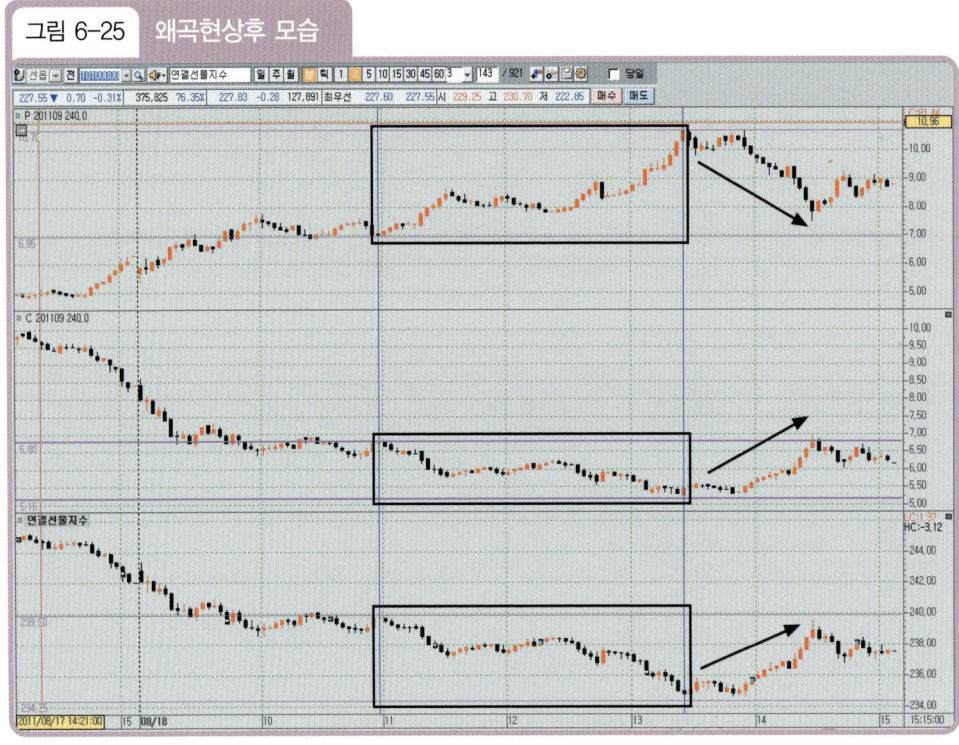

다. 아주 가끔은 콜옵션과 풋옵션이 동반해서 하락하는 경우도 있고 선물과 움직임이 일치하지 않을 때도 있다. 그리고 종종 나타나는 경우는 선물움직임에 따라 양옵션의 변화율이 현저하게 다르게 나타날 때가 있다. 【그림 6-24】를 보자.

선물과 양옵션의 가격변동 폭을 시각적으로도 보여주지만 수치화해도 이상한 것을 발견하게 된다.

선물의 변동폭 : 239.90 ~ 234.35 = 5.55P 하락

풋옵션의 변동폭 : 6.95 ~ 10.7 = 3.75 상승 (54% 상승률)

콜옵션의 변동폭 : 6.80 ~ 5.15 = 1.65 하락 (24% 하락률)

선물이 5포인트 넘게 하락을 하고, 또 풋옵션은 50%넘게 상승을 하는데, 콜옵션은 더 이상 내릴 기미가 없다. 이는 옵션의 매도주체인 외국인과 기관이 더 이상 하락시킬 의지가 없음을 표명하는 것이다. 이때 만약 하방포지션을 구축한 사람은 재빨리 청산을 해야 하고 더 이상 신규로 하방포지션을 노리면 안 되는 것이다. 오히려 고점에서 풋옵션을 매도해서 단타를 노리는 것도 유효한 전략일 수 있다.

【그림 6-25】는 그 이후 종가까지 시세를 보여주는 차트이다. 시간이 다 되어서 큰 시세는 아니더라도 꽤 큰 폭의 반전이 이루어진 것을 볼 수 있다.

선물과 옵션의 가격을 한꺼번에 놓고 관찰하다 보면 이러한 현상을 자주 목격하게 된다. 이러한 현상을 잘 이해함으로써 개념 없이 아무 때나 진입하는 습관을 버리고 옵션가격이 암시하는 움직임을 잘 포착하여 매매에 응용하면 되겠다.

10) 선물 옵션의 가격이론을 공부하라

이상에서 우리는 급변하는 선물옵션의 가격 흐름 속에서 어떠한 원칙을 가지고 매매에 임해야 하는지 부분적으로 살펴보았다. 이밖에도 수많은 기법과 원칙들이 있겠지만 이 정도로 마무리를 해야겠다.

현재 선물옵션을 매매하는 사람들이나 또 강의를 하는 사람들은 크게 두 부류로 나뉘어진다. 여러 가지로 분류기준이 있겠지만 일반적으로 차트론자와 가격론자로 나눈다. 주식에 있어서는 차트론자들이 주류를 형성하고 있다고 해도 과언이 아닌데 유독 선물옵션에서는 가격이론을 주장하는 사람들이 많다. 하지만 선물옵션의 가격이론이라는 것이 과거 수년치의 경험에서 우러나오는 결과치들로 이루어진 이론이기 때문에 제대로 된 교과서가 없이 교육과 강의가 이루어지고 있는 것이 현실이다. 필자도 가격이론에 관한 강의도 들어보고 여러 카페를 방문해서 심도 있게 배워보고 싶었지만 여러 가지 한계점에 부딪혔다.

그러던 중 우연히 선물옵션 가격이론에 관한 책을 집필하고 있는 전문가를 만나게 되어 많은 매매팁을 얻게 되면서 가격이론에 관한 참의미를 조금 알게 되었다. 그 분의 책이 곧 출간될 예정이다. 비슬산이라는 필명을 쓰시는 분이 운영하는 카페에 방문해 보면 그 분의 근황을 접하게 될 것이다.

http://cafe.naver.com/option100이 카페주소이고 이메일 주소는 ass3984@naver.com이다. 곧 출간될 책의 내용에 기대가 크고 이제야 제대로 된 가격이론의 교과서를 만날 수 있게 되어 기쁘기 그지없다. 어떤 수단을 통해서라도 선물옵션을 매매하는 사람들은 선물옵션의 특유한 가격이론을 공부하고 익혀야 할 것이다.

앞에서도 살펴보았듯이 선물만 매매하는 사람이라도 옵션의 가격흐름을 파악하지 못하고는 시장이 가고 있는 방향을 진정으로 정확하게 파악하기 힘들다. 이제는 신문지상이나 주식관련 책에서도 현물을 하기 위해서는 선물옵션을 이해해야 한다는 구절을 자주 접할 수 있다. 그만큼 파생시장의 움직임이 왝 더 독(wag the dog)이라는 용어를 거론하지 않더라도 현물시장에 미치는 영향이 크다는 것은 이제 상식이 되었다.

> **알아두면 좋은 상식**
>
> **왝 더 독(Wag the Dog)** : '꼬리가 개의 몸통을 흔든다'는 뜻으로, 하극상 혹은 주객전도의 경우를 말한다. 주식시장에서 'Wag the Dog'이라 함은 선물시장에 의해 현물시장이 좌지우지되는 현상을 말한다.
>
> 주식시장에 있어서 정상적인 경우라면 현물에 의해서 선물이 움직여야 한다.
>
> 선물거래는 아직 시장에 나오지 않은 물건을 나중에 일정 가격에 팔고 사겠다고 미리 약속해 놓는 것으로 위험회피(헤지·Hedge)의 성격이 강하다. 속담에 비추어 보면 현물인 주식은 몸통이고, 선물은 꼬리이다. 따라서 'Wag the Dog'이란 주식시장에서 기준물인 현물이 기준물의 파생상품에 해당되는 선물에 의해 흔들리는 현상을 가리킨다.
>
> 선물시장의 비중이 지나치게 커지면서 투자자들이 선물매매를 통해 위험회피(헤지)하는 것이 아니라 오히려 선물을 투기적 성격의 전략대상으로 삼았고 선물은 프로그램 매매라는 매개체를 통해 현물시장으로 그 영향력을 넓혔다. 이에 따라 선물지수와 현물지수의 차이에 따라 움직이는 프로그램 매물이 시장을 좌지우지 했다.
>
> 즉 주가지수선물 가격이 현물보다 오르면 프로그램 매수가 늘어나면서 주가지수가 동반 상승하고, 반대로 선물가격이 현물보다 낮아지면 프로그램 매도가 증가하면서 주가지수가 동반 하락하는 것이다. 이러한 현상은 통상적으로 박스권 장세에서 나타나며, 증시 체력이 취약할 때 자주 발생한다.

시장을 좌지우지하는 외국인과 기관들이 손쉽게 시세차익을 내기 위해서 끌고 다니는 선물과 옵션에 대한 흐름을 잘 모르고는 제대로 된 매매를 할 수 없다는 것을 다시 한 번 강조하고 싶다. 좀 더 심도 깊은 공부를 하고 싶은 사람은 선물옵션만의 독특한 가격이론을 공부하기를 추천하는 바이다.

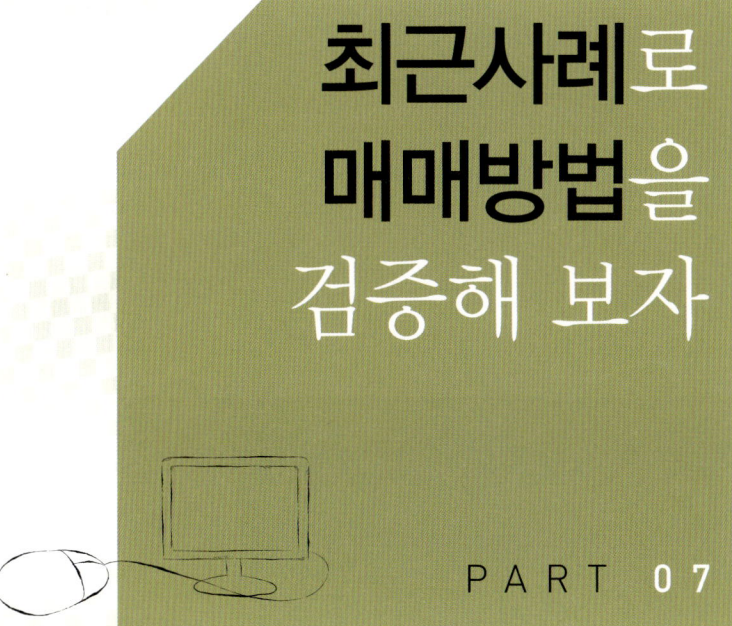

최근사례로 매매방법을 검증해 보자

PART 07

01 Chapter

옵션 1계약을
무시하지 마라

필자는 앞에서 일방향성의 불리한 주식투자의 대안으로 양방향 게임을 즐길 수있는 선물옵션을 제시하였다. 또한 선물옵션의 위험성을 극복하기 위한 방법으로 대여계좌를 이용한 옵션 1계약매매를 설명하였다. 특히 옵션매도의 잘못된 고정관념을 깨우치고, 프리미엄이 계속 감소될 수밖에 없는 옵션 매수보다는 옵션매도가 유리한 게임인 것을 그림과 수치로써 보여주었다.

여기서 대부분의 사람들이 몇 십만 원짜리 옵션 1계약으로 무슨 수익을 얼마나 낼 수 있다고 저런 주장을 하는 것인가 하는 의구심을 가질 것이다. 옵션매도 게임은 단타로 수익이 날 때 20~30틱은 손쉽게 실현될 수 있는 것을 앞에서 설명하였다. 뿐만 아니라, 시세의 변곡점에서 옵션매도 진입을 1계약만 해도 얼마나 큰 수익을 낼 수 있는지 살펴보기로 하자. 【그림 7-1】과 【그림 7-2】는 2011년 8월 29일의 선물과 옵션의 차트이다. 지면관계상 5분차트로 설정을 하였는데 좀 더 정교한 진입과 청산을 하고자 하는 사람은 1분차트나 3분차트로 설정하기를 바란다.

231.55로 시작한 선물지수가 장 초반 30분간 하락을 하다가 선물의 전일 고가를 지지하고 저가 229.30대비 약 7.5P의 무서운 상승세를 실현한 날이었다.

장 초반의 혼조 구간에서는 되도록 관망을 해야 하지만, 아침 초반 승부에서 선물지수가 시가를 회복하지 못하는 모습에 하방으로 즉 선물매도, 콜옵션매도를 진입하여 선물의 전일고가 지지 시 청산을 하였다면 단타수익도 가능했었다.

9시 30분 이후 선물이 전일 고가를 지지하고 반등 시 반등의 정도를 확인하는 보수적인 사람들은 선물의 시가가 돌파되는 A캔들에서 신호를 읽고, (몸통으로 돌파했으니까) B캔들 초반에 아래꼬리부분이 음봉이지만 그 매도의 세력이 크지 않아 바로 꼬리로 말린 후 양봉전환 시 선물 매수, 풋옵션 매도를 들어갈 수 있는 좋은 시점이다.

하지만 필자는 선물의 전일고가가 지지되는 좋은 시그널을 읽고【그림 7-1】교차차트상 풋 230.00이 선제적으로 꺾일 때 6.95에 풋옵션 매도 진입을 하여 C지점에서 4.00에 청산을 하여 29.5만 원(+42%)의 엄청난 수익을 실현하였다.

만약에 6.95에 풋옵션 매도타임을 놓친 경우에는 적어도 E지점에서는 반드시 풋옵션 진입을 해야 한다. 왜냐하면 앞에서 설명하였듯이 풋옵션 230.00

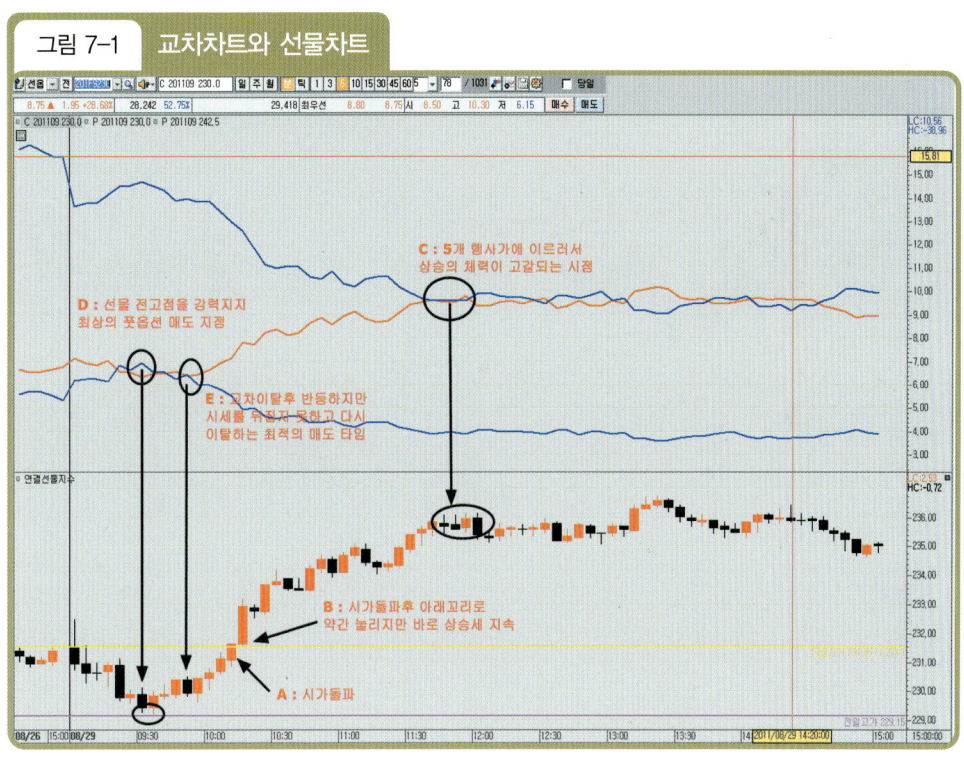

그림 7-1 교차차트와 선물차트

이 콜옵션 230.00과의 교차싸움에서 져서 하락을 하다 반등 시 다시 교차싸움 근처까지 반등을 하게 되는데 그 반등에서 시세를 뒤집지 못하고 다시 이탈하는 E지점에서는 반드시 풋옵션 매도진입을 해야 하는 것이다. 이때 진입가격은 6.35이기 때문에 필자와 같이 4.00에 청산을 하면 23.5만 원(+37%)의 엄청난 수익을 실현할 수 있다.

청산의 근거에 대해서도 살펴보자. E지점부터 본격적으로 상승한 콜 230.00은 행사가 5개째에 이르러 체력의 고갈 현상을 보일 정도로 무서운 상

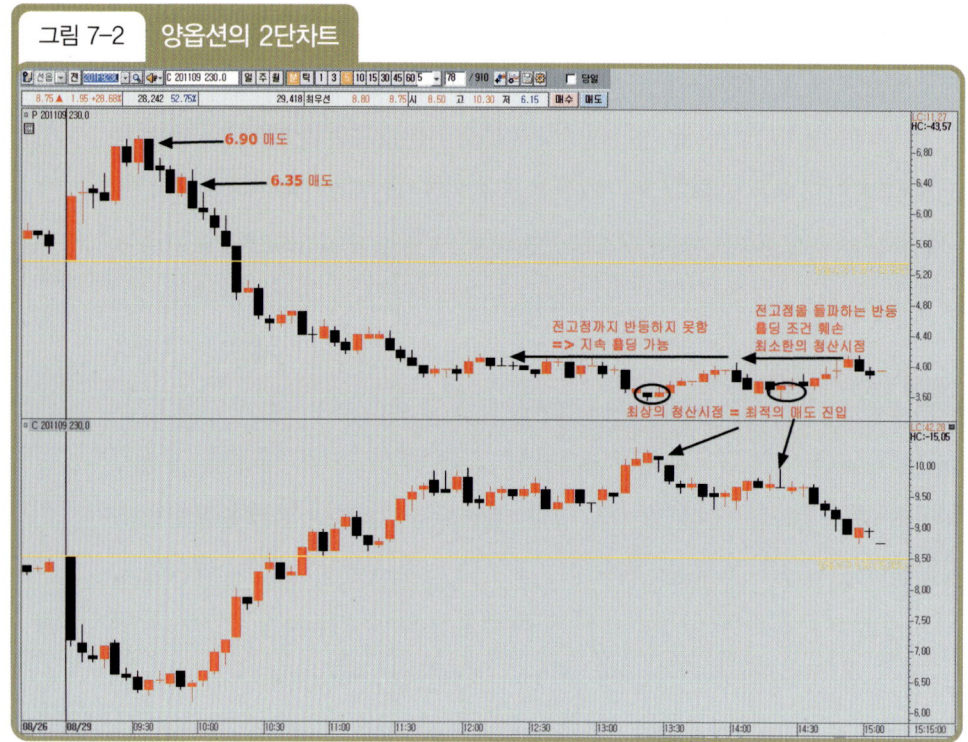

그림 7-2 양옵션의 2단차트

승세였다.

　【그림 7-1】에서는 풋 행사가 232.50, 235.00, 237.50, 240.00의 종가선 차트는 생략하였다. 5번째 교차가격에서 드디어 횡보를 보이기 시작한다. 12시 이후에는 큰 시세분출 없이 등락장으로 장을 마감한 모습이다.

　C시점에 도달하기 전의 콜옵션 230.00이나 선물지수의 상승과정을 유심히 살펴보라. 단 한 번도 전저점을 훼손하지 않고 꾸준히 상승하는 모습이었기 때문에 익절을 관리하면서 따라가다 보면 중간에 굳이 청산할 시점이 없을 정

도로 깨끗이 시세 분출을 하였다는 것을 알 수 있다. 그렇기 때문에 4.00근처에서 편안하게 청산할 수 있는 근거가 있는 것이다.

앞에서도 살펴보았듯이, 자신이 설정한 원칙이 선물의 전일고가이면 지지 여부를 보고 진입을 하면 되고, 자신이 설정한 원칙이 교차부근에서의 승부면 E지점 같은 곳에서 진입을 하면 되는 것이다. 항상 선물지수와 양옵션의 승부를 잘 관찰하면 비교적 큰 수익의 기회는 항상 찾아오는 것을 알 수 있다.

또한 큰 추세가 아니더라도 단타수익을 낼 수 있는 부분도 많다.

【그림 7-2】의 최상의 청산시점이라도 표시된 동그라미 부분에서 반대종목의 단타 매도 진입을 하면 작은 수익도 가능하다는 것을 알 수 있다. 그리고 2단차트에서 윗부분의 차트에서는 청산의 기준들을 설명하였다. 즉 전고점까지 반등하지 못하니까 욕심을 부리면 좀 더 홀딩할 수 있는 구간과 적어도 전고점을 돌파하는 반등이 있을 때는 지속 홀딩의 조건이 훼손되니 최소한 그 시점에서는 청산을 해야 하는 구간을 설명하고 있는 것이다.

그러한 청산의 조건을 잘 활용하면 반대종목의 매도진입의 사유가 발생되는 것이기 때문에 시세의 마무리 국면에서 단타로 콜옵션 매도 진입을 하면 50틱(5만 원) 이상의 수익을 거둘 수 있는 것이다.

이상과 같이 하루의 큰 추세를 타면 옵션 매도 1계약이 엄청난 수익을 가져다주기도 한다. 매매의 호흡이 짧은 사람일지라도 아주 짧게는 20~30틱 이상의 수익을 실현하기가 쉽다. 옵션 매도에 들어간 내 자금대비 수익률은 10~20%이상의 수익을 가져다 줄 때가 많다. 옵션 1계약을 무시하면 안 된다. 특히 옵션 만기일이 가까이 왔을 때는 프리미엄이 감소할 대로 감소한 옵션의 경우 200~300% 변동을 보일 때가 종종 있다. 이러한 옵션가격의 흐름을 잘 파악한다면 적은 금액으로도 마음 편히 고수익을 올릴 수 있는 것이다. 연습한 결과에 의해 계약수를 늘리는 문제는 논외로 하더라도 옵션 1계약의 수익 가능성은 무궁무진하다.

02 Chapter

진입방법보다 중요한 청산의 방법

앞에서 살펴볼 때 자세히 설명을 못하고 넘어간 부분이 청산의 방법이다. 청산은 진입이 잘되었을 경우나 진입이 잘못되었을 경우나 일관된 원칙과 기준을 가지고 있어야 한다. 이익이 나고 있는 중에 청산을 하는 것을 '익절'이라고 하고, 손실을 더 이상 키울 수 없어서 하는 청산이 '손절'이다.

먼저 손절에 대해 알아보자.

손절을 위한 스탑의 설정은 개인차가 있으므로 일괄적으로 어떤 것이 좋다고 하기는 어렵다. 어떤 사람은 진입가격 대비 1.0P(선물기준)이상 넉넉하게 설정하는 사람도 있고, 어떤 사람은 0.2~0.3P로 좁게 설정하는 사람도 있다. 설정 폭에 따라 각각 장단점이 있다. 손절 폭이 큰 사람은 추세가 진행시 큰 추세를 먹을 수 있는 반면, 손실이 확정될 때 마이너스 금액이 커진다는 단점이 있다. 또한 손절 폭이 작은 사람은 손실은 작게 확정되지만 흔들기에 당하기가 쉽다는 단점이 있다.

이때 중요한 것은 기계적인 스탑 주문보다는 상황에 따라 손절범위를 유연하게 하는 것이 좋다는 것이다. 손절구간이 너무 길면 손절 시 손해가 막심하고, 손절구간이 너무 짧으면 가랑비에 옷 젖듯이 오히려 손실이 가중될 수 있기 때문이다.

특히, 너무 짧은 스탑과 흐름에 맞지 않는 스탑 설정은 손실이 가중될 수 있어 주의해야 한다.

필자는 매수와 동시에 방어적 스탑을 최근의 단기 지지선에 설정하고, 매도와 동시에 최근의 단기 저항선에 스탑주문을 설정하는 것이 바람직하다고 생각한다. 일반적으로 매수 시에는 전저점 바로 아래, 매도 시에는 전고점 바로 위를 설정하면 무난하다. 다만, 손절하는 기술은 여러 가지가 있을 수 있으므로 자신에게 가장 적합한 손절방식을 찾는 것이 중요하다고 생각한다.

추상적인 말로 들릴지는 모르겠지만 자신이 진입한 이유가 사라진다고 생각하는 가격대 (+)(−)2~3틱 정도에 설정하는 방법이 가장 좋은 것 같다. 또는 무너져서는 안 되는 가격대 (+)(−)2~3틱 정도에 설정해도 된다.

아무리 손절이 훌륭한 방어수단이라고는 하지만 고정된 스탑은 오히려 손실을 누적시켜 매매의 흐름을 끊게 된다. 훌륭한 방어를 한 후 멋진 공격을 하기 위해서는 시원하게 손절을 한 후, 후회가 없을 가격대에 스탑을 설정해야 되는 것이다. 너무 짧은 스탑이 실현 된 후 후회하는 동안에 새로운 추세가 형성되어 멋진 공격기회를 잃어버릴 수 있는 것이다.

멋진 공격을 위해서는 훌륭한 방어를 해야 한다. 그리고 멋진 공격은 훌륭한 방어를 한 후에나 가능하다는 것이다. 스탑을 일률적으로 설정하는 사람은 자신이 시장의 흐름을 잘 읽지 못하고 있다는 것을 인식해야 한다. 너무 짧게 설정하는 사람도 마찬가지이다. 훌륭한 방어를 위해 의미 있는 가격대에 스탑을 설정하는 연습을 많이 해야 한다.

다음으로 익절관리에 대해 알아보자. 만약 스탑주문을 설정하였는데 가격이 예상하는 방향으로 움직이게 되면 익절주문은 어떻게 재설정해야 할까?

가격이 예상대로 진입한 방향으로 움직이게 되면 스탑을 본절(진입가격)라인으로 이동시켜 최소한 손실은 방지하도록 한다. 이후 추세를 타게 되면 스탑을 계속 익절라인으로 이동시켜 나간다. 추세방향으로 가게 되면 미실현 이익을 방어해야 하니까. 물론 익절라인 역시 손절라인을 설정할 때와 마찬가지로 항상 의미 있는 저점과 고점을 염두에 두고 설정하면 되는 것이다.

즉, 스탑의 위치는 고정되는 것이 아니라 상황에 따라서 계속 옮겨야 하는 것이다.

그런데 한 가지 주의해야 할 점은 익절라인을 너무 빨리 성급하게 옮겨 다니면 저항이 심한자리에서 내 것만 체결되고 추세를 계속 이어가는 경우가 자주 발생한다. 그러면 이익이 생겼음에도 불구하고 놓친 수익이 아까워 뒤늦게 추격을 하게 되고, 겁나서 추격을 안 하더라도, 닭 쫓던 개 지붕 쳐다보듯이 허탈감에 젖어 있어서 다음 매매에 악영향을 미친다. 혹자는 익절 관리를 트레일링 스탑(trailing stop)이라 한다. 우리말로는 추적청산이라고 한다.

트레일링 스탑이란 지수가 상승(하락)함에 따라 지정가를 점차 높은(낮은)수준으로 조정하는 매도(매수)역지정가 주문이다. 이는 현재의 수익이 최대수익에서 지정된 값만큼 감소하였을 때 포지션을 청산하는 방법인데, 포지션의 수익이 상승할수록 청산라인도 같이 상승해서 최종 수익도 상승하게 된다.

주목적은 현재의 포지션이 맞았을 때 그 추세를 끝까지 타고 가서 이익을 최대화 하자는 것이다. 얼마나 수익이 커질지 미리 예단하고 정리했다가 더 큰 수익을 놓치는 우를 범하지 않기 위한 방법이다. 즉 손실을 제한하는 것이 아니고 수익의 감소를 제한하는 방법이다. 그렇다면 어떤 식으로 익절 관리를 해야 '수익은 길게, 수익은 긴 호흡으로' 라는 명제를 실천할 수 있을까?

상황에 따라, 개인의 성향에 따라 다르기 때문에 일괄적으로 말하기 어려운데 필자의 기준을 말하자면, 일단 진입 후 선물기준으로는 0.4P이상, 옵션기준으로는 20틱이상 수익이 발생될 때 일차적으로 본절 라인으로 익절을 옮겨온다.

그리고도 계속 추세가 이어지면 깨져서는 안 되는 자리 (+)(−)2틱에 익절을 옮기고 추세를 즐기듯 따라 간다. 즉, 매수포지션 시에는 (−)2틱, 매도포지션 시에는 (+)2틱에 재설정하면 된다. 그러다가 중요가격대에서 저항이 심하다던가, 아니면 마지막 파동의 끝 무렵이 오버슈팅이라 판단되면 시장가 청산을 한다.

그러면 추세의 전부까지는 아니지만 추세가 진행되는 동안 너무 일찍 추세를 잘라 먹는 우를 범하지 않게 된다. 그리고는 내가 실현한 이익에 만족을 하는 것이다. 더 진행된 추세는 내 것이 아니라는 생각도 추격진입을 안하게 되는 마음가짐이다.

어차피 이익을 보고 있는 구간이니까 전후좌우를 살펴보며 의미 있는 지점을 통과한 후 그 지점을 다시 깨러 올 때, 무너져서는 안 되는 가격대를 기준으로 스탑을 이동 설정하는 신중한 자세가 필요하다. 또 어느 정도 경험도 누적되어야 할 것이다. 경험을 잘 쌓아가면서 자신만의 익절원칙을 정립해야 한다.

이상의 설명이 어렵고 잘 와 닿지 않는 사람들은 아래 그림에서 보듯이 손절과 익절라인을 설정해도 괜찮다.

　【그림 7-3】은 상승추세를 탔을 때 익절라인을 옮겨가는 단순한 방법을 그림으로 표현한 것이다. 상승진입을 한 상태에서 어느 정도 시세가 분출되면 본절라인으로 익절을 옮긴다. 다시 상승을 계속하던 시세가 A지점에서 눌림을 형성하지만 다시 재상승을 하면 익절라인을 본절에서 A지점 보다 한두 틱 아래에 설정을 한다. 이런 식으로 계속 익절라인을 전 저점이 깨지는 자리보다 한두 틱 아래에 설정을 하며 따라가다가 D지점에서처럼 전 저점을 이탈하는 자리에서 자동으로 익절 스탑이 청산하게 되는 것이다. 간단히 말해 직전 저점을 이탈하면 청산하겠다는 원칙을 가지고 단순하게 익절라인만 옮기며 트레일링 하는 것이다.

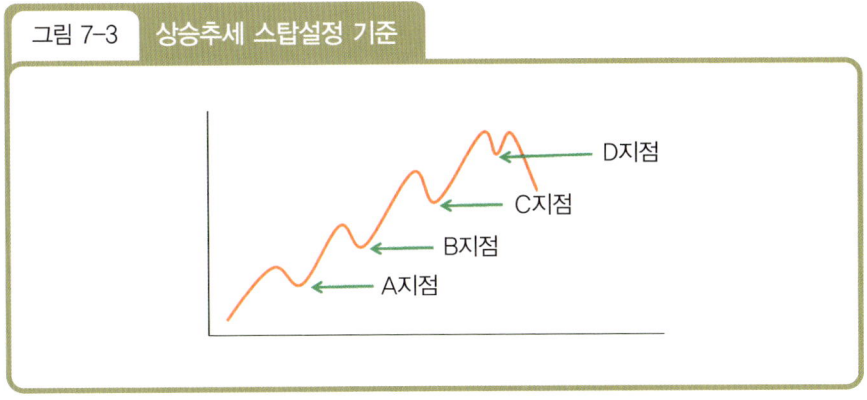

그림 7-3　상승추세 스탑설정 기준

　반대로 하락추세를 탔을 때는 【그림 7-4】와 같이 매도포지션의 익절라인을 옮겨가면 된다. 먼저, 매도진입을 한 상태에서 어느 정도 시세가 분출되면

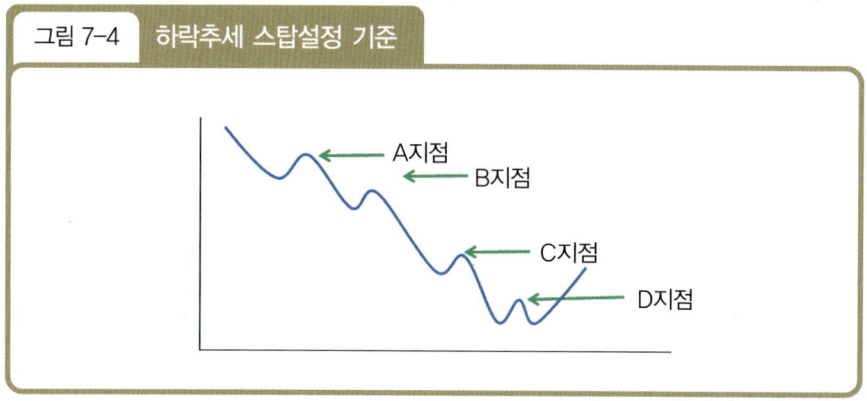

그림 7-4 하락추세 스탑설정 기준

본절라인으로 익절을 옮긴다. 다시 하락을 지속하던 시세가 A지점에서 반등을 형성하지만 다시 재하락을 하면 익절라인을 본절에서 A지점 보다 한두 틱 위에 설정을 한다. 이런 식으로 계속 익절라인을 전 고점이 훼손되는 자리보다 한두 틱 위에 설정을 하며 따라가다가 D지점에서처럼 전 고점을 돌파하는 자리에서 자동으로 익절 스탑이 청산되게 하는 것이다. 간단히 말해 직전 고점을 돌파하면 청산하겠다는 원칙을 가지고 단순하게 익절라인만 옮기면서 추적하는 것이다.

03 Chapter

주문을 넣는 요령도 연습하라

    선물옵션은 주식에 비해 가격의 움직임이 빠르기 때문에 주문을 넣는 요령이 매우 중요하다. 매매기법을 모의투자로 연습을 할 때 주문스킬을 풍부하게 연습을 해놔야 실전에서 실수가 방지된다.

    주문실수의 가장 기본적인 대책은 잦은 매매를 안 하는 것이다.

    잦은 매매를 하다보면 꼭 실수가 한 번씩 나온다. 청산해야 하는데 거꾸로 물타기 주문을 할 수도 있다. 잦은 매매를 하다 보면 집중력이 떨어져 실수를 하게 되는 것이다. 잦은 매매를 하지 않고 중요한 변곡점에서 신중한 진입과 청산을 한다면 주문실수는 줄어든다.

    다음으로 중요한 것은 주문정정을 하지 말라는 것이다.

    손절이 되면 오히려 후련하게 생각하는 여유를 가져라. 나의 판단이 틀렸음을 시장이 가르쳐 주는 것이기 때문에 겸허하게 받아들이고, 다음 매매를 준비하는 것이다. 주문을 정정할 때의 심리는 첫째, 진입을 하려고 현재 체결되고 있는 최우선 호가 부근에 주문을 넣었는데, 체결이 되지 않고 날아갈 것 같은 느낌을 받으면 얼른 정정해 진입을 하려는 마음이다. 둘째, 진입에 성공해서 이익을 보고 있다가 목표했던 가격은 달성하기 힘들 것 같고, 다시 밀리려고 할 때 이미 설정해 놓은 익절라인을 옮겨서 청산하려는 마음이다. 셋째, 손절 설정해 놓은 것을 정정하고픈 막연한 기대심리이다.

두 번째 경우에는 정정해서 청산되면 설령 다시 추세가 이어진다 해도 그리 후회되지는 않는다. 이미 이익이 난 상태이기 때문에 그 이익의 규모가 크거나 작거나의 문제일 뿐이다. 오히려 정정해서 빨리 청산한 게 더 이익일 때도 있다.

그런데 문제는 첫 번째 경우처럼 조급증 때문에 정정을 하는 경우이다. 주문이 체결이 안 되고 가는 것 같아서 주문정정을 해서 따라 붙으면 추격진입을 하게 되는 것이다. 그러면 정정 체결되고서 좀 있다 되밀리는 경우가 많다는 것을 경험할 것이다. 되밀려서 손절을 볼 수도 있고, 반대로 되밀렸다가 다시 시세가 진행되어도 이미 슬리피지는 생긴 것이다. 가는 시세는 마음속으로 보내줘야 하는데 꼭 올라타려는 욕심이 문제이기 때문이다. 더구나 세 번째 경우는 최악이다. 손절라인을 정정하거나 철회하면 대부분 후회의 결과로 귀착된다.

진입의 이유가 사라지는 의미 있는 가격대에 손절을 설정해 놓은 것인데, 그것을 옮긴다는 것은 매매원칙을 스스로가 붕괴시키고 요행만을 바라는 심리밖에 안 되는 것이다. 그 의미 있는 가격대가 훼손된다는 것은 더 큰 손실로 이어질 수 있는 것인데, 그 손절라인을 이동한다는 것은 진입과 청산의 이유를 전부 무시하는 것 밖에 안 되는 것이다.

실전매매를 하다보면 이상하게 내가 설정한 손절가격만 체결하고 다시 날아가는 경험들이 많아서 '이번에도 내 것만 체결되고 다시 추세가 진행되는 것 아니야?' 하는 불안 심리로 손절라인을 자꾸 후퇴시키게 된다. 그러다 보면 결국 손실규모만 확대되는 것이 일반적인 현상이다.

그리고 설령 손절라인을 옮겨 다녀서 성공을 했다고 해도 그런 사람은 계속 마우스를 잡고 있어야 하는 상황으로 변하는 것이다. 즉, 진입의 이유가 있어 진입을 한 다음 손절과 익절을 설정해 놓고 큰 흐름을 읽어나가려 노력을 해야 하는 시간에, 호가창만 뚫어져라 쳐다보면서 마우스와 씨름을 하고 있는 것이다. 마우스의 노예가 되는 것이고 큰 흐름을 못 읽게 되는 우를 범하게 되는 것이다. 그렇게 손절라인을 몇 번 옮겨 다니다 보면 나중에는 지쳐서 다음 매매에 악영향을 끼치게 된다. 스트레스를 받아 건강에도 안 좋게 되니 정정주문은 해서는 안 된다.

다시 정리해 보자.

첫째, 이익을 청산할 때는 과감하게 익절주문을 정정해도 상관없다. 둘째, 진입 시 주문정정은 추격진입의 원인이니 가는 시세는 보내주자는 마음으로 기다린다. 셋째, 손절의 정정은 손실만 가중시킬 수 있으니 절대 하지마라

한 가지 추가할 것은 '주문확인창 보기'를 안 나오게 설정하시는 것도 도움이 많이 된다. 익절은 괜찮은데 손절은 체결이 되기 전에 주문확인창이 뜨면 순간적으로 고민이 된다.

그 찰나의 시간이 고통스럽기 때문에 아예 주문 창 설정메뉴에서 '주문확인창 보기'를 해제하면 고민거리도 없어지고, 더 큰 손실로 이어질 수 있는 가능성을 줄일 수 있게 되는 것이다.

기왕 주문에 대한 팁을 언급했으니 몇 가지 주문에 관한 요령을 좀 더 알아보자.

진입을 해서 설정된 익절을 좀 앞당겨 실현하려 할 때는 주의해야 할 점이 있다. 익절을 앞당긴 결과 체결이 되면 상관없는데 어떤 경우에는 급하게 도망가서 익절을 두세 번 앞당기며 쫓아가는 경우가 발생된다.

한두 틱 더 벌려는 욕심 때문에 계속 익절만 이동시키며 따라가면 그 이상의 기회비용이 발생되는 것이다. 익절을 실행시킬 때는 시장가로 바로 청산하는 것이 더 낫다. 이는 수익구간에서 버티기를 하는 문제와는 별개의 것이다.

버티기를 할 구간에서는 작은 파동에 흔들리지 말고 진입의 이유가 사라질 때까지 버티기를 해보고, 종합적인 상황판단하에 청산을 결심했으면 익절이 체결되기 전이라도 시장가로 빨리 청산하는 것이 이익을 더 챙길 수 있는 요령이다. 그런데 시장가 청산 시 역시 주의해야 할 점이 있다. 익절 근처까지 왔다가 도망갈 것 같아 시장가 청산을 하는 경우 먼저 스탑설정을 취소한 후 시장가 주문을 넣어야 한다. 시장가 청산을 하고 난 후 흔들림이 심해서 익절 설정된 것이 이중으로 체결될 수 있기 때문이다. 이중으로 체결되는 것을 방지하기 위해서 빨리 익절을 취소하고 나서, 시장가 청산을 해야 한다.

이상에서 선물옵션의 매매 시 주의해야 하는 주문의 요령을 알아보았다. 주문이 숙달되기 전에는 절대 실전에 임해서는 안 되고, 기다리고 기다려서 내가 원하는 자리에 진입을 하는 인내심을 발휘한다면 주문실수도 방지할 수 있다. 잦은 매매는 손실의 원인이며, 주문실수의 근본적인 이유이다. 특히 불안한 마음에 주문을 정정하는 것은 더 안 좋은 결과를 초래할 뿐이므로 진입한 후에는 호가창을 숨겨두는 것도 좋은 요령일 수 있다.

04 Chapter

주식투자 시 나쁜 습관, 물타기는 버려라

선물옵션 매매를 하는 사람이건 주식을 하는 사람이건 추세추종 매매를 해야 한다는 것은 누구나 알고 있다. 하지만 '오버슈팅이니 조정이 있을 거야', '이동평균선간의 이격이 저리 큰데 조정이 없겠어?', '올라도 너무 오르네?', '쌍봉패턴이 만들어 지는 것 같은데?', '한 번에 저항대를 뚫기는 힘들 거야' 등등의 생각들이 역추세 매매를 하는 대표적인 심리이다.

역추세 매매는 철저히 지양해야 한다. 누구나 알고 있는 사항인데도 실천하기가 가장 힘든 게 역추세 매매의 유혹이다. 아침부터 추세의 방향을 읽고 오늘은 추세의 방향으로만 공략하겠다고 다짐을 하고 출발을 해야 한다. 그렇게 시작을 해도 중간에 여러 유혹들을 느끼는데, 그런 다짐마저도 없다면 이리저리 휩쓸려 다니고 있기가 쉬운 것이다.

추세가 전환되는 것이 확실해질 때까지는 반대시세는 내 몫이 아니라는 생각을 자꾸 각인시켜야 된다. 그리고 역추세 진입을 했을 때 간신히 빠져 나오는 상황이나 손절당하는 상황을 자꾸 떠올려야 한다. 다들 경험이 있을 것이니까.

이러한 역추세 매매 심리는 물타기로 이어진다. 특히 주식투자를 해본 경험이 있는 사람들은 물타기를 너무 쉽고 자연스럽게 받아들인다. 주식매매를 할 때 물타기를 해서 평균단가를 인하하여 성공한 경험이 있어서 선물매매를 할 때에도 물을 타고 싶은 강한 유혹을 느끼게 된다.

물려도 보유하고 있으면 되던 주식과는 달리 선물옵션은 만기라는 것이 있다. 시세변동의 폭이 크다는 것은 차치하더라도 만기가 있는 상품은 언제까지 보유하고 있어도 좋은 종목이 못 되는 것이다. 더구나 선물옵션은 당일정산제도로 운용되고 있기 때문에 내 마음 속의 평가손익이란 의미가 없다. 모의투자로라도 당일의 포지션을 오버나이트 해보자. 당일손익이 종가로 평가됨은 물론이고 내일의 시작가가 어제의 종가로 시작되어 또다시 평가된다. 어제 내가 진입한 가격은 아무 의미가 없다. 지금의 가격 말고는 아무 의미가 없다는 것이다. 이런 점들이 당일청산을 해야 하는 이유일 뿐만 아니라 역추세 매매라고 판단하는 순간 손절을 해야 하는 이유인 것이다. 하지만 주식투자에 익숙해져 있는 투자자는 선물옵션에서도 물타기를 하며 추세의 반전을 기대한다. 물을 타는 순간 손실의 규모는 배가 되는 것이다. 마진콜을 당하면서도 물을 타며 추가자금을 투입하는 선물옵션 투자자들이 의외로 많다. 이런 악습관을 근절시키지 못하면 선물옵션에서의 성공은 요원하다.

모의투자를 할 때도 주의를 해야 한다. 모의투자에서는 5계약까지 사이버머니를 주는 데가 많다. 필자도 모의투자를 하던 어느 날 5계약까지 물을 탄

후 지수가 제자리로 돌아와 오히려 이익을 보고 나온 경험이 있다. 이런 경험이 실전 매매에 계속 악영향을 미치게 된다. 모의투자를 할 때 내 돈이 아니더라도 나쁜 습관이 들 수 있는 매매는 가급적 하지 말아야 한다. 그 습관이 남아 있어 실전에 들어가서도 손실로 이어지는 경우가 많이 발생한다.

특히 다계약을 매매하는 사람들은 계좌에 돈이 남아 있으니까 더더욱 그럴 수 있다. 그래서 처음 매매를 시작하는 사람들은 가급적 계좌에 1계약만 매매할 자금을 세팅하는 것도 물타기의 유혹을 뿌리칠 수 있는 방법이기도 하다.

항상 나라는 존재를 '이성적이고 합리적인 인간형'이라 생각하지 말고 언제든지 나도 '비이성적인 충동매매를 할 수 있는 인간형'이라고 낮추어 생각하는 겸허한 자세가 파생의 세계에서는 필요한 것이다. 어느 수준에 이를 때까지는 자기 자신을 믿지 말아야 한다는 것이다. 손실을 보면 본전 생각이 나서 '이제는 회복하겠지'라는 막연한 기대감으로 물타기를 하게 된다. 물타기 결과가 대부분 참혹한 패배로 끝남에도 불구하고 정말 고치기 어려운 매매습관인 것 같다.

주식투자 시 일삼던 물타기는 선물옵션매매에서는 엄청난 독이 될 수 있음으로 절대로 물타기를 해서는 안 되는 것이다.

'흙타기를 하면 했지 물타기는 죽음'이라고 머릿속에 각인하고 실전에 임해야 한다. 그리고 매매연습이 잘 진행되고 있어도 계좌수를 늘리는 것은 신중해야 한다. 물타기를 감행해야 하는 시점에 오히려 손절을 실행해야 하는 경우가 많다.

대부분의 투자자들이 손실이 날 경우 본전 생각에 손절매 시기를 놓치는데 이런 경우 대부분 치명적인 손실이 발생하게 된다는 것을 명심해야 한다.

손절매 원칙은 반드시 지켜야 하는 원칙이고, 여기에는 결코 예외가 허용되어서는 안 된다는 것을 항상 명심해야 한다. 손절 후 포지션은 언제든지 다시 잡을 수 있고, 포지션이 없으면 사물을 다르게 볼 수 있다. 짧은 손실로 손절하고 나면 다시 냉정하게 시장을 바라볼 수 있게 되니까 잘못된 진입은 손절로 빠져나와야 하지 물타기를 감행해서는 절대로 안 된다.

05 Chapter

이제 실전사례로 총복습을 해보자

1) 2011년 8월 23일의 사례

약간의 갭상승을 한 선물지수는 약 1시간가량 시가를 중심으로 등락을 거듭한다. 필자는 A지점에서 몸통으로 시가를 재차 돌파하자 상방향으로 배팅을 했다가 다음봉이 바로 시가를 이탈하는 음봉이라 일단은 포지션을 정리했다. 약간의 손실이 발생되었지만 다시 시가를 돌파하면 상방 진입을 해야겠다고 기회를 엿보고 있었다. 10시 캔들에서 다시 시가에 밀리는 듯 음봉이 형성되다 바로 꼬리로 말려 시가를 강하게 돌파하는 시점에서 반대종목인 풋옵션 230.00을 5.95에 매도 진입하였다. 【그림 7-5】의 교차차트에서도 콜옵션 225.00이 풋옵션 232.50을 크로스 돌파하며 교차승부에서 승리하는 모습에 확신을 갖게 되었다. 이후 교차승부에서 이긴 콜옵션은 행사가를 4개나 승리하며 견조하게 상승세를 이어갔다. 5개째 행사가에 이르러서 체력의 고갈 모습을 보이며 횡보국면으로 접어든다. 하지만 진입에 성공한 후 한 번도 직전저점을 깨지 않아 흔들림 없이 큰 수익을 실현할 수 있었다.

14시가 넘어서야 직전저점을 훼손하는 하락이 보여 트레일링 스탑으로 설정해 놓은 익절라인에 청산을 하였다. 옵션가격이나 선물가격에서는 숫자가 시작하는 시점과 끝나는 시점도 중요할 때가 많다. 무슨 말인가 하면 선물을 예를 들면 225.00이나 224.95가 무너지면 224.00초반까지 밀리기가 쉽고, 225.05를 돌파하면 225.95까지 상승한 후 또다시 226.00과의 싸움을 벌인다. 옵션도 마찬가지이다. 3.00이나 2.95가 무너지면 좀 더 무너질 확률이 높고 무너졌던 3.00을 회복하고 3.05를 지지하면 추가로 상승할 여지가 많다는 것이다. 그렇기 때문에 3.05를 회복하고 3.10이 되는 순간 익절을 한 것이다.

그때 청산을 하지 않고 보유하고 있더라도 【그림 7-5】의 교차차트에 표시된 최소한의 청산해야 하는 시점에서는 콜옵션이 교차승부에서 지는 모습이 확연해지기 때문에 포지션을 정리를 해야 한다. 장마감 무렵의 위험성도 고려해야 하기 때문에 4시간 동안의 트레일링 과정은 종료해야 했다.

【그림 7-6】에서 보면 청산해야 하는 종목의 반대편에서는 마지막 오버슈팅(overshooting)이 나온 후 최고점에서 장대음봉으로 이탈하는 모습도 또한 청산해야 하는 이유를 제시하는 것이다.

옵션 1계약의 매도로 28.5만 원의 수익을 실현한 것이다. 물론 중간 중간에 청산하고 다시 진입을 하면 더 큰 수익을 실현하지 않느냐고 반문할 수 있지만 그것은 어려운 부분이다. 중간청산까지는 잘할 수 있지만 재진입의 시점을 요소요소마다 찾는 것은 쉽지가 않고, 그동안 진행된 시세 때문에 신규진입은 항상 부담스러운 면으로 작용을 하기 때문에 그런 주장은 이론적인 측면에서 할 수 있는 말이다. 물론 본인이 어떤 원칙을 개발해서 적절한 중간 청산과 눌

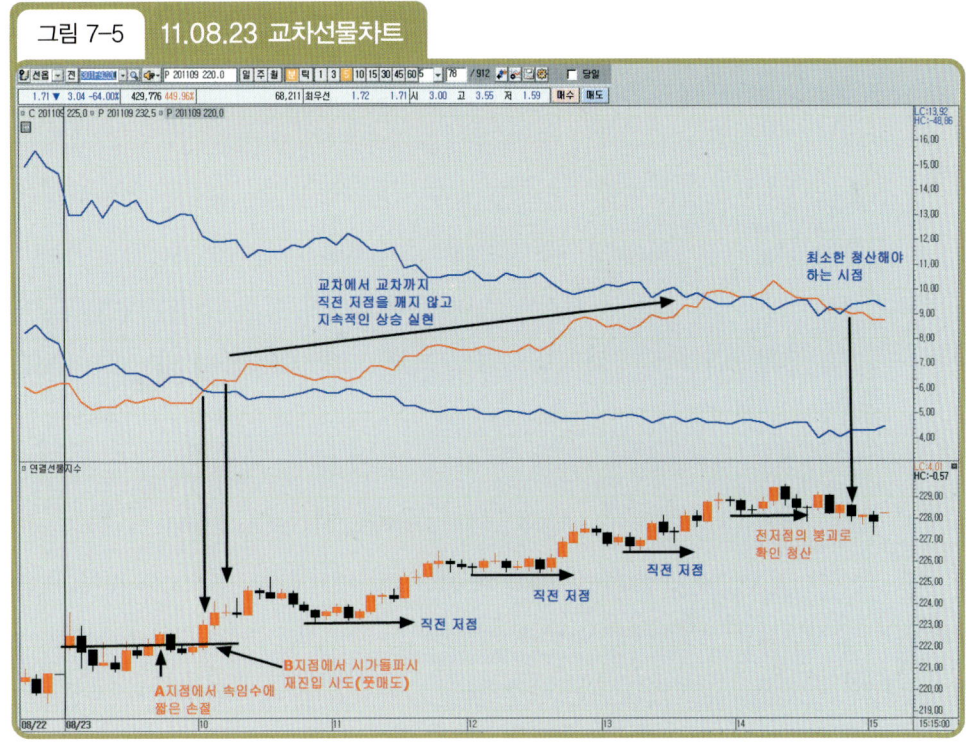

림목 진입을 연습한다면 가능할 수도 있는 것이다.

2) 2011년 8월 24일의 사례

약간의 갭상승을 한 선물지수는 약 1시간가량 시가를 중심으로 등락을 거듭한다. 차분히 지켜보던 필자는 장대음봉으로 시가를 붕괴하고, 【그림 7-7】의 교차차트에서 보듯이 풋옵션이 콜옵션을 크로스하며 본격적인 상승채비를 갖추자 콜옵션의 매도진입에 들어갔다. 전날의 시가등락에 혼이 난 경험이 있어 시가 돌파 후 직전저점마저 이탈하는 시점에서 확인하고 하방포지션에 진입을 했다. 진입에 성공한 매도포지션은 전고점을 넘지 못하며 하락추세를 이

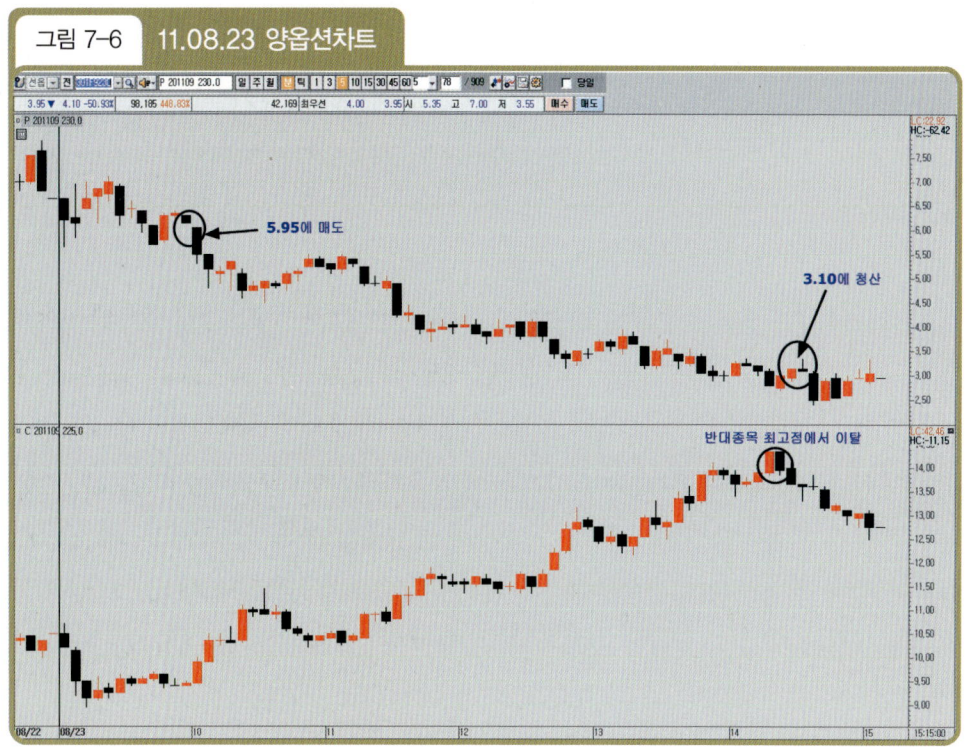

그림 7-6 11.08.23 양옵션차트

어가서 풋 행사가 232.50이 체력의 고갈을 확인하고 교차실패를 확인하는 시점에서 청산을 하고 싶었다. 그런데 욕심을 부리다가 직전고점을 넘는 시점에서 익절 스탑라인에 의해 청산되었다. 한차례의 파동을 좀 쉬자는 관점에서 장을 관망하고 있는데 선물지수는 예쁘게 쌍바닥을 형성한 후 견조하게 상승을 하였다. 청산시점이 늦어지다 보니 바닥권에서의 풋옵션매도 진입을 놓친 것이다. 모든 파동을 다 먹을 수는 없는 것 아니냐고 스스로를 위로하며 중간의 애매한 시점에서는 절대 진입하지 않으려는 노력을 하였다. 장이 2시쯤 가까워지자 풋옵션의 부조화 현상이 일어났다. 선물과 콜옵션은 시가라인까지 상승을 하는데 죽어가던 풋옵션은 시가라인 근처에도 못 미칠 정도로 더 이상의 하락을 용인하고 있지 않았다. 이에 힌트를 얻어 콜옵션의 재매도 시점을 노리는데 워낙 빠른 급락으로 대응을 잘못하다가 장대봉마저 훼손하는 시점에서 매도 진입을 해서 재빨리 단타수익을 챙겼다. 장막판으로 갈수록 시세의 급등락이 연출될 때가 많아 더 이상 미련을 갖고 있느니 마음 편히 청산하자고 생각하고 빨리 포지션을 정리하였다. 2번의 콜옵션 매도 진입으로 각각 95틱과 65틱의 수익을 실현할 수 있었다. 놓친 부분도 아쉬운 점으로 남았고, 너무 확인매도를 고집하다 보니 진입이 좀 느리다는 것을 반성하며 다음날의 건투를 기원하였다.

다시 한 번 정리하자면 풋옵션이 교차승부에서 승리하는 모습과 선물의 시가이탈로 하방포지션을 구축하였고 트레일링 스탑에 의해 청산을 하였다. 2번째 진입은 시가에서의 강력한 저항과 풋옵션의 부조화 모습에서 힌트를 얻고 매도 진입을 하여 단타수익을 챙겼다.

진입과 청산의 기준은 각자 설정하기 나름이다. 좀 더 빠른 시점에서 진입을 하는 경우에는 손절라인이 짧을 수 있다는 장점이 있지만 실패의 빈도수도 높아지는 단점이 있다. 하지만 확인 진입을 하는 경우에는 비교적 진입이 안전하지만 다소 늦은 진입으로 상대적인 수익이 감소되고, 심한 흔들림에 혼란스러울 가능성이 높다.

청산의 경우에도 마찬가지이다. 트레일링 스탑과 같이 확인하고 익절을 하면 수익이 다소 줄어드는 경향이 있고, 오버슈팅이라 판단되는 시점에서 자기 스스로의 판단과 빠른 손놀림으로 청산을 하면 당장은 이익을 보는 것 같지만 시세가 좀 더 진행되었을 경우 큰 추세를 못 먹을 가능성이 많아진다.

어느 방법이 진입과 청산의 최적의 수단이냐는 정답이 없다. 자신의 취향과 성향에 따라 자신이 자신만의 원칙을 세워나가고, 한번 정립된 원칙은 큰 이

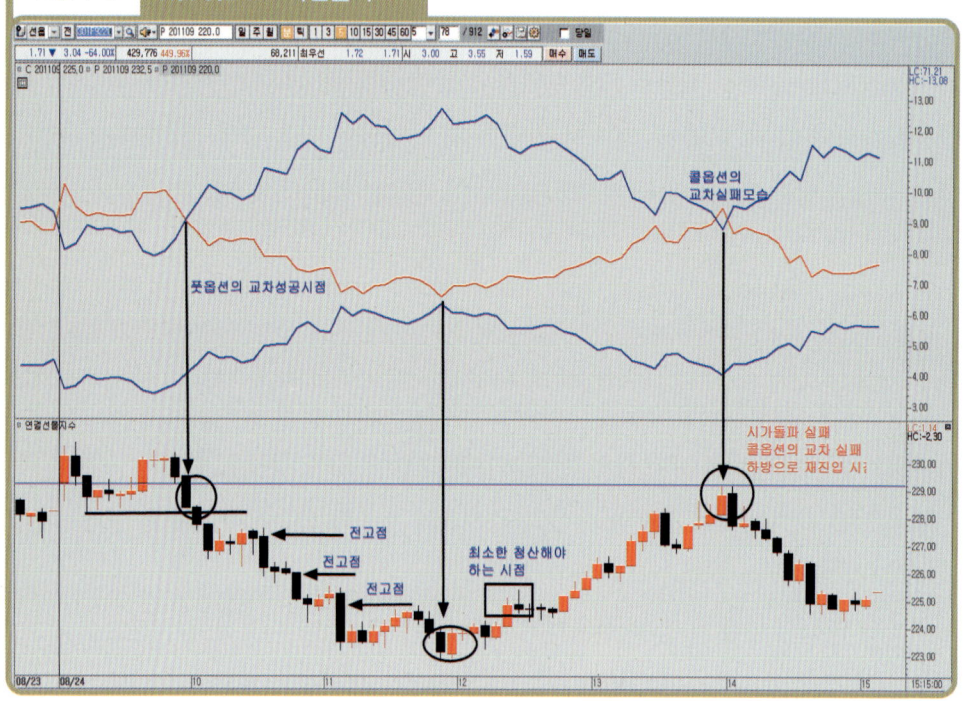

변이 없는 한 지켜나가는 신념만이 냉엄한 선물옵션 시장에서 살아남는 길인 것이다.

　파생은 확률게임이라는 격언이 있다. 모든 진입이 확인을 하고 한다 해도 반드시 승리하지는 않는다. 다만 그런 확률을 믿고 내가 노린 자리가 형성되면 확신을 가지고 진입을 하는 것이다. 그리고 나의 청산기준에 맞춰 포지션을 정리한 후에 시세가 더 진행되어도 실현된 수익에 만족할 수 있는 마음의 여유를 가져야 하는 것이다.

　필자가 제시한 진입단가와 청산가격은 큰 의미가 없다. 이날 콜옵션과 선물

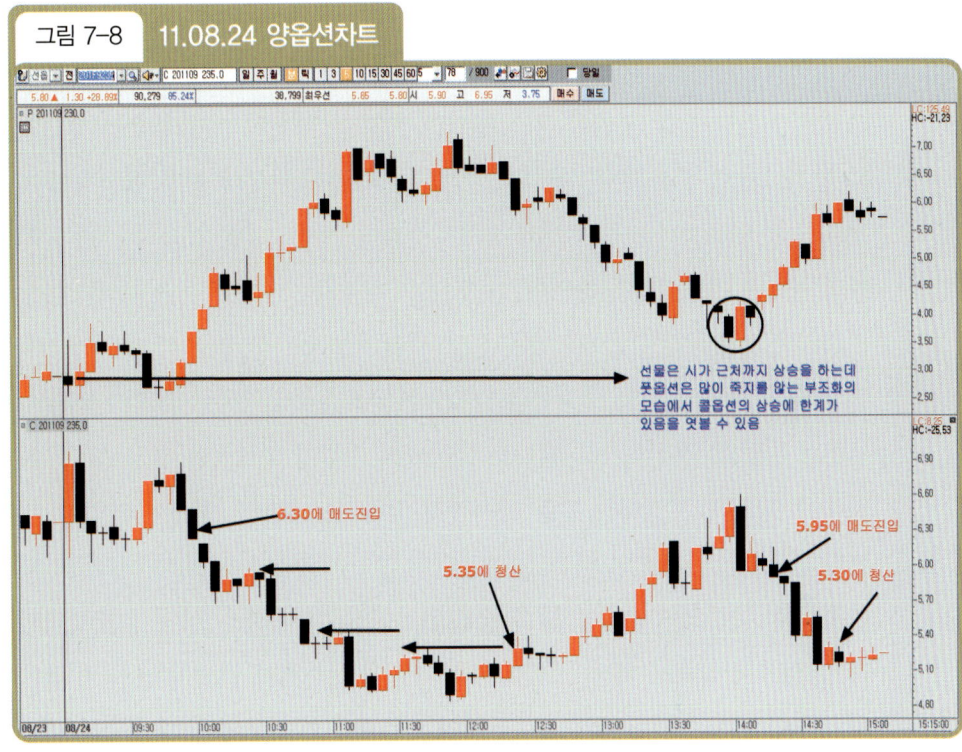

그림 7-8 11.08.24 양옵션차트

지수의 바닥권에서 쌍바닥패턴을 노리거나 반대종목에서 쌍봉패턴의 매도 진입을 노려서 수익을 많이 낼 수도 있는 것이다. 하루에도 여러 번 찾아오는 기회를 노리고 노려서 신중하게 매매를 하면 좋은 결과가 형성될 수 있다.

3) 2011년 8월 25일의 사례

큰 폭의 갭상승으로 시작한 선물지수는 전형적인 횡보국면을 보이다가 1시 이후 갭을 메꾸러 가는 하락세로 반전한 하루였다. 【그림 7-9】의 파란 선은 전일의 고가선인데 갭상승후 추가 상승을 노리던 지수는 전일고가선을 붕괴하고 이탈을 해서 당일의 시가마저 이탈을 한다. 시가이탈 후 직전봉의 꼬리까지 이탈하는 것을 확인하고 콜옵션 매도 진입을 했으면 손절을 하거나 마음 고생을 엄청나게 할 공산이 큰 하루였다. 필자는 다행히 어제의 늦은 진입을 좀 당겨보기로 결심을 한 상태였고, 갭상승의 폭이 너무나 커서 일정정도 조정이 있지 않을까하는 생각까지 겹쳐서 선물의 전일고가를 붕괴하는 순간 재빨리 콜옵션 매도진입을 하였다.

하지만 성공적인 진입에도 불구하고 시세가 별로 나지 않아서 청산의 기회를 여러 번 놓치게 되고 포지션을 5시간 이상 보유하고 있는 고통의 시간들이 너무나 길었다. 점심식사도 제대로 못하면서 지루한 횡보장을 긴장상태로 관망해야 했다. 11시경에는 본절 근처까지 되밀리는 상황도 연출이 되었다. 다행히 반응하는 콜옵션이 더 이상 상승하지 않아서 안심은 되었지만 조금만 더 큰 반응이 나왔으면 손절을 할 수밖에 없었다. 너무 욕심을 많이 부린 결과였다. 그리고 진입해서 시간이 그리 오래 가는데도 시세가 진행이 안 되면 짧은 수익에 만족하고 나와야 한다는 것을 뼈저리게 느낀 하루였다. 욕심과 미련에 5시간여 동안 마음 고생한 것은 돈으로 환산할 수 없는 엄청난 스트레스인 것이다.

겨우 63틱의 수익을 위해 하루 종일 HTS를 뚫어져라 쳐다보고 있었던 것이 너무나 후회되는 하루였다. 장막판으로 치닫고 있는데도 시세는 실현될 기미도 없어서 1.61에 청산을 하였다.

【그림 7-9】에서 보듯이 장막판 좀 더 시간만 있으면 최소한 교차의 승부처까지 하락세가 진행될 수도 있었는데 시간이 부족하였다.

갭상승 후 장초반 시가를 등락하다가 전일 고가를 장대봉으로 돌파하는 속임수 파동이 있었는데 교차차트에서 크로스 후 눌림에서 바로 교차실패의 모

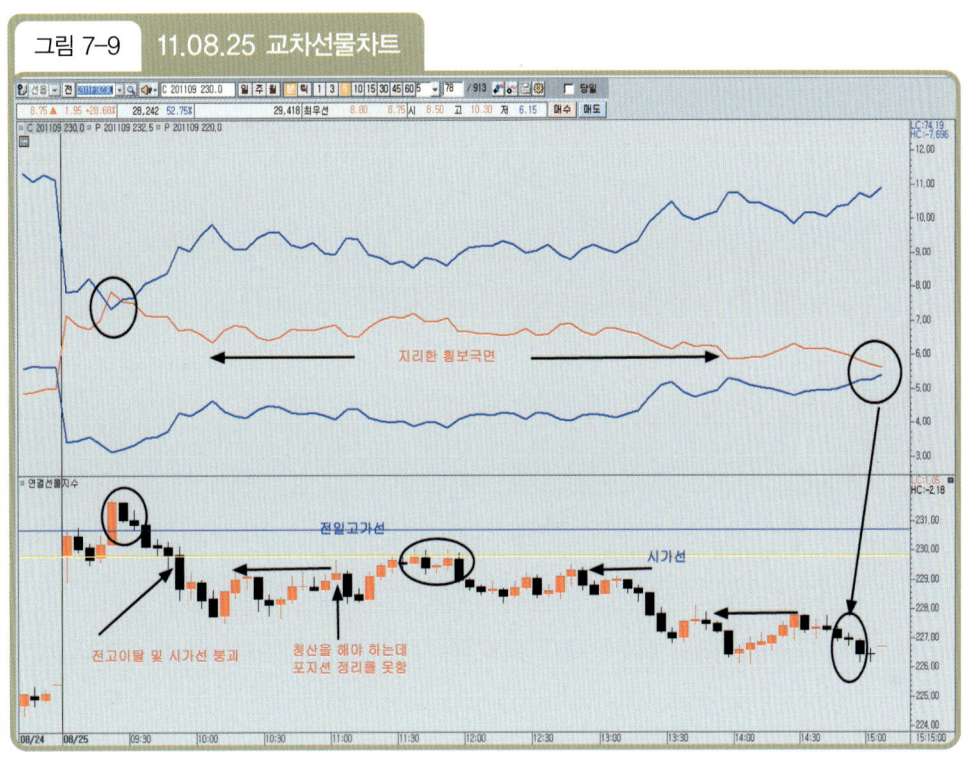

습이 나타났다. 이후 교차실패의 각도가 더 커지고 선물의 전일고가를 이탈하고 시가마저도 이탈하는 모습에서 매도진입은 성공이란 것을 확인할 수 있었다. 하지만 짧은 수익에 미련을 가지고 홀딩을 하다 본절에 컷을 하거나 손절에 위험에 노출될 뻔한 미련한 대응의 하루였다. 과거의 잘못을 거울삼아 향후 매매를 더 완성도 높게 해야겠다고 다짐하고 하루를 복기해 보았다.

4) 2011년 8월 26일의 사례

전일의 저점을 강력한 양봉으로 돌파를 하지만 네 번째 캔들부터 다시 깊은

눌림이 와서 전일저점을 이탈하는 장초반의 극심한 혼란으로 시작한 하루였다. 다시 전저점의 지지와 돌파 시에, 【그림 7-11】에서 상승하던 풋옵션이 콜옵션을 만나 교차에 실패하는 모습으로 확신감을 심어준다. 욕심을 부리지 않고 다음 교차가에서 만날 때 청산을 하였다. 초반의 극심한 혼란 탓에 마음의 여유가 없었는지도 모르겠다. 청산 후 교차차트가 전형적인 횡보장의 패턴을 꽈배기 모양으로 보여준다. 11시 30분경 하락하던 선물지수는 전저점의 지지를 확인하고 반등에 성공한다. 아침에 한 번 깼던 전저점을 다시 확인하러 왔기 때문에 신중한 대응이 필요하나 지지싸움은 너무나 싱겁게 끝났고 전일저

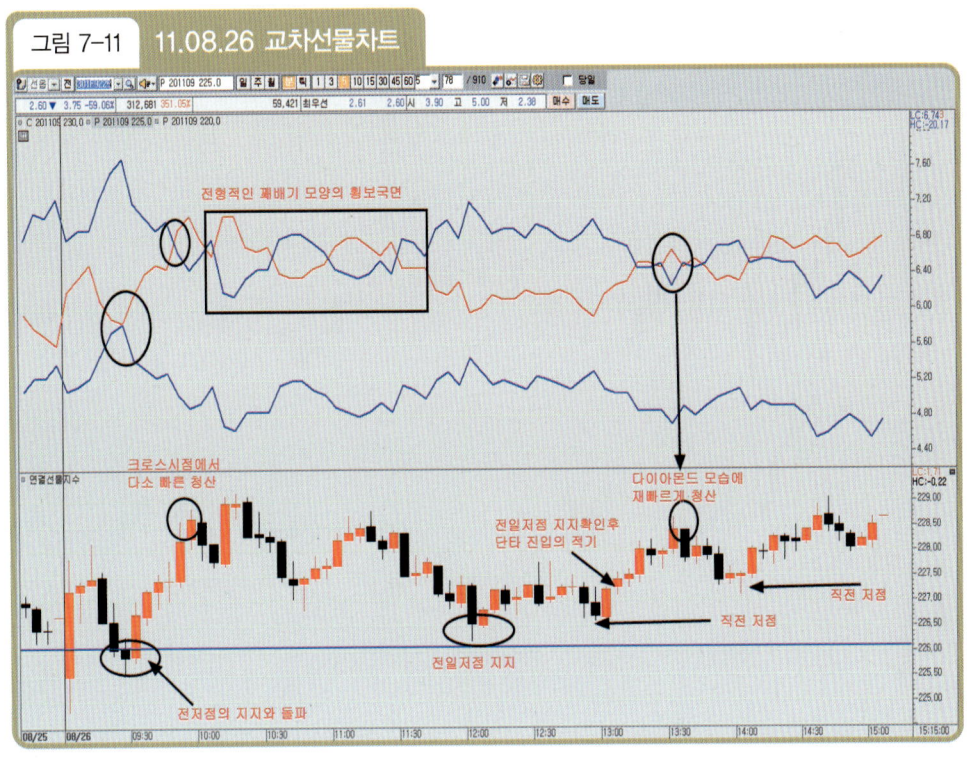

점의 지지 확인 후 횡보를 거듭한다.

바닥을 한 번 더 확인하고 13시경부터 지수는 상승을 해서 두 차례의 단타 기회가 있었지만 타이밍을 놓치고 말았다. 진입을 하지는 못했지만 바닥을 전일저점으로 확인하고 단타진입의 적기라고 쓰여 있는 부분에서 진입을 했으면 몇 십 틱의 수익을 낼 수 있었고, 그 뒤에도 눌림목에서 재집입할 수 있는 기회도 아쉬울 따름이다.

단타진입의 적기에서 진입을 하였지만 양옵션이 예리한 다이아몬드를 만들 때 청산을 해도 괜찮을 수 있다. 양옵션이 교차실패를 할 때나 교차성공 후 다

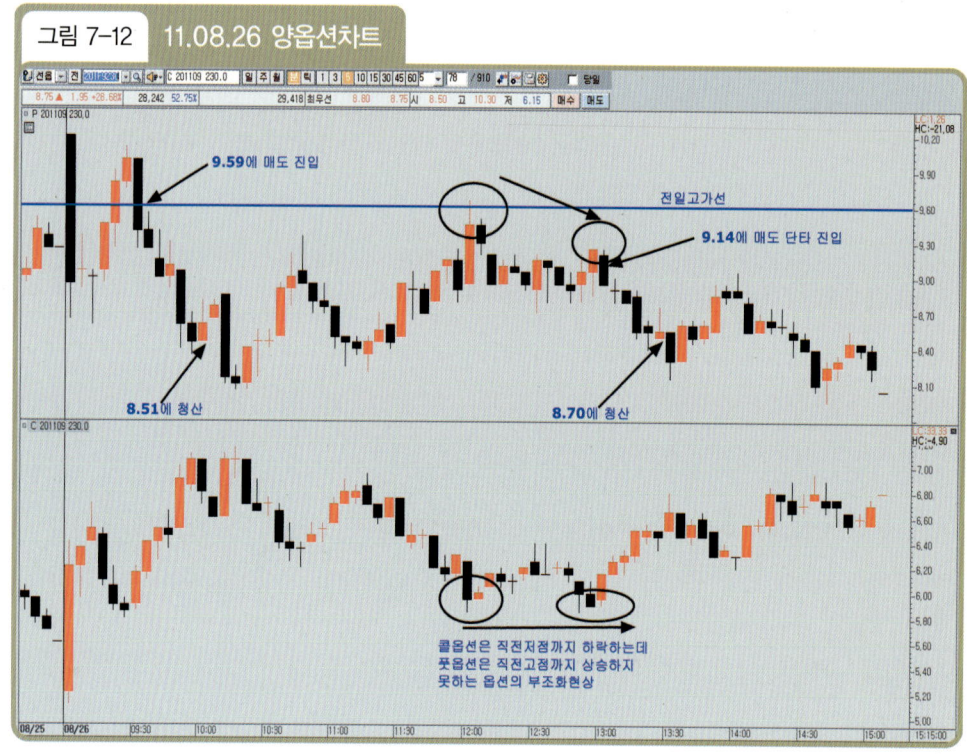

그림 7-12   11.08.26 양옵션차트

이아몬드 모양을 만들 때는 시세가 급히 진행되는 경우가 많다. 따라서 익절 스탑라인이 설정되어 있더라도 단타를 노리고 진입한 이유를 감안해서 시장가로 청산을 하는 것도 좋은 방법이 될 수 있다.

   필자는 한 번의 진입으로 108틱의 수익을 거두고 하루를 마감했다. 【그림 7-12】에서 보듯 12시경 풋옵션의 전일고가선을 돌파하지 못하고 하락반전할 때 매도 진입을 못한 것은 아쉬움으로 남지만 오전장의 수익으로 만족을 하고 그 날의 거래를 마감했다. 그 시점이 진입하기에 좋은 이유는 양옵션의 부조화현상에서도 확인되는 사항이다. 콜옵션은 똑같은 높이로 바닥을 다지고 있는데, 하락하던 풋옵션은 반등의 높이가 현격하게 낮아서 더 이상 반등을 하기에는 힘겨워 보인다.

이러한 선물과 양옵션의 부조화 현상은 앞에서도 설명하였듯이 중요한 매매포인트가 된다. 선물옵션 매매를 하다보면 이런 현상을 자주 목격하게 된다. 이럴 때는 다른 진입사인이 없더라도 이 자체의 현상만 가지고 진입을 해보는 것도 의외로 큰 수익을 가지고 올 수도 있다.

이상과 같이 우리는 6장에서부터 배운 매매의 방법들을 구체적으로 어떻게 적용해야 할지 매매사례를 통해 고민해 보았다. 여기서 제시한 방법이나 시점들은 각자가 많이 연구를 하며 응용을 하면 되는 것이다. 이런 식으로 연습을 하다보면 나만의 원칙을 세울 수 있겠구나 하는 마음이 생겨났다면, 여태까지의 필자의 노력이 의미 있는 결실로 남을 것이다.

최소한의 금액이라고 무시하지 말고 20만 원대 옵션 1계약으로 매매하는 연습을 하여 실력을 쌓아나가다 보면 계약수를 늘려서 매매를 멋지게 할 수 있는 날이 곧 도래할 것이다. 아무쪼록 성공한 트레이더로 거듭나기를 바란다.

에필로그 금융창업에 성공하길 바라며

주식을 왜 하지 말아야 하며, 주식투자로 왜 수익을 못 낼 수밖에 없는지 그 이유를 1장부터 3장에서 살펴보았다. 그리고 주식투자를 꼭 해야 하는 사람들이라면 이 정도는 준비를 해야 한다는 것을 4장에서 기술하였고, 아울러 5장에서 추가로 부연설명을 하였다.

그리고 6장에서 새로운 대안을 제시하였다. 두렵기만 한 선물옵션이지만 적은 금액으로 매매하는 연습을 하면 위험도 회피할 수 있고 양방향의 가능성을 데려올 수 있다는 방안을 제시하였다. 6장에서 공부한 바를 토대로 7장에서는 실전사례를 통해 총복습을 하였으며 선물옵션을 매매하는 사람들이 지켜야 하는 원칙도 소개하였다.

앞에서도 언급하였듯이 발상의 전환이 필요하다. 선물옵션은 마치 복어와도 같다. 복어는 철갑상어 알인 '캐비아'와 떡갈나무 숲에서 자라는 버섯인 '트러플', 거위 간 요리인 '푸아그라'와 함께 세계 4대 진미로 꼽기도 한다. 중국 북송 시대의 시인 소동파는 복어 맛을 가리켜 "사람이 한 번 죽는 것과 맞먹는 맛"이라 극찬했다. 복어를 좋아하기는 일본인도 마찬가지이다. "복어를 먹지 않는 사람에겐 후지산을 보여주지 말라"는 말이 있을 정도다. 이러한 세계적인 별미도 복어가 가지고 있는 테트로도톡신이라는 독을 제거하지 못하면 인체에 치명적인 해를 입힌다. 복어 한 마리의 독량(毒量)은 33명을 죽일 정도의 맹독이라 한다. 신문기사에서 복중독에 걸렸다가 불상사가 생기는 내용을 종종 접하게 된다.

선물옵션은 레버리지가 크고 시세의 변동성이 크다는 '독'이 있다. 하지만 이러한 치명적인 독을 제거하고 제대로 된 요리를 하면 최상의 요리가 탄생하는 것이다.

위험에 노출되는 금액을 최소화시키기 위해서 돈이 설령 있더라도 대여계좌를 이용하고, 옵션 1계약으로 매도게임의 룰을 익힘으로써 복어의 독을 제거하는 것이다.

독이 제거되면 양방향의 가능성을, 시세차익의 짜릿함을 누릴 수 있고, 높은 레버리지가 HIGH RETURN으로 돌아올 것이다. 독이 제거된 복어를 맛보듯이 훈련된 매매원칙과 기법으로 큰 욕심 없이 자기 자신을 잘 절제하여 나간다면 금융창업의 매력을 만끽할 수 있다.

그러나 준비도 안 된 상태에서 선물이나 옵션 다계약을 매매하는 사람들은 머지않아 복어의 독중독에 걸린 것처럼 빠를 때는 식후 30분, 일반적으로는

2~3시간 안에 입 주위나 혀, 손, 손가락에 마비가 오고 구역질이나 구토를 하게 될 것이다. 그리고도 결단을 못 내리면 사지의 운동장애, 언어장애, 호흡곤란까지 경험하게 될 것이다.

    너무 과장된 표현이라고 욕할지는 모르겠지만 그만큼 주식이나 파생시장에서 고통을 당하고 있는 사람들이 많기 때문에 강조에 강조를 거듭해야 하는 심정을 이해해 주기 바란다. 복어에서 치명적인 독을 제거하여 세계 4대 별미를 맛보듯이 투자의 위험성을 반드시 제거하고 철저한 사전준비로 찬란한 금융창업의 위업을 달성하길 바라면서 이 글을 마치고자 한다.